CORRESPONDANCE
DE CHARLES VIII

ET DE SES CONSEILLERS

Tiré à trois cents exemplaires.

N° 3oo

CORRESPONDANCE

DE

CHARLES VIII

ET DE SES CONSEILLERS

AVEC

LOUIS II DE LA TRÉMOILLE

PENDANT LA GUERRE DE BRETAGNE

(1488)

PUBLIÉE D'APRÈS LES ORIGINAUX

PAR

LOUIS DE LA TRÉMOILLE

PARIS

MDCCCLXXV

A MADAME

LA COMTESSE DE LA ROCHEJAQUELEIN

MA CHÈRE COUSINE,

CE VOLUME CONTIENT LE TEXTE DES PRÉCIEUX DOCUMENTS QUE VOUS M'AVEZ SI GÉNÉREUSEMENT DONNÉS.

VEUILLEZ EN AGRÉER LA DÉDICACE, COMME UN HOMMAGE DE MA PROFONDE RECONNAISSANCE ET DE MA RESPECTUEUSE AFFECTION.

LOUIS DE LA TRÉMOILLE.

PARIS, CE 26 OCTOBRE 1874.

En août 1483, Charles VIII, âgé de treize ans, succédait à Louis XI sous la tutelle de sa sœur aînée Anne de France, femme de Pierre de Bourbon-Beaujeu. Les États-généraux de 1484 ne conférèrent pas à celle-ci le titre officiel de Régente du royaume; elle n'en prit pas moins toute l'autorité, suivant en cela les dernières volontés du roi leur père.

Malgré le véritable sens politique et la fermeté de Madame de Beaujeu, la coalition des Princes était plus redoutable que jamais au commencement de 1488. C'est à la cour de François II duc de Bretagne, le plus puissant des révoltés, que se donnaient rendez-vous ceux qui, sous ombre de faire valoir de justes réclamations, complotaient en réalité l'abaissement de la monarchie et la chute de l'autorité royale, représentées par une femme et un enfant de dix-sept ans.

Les desseins des princes ligués étaient alors bien différents.

Outre la revendication du comté d'Etampes, François II avait en vue d'assurer à ses deux filles, Anne et Isabelle, l'héritage du duché de Bretagne convoité par la France, qui se fondait sur les droits acquis des Penthièvre par Louis XI.

Louis duc d'Orléans, comme premier prince du sang, prétendait gouverner le royaume. Il projetait de répudier sa femme Jeanne de France, seconde sœur de Charles VIII, et de contracter une nouvelle alliance avec Anne de Bretagne. Le comte de Dunois avait les mêmes intérêts que le duc d'Orléans, son cousin.

Le prince d'Orange soutenait les prétentions du roi des Romains, Maximilien d'Autriche, qui voulait aussi épouser l'héritière de François II.

Le sire de Lescun, comte de Comminges, dépossédé de son gouvernement de Guyenne, privé de son comté par confiscation, joignait à ses propres griefs des visées secrètes pour faire marier la princesse à son parent le sire d'Albret.

Enfin, le maréchal de Rieux entendait qu'Anne fût unie au fils aîné du vicomte de Rohan et de Marie de Bretagne, pour que le duché ne passât pas en des mains étrangères.

Anne de France et son mari, le sire de Beaujeu, avaient avec le grand amiral, Louis Malet seigneur de Graville, puissance entière dans le conseil royal. Une armée fut réunie par leurs soins, forte de douze mille hommes, composée de gendarmerie française et de Suisses venus du pays des beaux hommes, comme dit Charles VIII. Ces troupes, bien équipées et bien approvisionnées, munies d'une puissante artillerie, étaient prêtes à entrer en campagne dès la fin de l'hiver. Le commandement en fut donné à Louis II de La Trémoille.

A défaut d'expérience (il n'avait que vingt-sept ans), le lieutenant général offrait toute garantie de fidélité à la cause royale et un entier dévouement aux volontés de la Régente, qui venait d'aider à son mariage avec Gabrielle de Bourbon, fille du comte de Montpensier. Outre le degré de parenté rattachant La Trémoille à son souverain par cette nouvelle alliance, il tenait de la justice royale d'avoir été mis en possession de l'héritage de sa mère, Marguerite d'Amboise, dont tous les biens avaient été confisqués sous le règne précédent.

Les hostilités commencèrent dans les premiers jours de mars. La prise de Châteaubriant suivie de celles d'Ancenis et de Fougères, la victoire de Saint-Aubin du Cormier, les capitulations de Dinan et de Saint-Malo avaient complétement anéanti le parti des rebelles. Le duc d'Orléans et le prince d'Orange prisonniers, François II mourant de chagrin du traité qu'il avait été contraint de signer le 21 août 1488, et par lequel la Bretagne perdait ses meilleures places fortes, tels étaient les importants résultats qui contribuèrent à l'événement heureux de la réunion de la Bretagne à la France, par le mariage de la princesse Anne avec Charles VIII, le 6 décembre 1491.

Toutes les lettres de Charles VIII, une seule exceptée, entièrement écrite de sa main, sont dictées à des secrétaires. Leur principal intérêt est de nous permettre de suivre jour par jour, heure par heure pour ainsi dire, la campagne de 1488. Elles font connaître le plan du conseil royal et les sentiments qui l'inspirent, montrent l'organisation de l'armée, apprennent ce qu'était l'artillerie de la France, réputée la meilleure et la plus nombreuse qu'on eût vue jusqu'alors, fournissent des détails sur l'art des siéges à cette époque, et prouvent qu'autrefois comme de nos jours les questions de finances jouaient le rôle le plus considérable. Grâce à cette correspondance, nous pénétrons la pensée intime et personnelle du jeune monarque.

Elle atteste son esprit chevaleresque et tout gaulois; Henri IV ne désavouerait pas plusieurs de ses lettres. Ainsi, louant la conduite d'un de ses écuyers, le Roi écrivait, lettre 14me:

« Dites au Veau... que je le tiens aussi hardi en chemise, » comme s'il avoit sa cuirasse sur son dos. »

Charles VIII prend le plus grand intérêt à tous les détails de la guerre; le ravitaillement des troupes est l'objet de sa constante sollicitude, progrès véritable pour cette époque où, le plus habituellement, les armées en campagne ne vivaient que de pillage et de rapines. Les ordres formels et réitérés donnés par le Roi de sévir avec la dernière rigueur contre les Français pris les armes à la main suffiraient pour mettre à couvert la responsabilité de La Trémoille sur l'exécution sommaire, nullement prouvée du reste, de quelques prisonniers faits à Saint-Aubin; témoins deux passages de cette correspondance:

Lettre 22e: « *Nous trouvons bien étrange de ce que vous, notre* » *cousin, avez fait dissimuler de faire la justice de ceux que vous* » *aviez fait mettre ès-mains du prévôt des maréchaux, pour donner* » *loisir aux gens de les nous venir requérir jusques ici; car ce* » *n'est pas la manière.* »

Lettre 28e: « *S'il y a nuls françois ou autres qui autres fois* » *nous aient fait le serment et pris nos gages,... ce sera très-bien* » *fait que d'eux et de leurs semblables, quand il en sera pris, on* » *en fasse bonne justice sans nuls en épargner; car vous entendez* » *bien que c'est le principal point pour la fin de cette guerre.* »

Un autre document curieux est la lettre missive du roi d'Angleterre à Charles VIII, affirmant que c'est contre son gré qu'une troupe commandée par le seigneur de Scalles est venue se joindre à l'armée défaite deux mois après par La Trémoille à Saint-Aubin du Cormier. Les princes coalisés, voulant que l'on crût à un secours plus considérable, firent endosser le hoqueton rouge des soldats anglais à des gens de pied bretons. Cette supercherie causa leur perte ; les Français exterminèrent tous ceux qui portaient le signe de ralliement de leur ennemi traditionnel.

Malheureusement il n'y a que cinq lettres de la Régente ; le style en est naïf et charmant, empreint d'une grande fermeté qui fait reconnaître la digne fille de Louis XI. Dans un rôle beaucoup plus effacé, le sire de Beaujeu est son constant auxiliaire ; toutes ses lettres témoignent du grand soin qu'il prend d'épargner les deniers royaux.

Graville était le véritable ministre de la guerre ; ses instructions attestent sa constante préoccupation pour l'armée. Il ne néglige rien de ce qui peut faire réussir l'entreprise et donner de la gloire à son jeune chef, le tenant au courant de tout ce qui se passe dans le conseil royal, examinant les plans de campagne, conseillant avec un soin tout paternel le parti qu'il croit le meilleur.

A la suite de la correspondance de Charles VIII et de ses conseillers, parmi lesquels figurent aussi le bailli de Meaux, l'archevêque de Bordeaux et le seigneur de Morvilliers, on trouvera trente-six lettres et pièces se rattachant sous divers rapports aux faits consignés dans ce recueil et aux personnages qui y sont nommés.

Mon excellent ami M. Paul Marchegay a pris la peine de surveiller lui-même l'impression de ces documents ; c'est dire assez avec quelle exactitude ils sont reproduits. Je lui suis redevable encore de bon nombre de renseignements que contiennent les tables. Les remercîments que je lui offre ici, ne sont qu'un faible tribut de ma reconnaissance et de toute mon affection.

CORRESPONDANCE
DE CHARLES VIII
ET DE SES CONSEILLERS

I — *CHARLES VIII*

Les Montils-lès-Tours, jeudi 13 mars.

A NOSTRE CHER ET AMÉ COUSIN LE SIRE DE LA TRIMOILLE[1].

[1] Voir n° 201.

De par le Roy.

Cher et amé cousin, nous avons presentement receu lectres de nostre amé et feal conseiller et chambellan le viconte d'Aulnay, qui est a Dol comme savez, et dit qu'il a esté adverty que l'armée de Bretaigne va mectre le siege de Dol et demande que luy facyons delivrer partie de nostre artillerye qui est a Avranches, et aussi des plombs, bouletz de fer, pierres de grés et pareillement du traict, des pelles, picqs, tranches et plusieurs autres choses. Vous savez la compaignie qui est dedens ledit lieu de Dol; et seryons bien desplaisans, se la place n'estoit tenable, que pour le bon vouloir de ceulx qui sont dedens pour cela de mectre leur fait en dangier.

Aussi tant de ladicte place de Dol que des autres places de la lisiere vous avons bien amplement dit et declairé nostre voulenté; et pour ce a toute diligence assemblez vous et les cappitaines et advisez bien ensemble se ladicte place est pour tenir ou quoy, et mandez audit viconte d'Aulnay ce que luy et les autres cappitaines qui sont dedens ledit lieu de Dol auront a faire. Et s'il leur fault bailler ladicte artillerie et autres choses dessusdictes, sur le tout escripvez tant audit viconte que a ceulx de la ville d'Avranches pour luy faire delivrer lesdictes choses, et aussi en parlez au tresorier de l'artillerie qui est par delà afin qu'il envoye homme audit lieu d'Avranches pour faire tout bailler. Mais en tout aiez bon advis, ainsi que bien amplement vous avons dit a vostre partement.

Donné aux Montilz lez Tours le xiij^{me} jour de mars.

CHARLES

Robineau.

2 — L'AMIRAL

Le Plessis du Parc, jeudi 13 mars.

A MONS^r DE LA TRIMOILLE.

Monsr de la Trimoille, je me recommande a vous tant comme je puis. Toute a ceste heure est icy arrivé le nepveu de Françoys du Breul, lequel partit dimanche après disner de Vannes où il a laissé encore toute la compaignye ; et dit que mons^r de Rohan est dedans Josselin deliberé de tenir, et Chanchou de Navarre et Archanbault sont dedans la Chairre et dit l'en pareillement qu'ilz sont deliberez de tenir : et pour conclusion il est besoing de regarder par quel moyen on leur pourra faire lacher prinse, selon qu'il vous a esté dit au departir.

Au regard de la matiere laquelle vostre homme m'a parlé, je vous prie encore par ceste lectre que vous ne vous en soubciez et vous prenez hardiment a moy si vous y trouvez faulte. Je ne

Signatures.

N° 3.

N° 4.

N° 2.

N° 209.

N° 205.

N° 96.

N° 7.

N° 223.

N° 202.

vous escrips autre chose pour ce que le poste part, si non que je prie a Dieu qu'il vous doint ce que plus desirez.

Escript au Plessis du Parc le xiij^{me} jour de mars.

Le tout vostre cousin,

LOYS DE GRAVILLE

3 — MADAME DE BEAUJEU

Le Plessis-du-Parc, vendredi 14 mars.

A MON COUSIN MONS^r DE LA TREMOILLE.

Mon cousin, hersoir arriva icy l'un des gens de mons^r de Champerroux, qui est nepveu de Françoys du Brueil, et vient de Vannes où il dit que mons^r d'Orleans est encores avec sa bende et sont en debat avec les Alemans pour le butin. Et estoit bruyt audit Vannes qu'ilz devoient venir mectre le siege a Jocelin : toutesfoiz j'ay entendu que mons^r de Roham est bien deliberé de tenir la place, parquoy est besoing de faire la plus grant dilligence que pourrez et faire quelque exploit pour les contraindre de lacher leur prinse. Et dit que les gens que le bastard Baudoyn y a amenez ne sont point plus de sept ou huit cens a tout rompre, et que s'il fust venu deux cens hommes d'armes jusques a Messac tout s'en fust finy.

Et adieu mon cousin.

Escript au Plessys du Parc ce vendredi xiij^{me} [1] de mars.

[1] *Sic, pour* xiiij.

Vostre cousine,

ANNE DE FRANCE

4 — MONS^r DE BEAUJEU

Les Montils, 14 mars.

A MON COUSIN MONS^r DE LA TRIMOILLE.

Monsr de la Trimoille, je me recommande a vous. Il arriva hier ung homme d'armes de la compaignie du s^r de Champerroux, lequel venoit de Vannes et a dit au Roy que mons^r de Rohan est deliberé de tenir pour lui mais il a besoing d'estre secouru. A ceste cause il est besoing que vous advisez tous ensemble d'y donner la meilleure provision que vous pourrez en seureté, par quoy je vous prie que vous le faictes car vous savez de combien cest affaire touche. Et a Dieu auquel je prie vous avoir en sa garde.

Escript aux Montilz le xiiij^e jour de mars.

Vostre cousin,

PIERRE

---

5 — CHARLES VIII

Les Montils-lès-Tours, mercredi 19 mars.

A NOSTRE CHER ET FEAL COUSIN LE S^r DE LA TRIMOILLE, NOSTRE LIEUTENANT, ET A NOZ AMEZ ET FEAULX CONSEILLERS ET CHAMBELLANS LES S^{rs} DE CHARLUZ ET DE SAINCT ANDRÉ.

De par le Roy.

Cher et feal cousin et vous noz amez et feaulx, nous avons receu vostre lectre escripte de lundi au soir a cinq heures, et est venue a ce matin qui est mecredi, par laquelle vous mectez que vous avez envoyé Turquet a la Guierche et le seneschal D'Agenaiz et le cappitaine Jaques de Silly a Chasteaugontier, et que vous commencerez aujourduy a faire la reveue des gensdarmes de place en place, comme pieçà le vous avions ordonné. Ce sont toutes choses neccessaires, et si pieçà eussent esté faictes la chose n'en vaulsist que mieulx.

Au surplus Dimenche du Renier et Jaques de Grassay arriverent hier icy, et partirent jeudy de Vannes où ilz laisserent toute la compaignie excepté quelque petit nombre de gens qui partoit pour venir a Chasteaubryant et a Marcillé pour ce que l'en leur avoit dit que le siege s'i devoit mectre. Nous vous envoierons l'un des deux qui vous dira que c'est de leur fait, qui est très piteux s'il est vray ce qu'ilz disent. Ilz nous ont dit qu'il y avoit largement de communes devant noz gens qui sont a la Chaize, et disent que les ungs disoient que nostre cousin de Rohan estoit dedans Jossellin et qu'il tiendroit la place, les autres disoient qu'il estoit allé a Concq mais qu'il disoit tousjours bonnes parolles de nous; et peut estre qu'il leur tiendra bien quelque parlement pour actendre s'il aura quelque secours de nous.

Aussi ilz nous ont dit qu'il y a plusieurs des gensdarmes qui sont avecques eulx qui leur ont dit : « Vous vous en allez en » France en pourpoint, mais pleust a Dieu que nous y feussions » tous en chemise. » Pour conclusion, ilz disent qu'ilz vallent desconfiz. Vous l'orrez parler; mais de mectre siege ilz disent qu'ilz en sont en mauvais estat et que si deux cens lances feussent passez, ce qu'ilz eussent fait aisement, ilz estoient deffaiz a jamais. Et disoient a commune voix, parmy leur ost, qu'ilz estoient montez une foiz sur mer a Vannes mais qu'ilz y monteroient encores une autrefoiz a plus grant haste qu'ilz n'estoient la premiere, et plusieurs autres meschantez parolles. Comme nous vous avons escript regardez, 'se nostre cousin de Rohan est assiegé, ce qui se pourra faire. Nous faisons haster nos gensdarmes a toute dilligence.

Le mareschal des Querdes nous escripvit hier des nouvelles de Flandres qui continuent tousjours contre le duc d'Autrische, et que les Gantoys ont fait copper les testes a neuf hommes dont vous envoyons cy dedans encloz le double du brevet de leurs noms. Et sont bien deliberez les Flamengs d'entretenir le traicté de la paix et de nous obeyr comme leur souverain, et jà l'ont fait cryer en leur pays; et si ont envoyé querir les s^rs de Pierres et de Piennes et maistre Jehan Dauffey pour aller devers eulx a Gant, où tous les estatz des païs sont assemblez, et n'y veullent riens faire sans ce qu'il y ait de noz gens.

Donné aux Montilz lez Tours le xixme jour de mars, a dix heures du matin.

CHARLES

Parent.

6 — *L'AMIRAL*

Le Plessis-du-Parc, mercredi 19 mars.

A MONS^r DE LA TRIMOILLE.

Monsr de la Trimoille, je me recommande a vous tant comme je puis. J'ay a ce matin receu les lectres que vous m'avez escriptes de Pouencé, par lesquelles vous mectez que vous estes arrivé par delà et avez trouvé mons^r de Charluz et tous les autres cappitaines ausquelz vous avez dit ce que le Roy vous avoit ordonné; et que, a cause d'unes lectres que le cappitaine Adrien leur avoit envoyés, Turquect est allé a la Guierche pour parler audit Adrien et a Rocherolles pour savoir leur advis touchant la place, si elle est tenable ou non; et aussi que le seneschal d'Agenoys et le cappitaine Jacques de Silly sont allez a Chasteaugontier pour faire la monstre des nobles et choeisir ceulx qu'ilz verront qui seront gens pour servir, qui a esté bien advisé. Mais au regard de ladicte place de la Guierche, si elle est en estat que l'en ne la puisse tenir il fault qu'elle soit bien mauvaise; et si fault entendre [que] si vous abatez une place des païs du Roy devant eulx vous leur ferez croistre le cueur, qu'ilz n'ont pas grant.

Je ne vous escrips autre chose pour ceste heure, car j'ay ung petit de haste, si non que je vouldroye qu'il m'eust cousté grant chose et que vous oyssiez parler ceulx qui viennent de Vannes, car ilz font beaucoup de bons comptes. Monsr de la Trimoille, je ne vous escrips autre chose si non que je prie Dieu qu'il vous doint ce que plus desirez.

Escript au Plessis du Parc le xixme jour de mars.

Le tout vostre cousin,

LOYS DE GRAVILLE

7 — LE BAILLI DE MEAUX

Les Montils-lès-Tours, mercredi 19 mars.

A MONS^r LE PRINCE DE THALEMONT.

Monsr de la Trimoille, je me recommande a vous de tant bon cueur comme puis. Le Roy a sceu que voz chevaulx ont esté grillez[1], dont me desplaist; mais je vous faiz bien savoir que se j'ay quelque monsture ou chevaulx dont vous ayez affaire, vous en finerés bien et de bon cueur. Le Roy vous escript et fait responce bien au long aux lectres que luy avez escriptes; et au seurplus s'il y a quelque chose en quoy je vous puisse faire plaisir mandez le moy, et vous prie que souvent me faictes savoir de voz nouvelles. Et a Dieu, mons^r de la Trimoille, auquel je prie vous donner ce que plus desirez.

[1] V. n° 45.

Escript aux Montilz lez Tours le xixme jour de mars.

Depuis vostre partement il n'est riens seurvenu de nouveau si non de Flandres, dont le Roy vous escript; et s'il seurvient aucune chose en serez tousjours adverty.

Le tout vostre serviteur et bon ami,

ESTYENE DE VESC

8 — CHARLES VIII

Le Plessis-du-Parc, jeudi 20 mars.

A NOSTRE CHER ET FEAL COUSIN LE SIRE DE LA TRYMOILLE, NOSTRE LIEUTENANT, ET A NOZ AMEZ ET FEAULX CONSEILLERS ET CHAMBELLANS LES S^{rs} DE CHARLUZ ET DE SAINCT ANDRÉ, ET LES CAPPITAINES GLAUDE DE LA CHASTRE ET JAQUES DE SILLY.

De par le Roy.

Cher et feal cousin et vous noz amez et feaulx, nous avons veu ung memoire, que le gouverneur de Lymosin nous a apporté, touchant le fait des nobles pour mectre dedans les places; et pour ce que le s^r de Sainct Pierre requiert avoir le s^r de Rouvrou, son nepveu, pour mectre a Victré avecques les nobles de sa charge, baillez le lui car il n'en veult point d'autre que luy; et au regard des autres mectez les ès autres places ainsi que vous verrez qu'i sera besoing de faire. Nous avons presentement eu des nouvelles de Flandres qui sont fort bonnes; et esperons, a l'aide de Dieu, que nous n'aurons guieres a besongner ceste année en ce quartier, ainsi que de brief vous ferons savoir plus au long.

Donné au Pleissis du Parc le xxme jour de mars, a x heures du matin.

CHARLES

Parent.

9 — CHARLES VIII

Les Montils-lès-Tours, jeudi 20 mars.

A NOSTRE CHER ET FEAL COUSIN LE SIRE DE LA TRIMOILLE, NOSTRE LIEUTENANT GENERAL EN NOSTRE ARMÉE ESTANT EN LA LISIERE DE BRETAIGNE.

De par le Roy.

Chier et feal cousin, nous envoyons presentement noz amez et feaulx maistres Guillaume Briçonnet, nostre conseiller et general sur le fait et gouvernement de noz finances, et Jacques Berziau, nostre notaire et secretaire et contrerolleur general d'icelles, pour besongner avecques les clercs qui paient les gens de guerre de noz ordonnances qui sont par delà. Sy voulons et vous mandons que, touchant lesditz paiemens, vous les vueillez croire de ce qu'ilz vous diront de par nous.

Donné aux Montilz lez Tours le xxme jour de mars.

CHARLES

Parent.

10 — CHARLES VIII

Les Montils-lès-Tours, jeudi 20 mars.

A NOSTRE CHER ET FEAL COUSIN LE SIRE DE LA TRIMOILLE.

De par le Roy.

Cher et feal cousin, nous envoyons de par delà noz amez et feaulx maistres Guillaume Briçonnet, nostre conseillier et general de noz finances, et Jaques Berziau, nostre notaire et secretaire, et leur avons chargé qu'ilz ne passent point la ville d'Angiers sans avoir conduicte pour aler en seureté devers vous. Si voulons et vous mandons que vous les envoyez querir par si bon nombre de noz gens de guerre qui sont avecques vous qu'ilz puissent aler seurement.

Donné aux Montilz lez Tours le xxme jour de mars.

CHARLES

Parent.

---

11 — *L'AMIRAL*

Le Plessis-du-Parc, jeudi 20 mars.

A MONS^r DE LA TRIMOILLE.

Monsr de la Trimoille, je me recommande a vous tant comme je puis. J'ay receu vostre lectre a ce matin, qui contient plusieurs articles lesquelles j'ay monstrées au Roy; et croy qu'il vous fait responce sur chascun point, au moyns m'a promis le secretaire qu'il ne l'a pas oublié. Au surplus l'en fait haster les gensdarmes de partout, et a l'en escript a tous les baillifz qu'ilz facent deslougier tous les gensdarmes qui seront en leurs bailliaiges pour aller en leur garnison, sur peine de perdre le service du Roy; et pour conclusion il est impossible de faire plus grant diligence que l'en y fait.

Je suis bien aise de quoy les cappitaines vous font tous les plaisirs qu'ilz peust, ainsi que vous m'escripvez; mais je vous conseille aussi que vous ne facez riens sans eulx et leur monstrez tousjours voz lectres et les faictes singner avecques vous, car ilz sont tous gens de bien. Et par ma foy il me semble que vous et eulx vous ferez de brief quelque bon service au Roy; mais n'entreprenez rien sans le faire bien debatre, car en debatant bien les choses l'en treuve voulentiers la maniere de bien l'executer.

Le Roy vous envoyra ceste sepmaine noz gensdarmes de Vannes, lesquelx sont desjà presque tous montez et armez; et se vieulx Regnard en a apporté doze cens pieces d'or sur luy dont mes cousins de Bretaigne ne se sont sceu appercevoir, et si vous dy que les compaignyes ont apporté quant et eulx plus de dix mille frans en argent. Mectez la plus grant diligence que vous pourrez pour savoir des nouvelles de mons^r de Rohan et de noz gens qui sont par delà. Et vous dy a Dieu icy endroit, mons^r de la Trimoille, car je ne vous puis plus faire longue lectre, auquel je prie qu'il vous doint tout ce que plus desirez.

Escript au Plessis du Parc le xxme jour de mars.

Le tout vostre cousin,

LOYS DE GRAVILLE

12 — *CHARLES VIII*

Le Plessis-du-Parc, vendredi 21 mars.

A NOSTRE CHER ET FEAL COUSIN LE SIRE DE LA TRIMOILLE, NOSTRE LIEUTENANT, ET A NOZ AMEZ ET FEAULX CONSEILLIERS ET CHAMBELLANS LES S^{rs} DE CHARLUZ, DE SAINCT ANDRÉ, LE SENESCHAL D'AGENOIZ ET LES CAPPITAINES GLAUDE DE LA CHASTRE ET JAQUES DE SILLY.

De par le Roy.

Cher et feal cousin et vous noz amez et feaulx, pour aucunes choses dont nous avons baillé charge a nostre amé et feal conseillier et maistre d'ostel le sire de la Pallu, porteur de cestes, nous l'envoyons par delà devers entre vous. Si vous prions et mandons que de ce qu'il vous dira de par nous le croiez comme nous mesmes.

Donné au Pleissis du Parc le xxj^{me} jour de mars.

CHARLES

Parent.

13 — CHARLES VIII

Le Plessis-du-Parc, dimanche 23 mars.

A NOSTRE CHER ET FEAL COUSIN LE SIRE DE LA TRYMOILLE, NOSTRE LIEUTENANT, LES S^{rs} DE CHARLUZ, DE SAINT ANDRÉ, LE SENESCHAL D'AGENAIZ ET LES CAPITAINES GLAUDE DE LA CHASTRE ET JAQUES DE SILLY.

De par le Roy.

Cher et feal cousin et vous noz amez et feaulx, nous avons receu a ce matin lectres de vous, environ sept heures, escriptes a Pouencé vendredi a six heures du soir, qui contiennent la venue de deux des gens du s^r de Coulombiés, et aussi les nouvelles qui vous ont esté dictes tant de Vannes que de Chasteaubryant. Mais par vostredicte lectre vous ne parlez point de ce que vous avez esperance de faire pour monstrer a noz gens de basse Bretaigne que nous les voulons secourir, car aux nouvelles qui nous surviennent de toutes pars nous ne faisons nulle doubte que bien tost noz gens qui sont a la Cheize ou a Jossellin n'ayent beaucoup a faire. Et les premieres nouvelles que vous estes bien taillez d'en avoir ce sera qu'il leur en sera prins comme a ceulx de Vannes, ou piz par avanture : car la longueur de leur monstrer signe que l'en les veult secourir sera cause de perdre noz gens et de faire prandre appoinctement a nostre cousin de Rohan; et n'y a homme au monde, de si grant cueur soit il, que a lui monstrer si mesgrement que lui vueillons donner secours comme il a esté fait jusques icy, qui n'eust bonne raison d'essayer par toutes façons qu'il pourroit a sauver son corps et ses biens.

Vous avez congneu jusques icy le parlement qu'il tient au duc, qui n'est si non esperant avoir nouvelles de nous. Pour conclusion, nous ne vous escripvons plus de ceste matiere. Faictes en ainsi que vous adviserez; mais nous doubtons encores une foiz d'en recevoir une très grant honte dont vous aurez vostre part, et le dommaige ne nous sera pas petit. Au regard du sʳ de Rouvrou, que vous avez retenu avecques vous pour ce qu'il a plus grant nombre de gens que ceulx que on pourroit tirer de Victré, vous avez bien advisé, mais que le sʳ de Sainct Pierre, qui le demandoit, s'en contente et que la place ne demeure point despourveue ni en dangier; car vous entendez bien que ung homme qui veult garder une place aymeroit mieulx ung homme qui fust son parent ou son amy avecques cent hommes qu'il ne feroit ung autre avecques deux cens.

Touchant les Suysses vous, mon cousin, savez ce que vous en dismes a Estampes, où le marché fust faict avecques le cappitaine d'en amener jusques a cent seulement; et pour ce arrestez vous a ces C, ou jusques a VJ^{xx}, et qu'ilz soient tous du païs des beaulx hommes. Mais ne passez point oultre, car pour abreger nous ne sommes pas deliberez d'en faire paier plus largement : et le dictes au cappitaine seichement affin qu'il ne s'y attende, car soubz umbre de ses Suysses icy, qui parlent françois, ilz assembleront lacquaiz et toutes autres gens qui ne sont point de la nacion de Suysse, ce que ne voulons pas; et ne nous escripvez plus de ceste matiere car il ne s'en fera autre chose. Nous escripvons au tresorier qu'il paie ledit nombre a C solz par moys, ainsi qu'il leur a esté promis.

A ceste heure nous sont venues nouvelles que noz gens ont prins la cité de Liege de bel assault, et y sont mors et prins ceulx que vous verrez dedans le double de la lectre lequel vous envoyons cy dedans. Si vous l'envoiez dire a voz voisins, il nous semble qu'ilz ne donneront guieres d'argent au messaigier qui leur en portera les nouvelles.

Donné au Pleissis du Parc le xxiij^{me} jour de mars, a une heure après mydy.

CHARLES

Parent.

14 — *CHARLES VIII*

Le Plessis du Parc, dimanche 23 mars.

A NOSTRE CHER ET FEAL COUSIN LE SIRE DE LA TRIMOILLE ET AUX SIRES DE CHARLUZ, DE SAINCT ANDRÉ, LE SENESCHAL D'AGENAIZ ET LES CAPPITAINES GLAUDE DE LA CHASTRE ET JAQUES DE SILLY.

De par le Roy.

Cher et feal cousin et vous noz amez et feaulx, nous avons sceu que, a une course que aucuns de noz gens ont faicte vers Ancenys et Chantozé, a esté prins ung fueillart qui s'appelle Mathelin Barbin. Et pour ce qu'on nous a dit que c'est ung maistre guecteur de chemins, nous vous prions et mandons que vous enquerez qui sont ceulx qui le tiennent prisonnier et le nous faictes garder, car nous le voulons avoir et le paierons aux gensdarmes ausquelz y sera. Et quant vous en saurez des nouvelles mandez le nous incontinent, et cependant le faictes bien garder et qu'il n'y ait point de faulte.

Donné au Pleissis du Parc le xxiij^{me} jour de mars.

L'en nous a escript qu'il est a Chasteaugontier, et là et ailleurs vous en pourrez faire enquerir.

Depuis ces lectres escriptes, nous avons receu unes lectres du s^r de Sainct Pierre par lesquelles il nous fait savoir des nouvelles de nostre cousin de Rohan, qui continuent telles que vous verrez par lesdictes lectres que vous envoyons cydedans encloses.

Dictes au Veau qu'il demeure encores avecques vous jusques a ce qu'il est de mes nouvelles, et que je le tiens aussi hardy en chemise comme s'il avoit sa curasse sur son doz.

CHARLES

Parent.

15 — L'AMIRAL

Le Plessis du Parc, dimanche 23 mars.

A MONS^r DE LA TRIMOILLE.

Monsr de la Trimoille, je me recommande a vous tant comme je puis. J'ay receu la lectre que vous m'avez escripte touchant Cochinart et le cappitaine Hanceho, et aussi que vous faictes serrer les gensdarmes. Et au regard du principal point, qui est faire serrer les gensdarmes, il est besoing que vous en faciez diligence, car par ma foy si mesavient des gens qui sont en Basse Bretaigne je vous asseure que beaucoup de gens en parleront merveilleusement : car tous ceulx qui viennent de Vannes tiennent le secours le plus aisé a faire du monde et sans danger, et mons^r de Champroux l'a mandé encore par deux de ses gens qui sont venuz depuis hier ; et pour ce entendez a ce point, car c'est le principal.

Et en tant que touche les Souysses, le Roy escript qu'il en soit paié jusques a six vings ; mais n'en faictes plus assembler, car ilz n'y a point de paiement pour eulx en l'estat. Si ses trante lances dont vous parlés s'en voulloient venir, se seroit très bien fait de les recuillir ; et n'est riens de quoy ilz soient plus esbahiz que quant les gens les laissent.

Le Roy vous escript des nouvelles du Liege, et j'ay parlé a ung homme qui estoit present a la prinse de ladicte ville qui dit en effect que ceulx qui l'ont prinse sont riches a jamais. Je ne vous escrips plus si non que, si vous ne faictes quelque chose entre cy et troys jours, je ne foiz nulle doubte que mons^r de Rohan ne soit perdu pour le Roy et le seurplus de ses gens de par de là en grant dangier. Et vous dy a Dieu icy endroit, mons^r de la Trimoille, que je prie qu'il vous doint ce que plus desirez.

Escript au Plessis du Parc le xxiij^{me} jour de mars.

Le tout vostre cousin,

LOYS DE GRAVILLE

16 — L'AMIRAL

Dimanche, 23 mars.

A MONS^r DE LA TRIMOUILLE [1].

¹ Lettre olographe.

Je seroys bien marri que je ne vous fisse savoir les premieres novellez de Greffin, qui sera mardy ycy acompaigné de xviij cens Souyssez; et sont montez a Rouenne et sont gens d'elitte et toulz dez cantons et lez plus beaulx hommes que l'an saroit voir; et n'an faitez nulle doubte car il est ainssy. L'an leur fera yssy avoir bateaulx frés et marinyers pour les vous faire aller plus tost.

Escript a mynuyt se dimanche.

Le Roy an a des lectres mez je ne l'ay pas voulu eveiller; et avant ce coucher il vous escrivoit des lectres, que se poste vous porte, que mons^r de Sainct Pierre luy a escriptes. Monsr de la Heuze an amainne autant par terre.

Le tout vostre cousin,

LOYS DE GRAVILLE

---

17 — LE BAILLI DE MEAUX

Les Montilz-lès-Tours, dimanche 23 mars.

A MON TRES HONNORÉ SEIGNEUR MONS^r LE PRINCE DE TALLEMONT, LIEUTENANT GENERAL DU ROY ÈS MARCHES DE BRETAIGNE.

Jean de la Trémoille.

Monsr le prince, tant et de si bon cueur que faire puis je me recommande a vous. J'ay receu unes lectres que mons^r le prothonotaire vostre frere [2] vous escripvoit par ung sien serviteur, auquel il avoit donné charge les me bailler en vostre absence pour faire le contenu en icelles; et pour ce faire les ay ouvertes en vostre absence et les vous envoye, affin que voyez ce qu'il vous escripvoit. Monsr le prince, j'ay incontinent fait despescher toutes les lectres qui sont neccessaires a mondit sr le prothonotaire pour son evesché d'Agen; et en vostre absence s'il a affaire d'autres lectres, tenez vous seur, monsr le prince, que je m'y employerai comme pour moy mesmes.

Monsr le prince, je me plains de deux choses : l'une si est que n'avez point tenu la promesse que m'avyez faicte de m'envoyer le dimenche d'après vostre partement Titulivius [1], et aussi que estez devenu si grant seigneur depuis que estez lieutenant general du Roy ès marches de par delà qu'il ne vous est point souvenu d'escripre de voz nouvelles a mess{rs} voz compaignons. Au surplus se choze est par deçà que pour vous faire puisse, mandez le moy et je le feray de très bon cueur, en priant a Nostre Seigneur, monsr le prince, qu'il vous doint ce que plus desirez.

[1] *Sic, pour* Titus Livius.

Escript au Montilz lez Tours le xxiijme jour de mars.

Monsieur le prince, j'ay envoyé ladicte despesche a Romme par ung courrier qui porte les lectres en dilligence de l'eveschié de Beauvays, que le Roy a donnée au nepveu de monsr des Querdes; et en tant que touche le fait de voz gensdarmes dont m'avez aujourduy escript, je en solliciteray le Roy et y feray comme pour moy mesmez.

Le tout vostre serviteur et bon ami,

ESTYENE DE VESC

18 — CHARLES VIII

Le Plessis du Parc, lundi 24 mars.

A NOSTRE CHER ET FEAL COUSIN LE SIRE DE LA TRIMOILLE, NOSTRE LIEUTENANT, LES S^{rs} DE CHARLUZ, DE SAINCT ANDRÉ, LE SENESCHAL D'AGENAYS ET LES CAPITAINES GLAUDE ET JAQUES DE SILLY.

De par le Roy.

Cher et feal cousin et vous noz amez et feaulx, nous avons a ce matin eu nouvelles que Greffin Roze, nostre huissier d'armes, nous ameyne par eaue deux mil Souysses qu'il a faict mectre sur la riviere a Rouenne, affin de venir plustost; et le s^r de la Heuze, nostre maistre d'hostel, en ameyne quatorze ou quinze cens qui seront bientost icy. Et avons esperance que la premiere bande y sera dedans deux ou trois jours, mais ne laissez pas pourtant de faire tousjours ce que vous congnoistrez qu'il sera besoing.

Donné au Pleissis du Parc le xxiiij^{me} jour de mars, a deux heures après midy.

CHARLES

Parent.

19 — *CHARLES VIII*

Le Plessis du Parc, lundi 24 mars.

A NOSTRE CHER ET FEAL COUSIN LE SIRE DE LA TRIMOILLE, NOSTRE LIEUTENANT, ET A NOZ AMEZ ET FEAULX CONSEILLERS ET CHAMBELLANS LES S^{rs} DE CHARLUZ ET DE St ANDRÉ, LE SENESCHAL D'AGENAIZ ET LES CAPITAINES CLAUDE DE LA CHASTRE ET JAQUES DE SILLY.

De par le Roy.

Cher et feal cousin et vous noz amez et feaulx, nous envoyons par delà nostre amé et feal conseiller et maistre d'ostel Dymanche du Regnier et nostre cher et bien amé Jaques de Grassay, porteurs de cestes, lesquelz ainsi que vous avons escript sont venuz de Vannes et par eulx saurez bien au long ce qui y est advenu. Si vous prions et mandons que de ce qu'ilz vous diront les croiez. Et au seurplus advisez bien ce qui est de faire pour le secours de nostre cousin de Rohan et de noz gens estans en basse Bretaigne, tant sur le contenu de ce que vous escripvismes hier que par les lectres du s^r de Sainct Pierre que vous envoyasmes hersoir; car, comme vous avons souventesfois mandé, vous entendez assez de combien cest affaire nous touche et que par la longueur que on y a mise nous y avons eu grant dommaige, et pourrions encores avoir plus grant qui n'y donnera provision a toute diligence.

Nous avons eu a ce matin nouvelles que Greffin nous amene par eaue deux mille Souysses qu'il a fait charger sur la riviere a Rouenne, et le s^r de la Heuze nous en amene quatorze ou quinze cens qui seront bientost icy; et avons esperance que la premiere bande y sera dedans deux ou trois jours, mais ne laissez pas de faire tousjours ce que vous congnoistrez qui sera besoing.

Donné au Pleissis du Parc le xxiiij^{me} jour de mars.

Vous, nostre cousin, faictes bailler du logis ou quartier des gentilz hommes de nostre hostel a Espeluche, Pierre des Personnes et a Lucyennes, car ilz se retireront avecques eulx.

CHARLES
Parent.

20 — L'cAMIRAL

Le Plessis du Parc, lundi 24 mars.

A MONS^r DE LA TRIMOILLE.

Monsr de la Trimoille, je me recommande a vous tant que je puis. J'ay receu a ce soir la lectre que vous m'avez escripte, qui contiennent ung pacquet que vous avez envoyé au Roy dont il n'est nouvelles; et vous asseure que ledit seigneur dit qu'il vous fera unes lectres là où il parlera bien a vostre clerc. Je ne sçay qu'il l'en fera maiz il en a bonne voullenté. Au seurplus il est venu a ce soir ung homme de Nantes qu'il dit que sans point de faulte mons^r de Rohan est assiegé et que le duc a fait cryer que tout homme qu'il pourra porter baston s'il trouve, sur peine de la hart [1]; et ne fault point faire de doubte qu'ilz ne lui facent tout le pys qu'ilz pourront.

[1] V. n° 202.

Au regard de vostre creue dont vous parlez, mais que vous ayez ung peu de paciance toutes voz choses vous vendront bien; maiz sy vous ne vous chastiez de ce que quant vous avez affection a une chose vous voulez qu'elle se face sy pris sy mys, sans avoir regard a la maniere commant, il fauldra que je tance avecques vous. Maiz pour conclusion ne vous sousseyez, car il me semble que vous aurez une partie de ce que vous demandez, au moins en feray je mon loyal devoir; et touchant les cirurgyens que vous demandez, ilz vous seront envoyez.

Je ne vous escrips plus si non que mons^r de la Groye a faict aujourdui provision de bateaulx et de marinyers tous fraiz en ceste ville pour vous porter voz Souysses plus legierement, lesquelz je croy qu'ilz vendront demain. Monsr de la Trimoille, je vous dy a Dieu icy endroit, a qui je pry qu'il vous doint tout ce que plus desirez.

Escript au Plessis du Parc le xxiiij^{me} jour de mars.

Le tout vostre cousin,

LOYS DE GRAVILLE

---

21 — *CHARLES VIII*

Le Plessis-lès-Tours, mardi 25 mars.

A NOSTRE CHER ET FEAL COUSIN LE S^r DE LA TRIMOILLE, NOSTRE LIEUTENANT, ET AUX S^{rs} DE CHARLUZ ET DE St ANDRÉ, AU SENESCHAL D'AGENAIZ ET AUX CAPITAINES GLAUDE DE LA CHASTRE ET JAQUES DE SILLY.

De par le Roy.

Cher et feal cousin et vous noz amez et feaulx, nous avons ce jourduy, environ cinq heures après midi, receu voz lectres escriptes a Pouencé le xxiij^e jour de ce mois a deux heures après disner, par lesquelles nous faictes savoir que nous envoiez ung pacquet de lectres prins par le cappitaine Perrin des Eages, qu'il avoit envoié au s^r de Sainct Pierre lequel le vous avoit renvoyé. Nous vous mercions de vostredit pacquet, car il nous est invisible et n'a point esté trouvé dans la boete, et croyons qu'il soit demouré soubz le chevet de vostre clerc en reposant son vin de disner; et pour ce renvoiez le nous par la premiere poste se vous voullés que nous saichions ce qu'il contient.

Et au regard de ce que vous dictes qu'il n'y a nulz gués sur la riviere de Villayne, tous ceulx qui sont venuz de par deçà des gens de nostre cousin de Rohan, dont il est venu trois ou quatre depuis huit ou dix jours, disent qu'ilz sont passez au Pont Reaut et a ung pont qui est auprès de Rennes; nous vous en escripvons tout ce que nous en savons. Et tout maintenant est venu ung homme de Nantes, qui dit pour tout certain que nostredit cousin de Rohan a levé le siege de la Cheize et que le prince [1] est party hastivement de Nantes, et le mareschal de Rieux, pour aller assembler des gens de toutes pars pour aller assieger nostredit cousin a Jossellin : et pour ce regardez, comme tousjours vous avons escript, tout ce qui se pourra faire, car entendez s'il est vray qu'ilz feront tout leur effort de le contraindre a leur voulenté.

En tant que touche ce qui a esté fait devant Chasteaubryant, dont nous escripvez, nous vous en mercyons; et de ceulx que vous avez mis entre les mains du prevost des mareschaulx, lesquelz nous ont fait la trahison que vous savez, vous avez très bien fait et est une des choses du monde qui plus tost fera finer ceste guerre. Touchant les Souysses, nous vous en escripvismes hier nostre intencion et ce que entendons qu'il en soit fait. Au regard de nostre escuier le Veau et de Jehan de la Grange, nous sommes bien joieux de ce qu'ilz se sont si bien monstrez pour nostre service et leur en savons très bon gré.

Depuis ces lectres escriptes, nous avons receu le pacquet dont cy devant est faicte mencion.

Donné au Plesseis lez Tours le xxvme jour de mars, a neuf heures du matin.

CHARLES

Damont.

[1] D'Orange.

22 — CHARLES VIII

Le Plessis du Parc, mardi 25 mars.

A NOSTRE CHER ET FEAL COUSIN LE SIRE DE LA TRIMOILLE, NOSTRE LIEUTENANT, ET AUX S^rs DE CHARLUZ, DE SAINCT ANDRÉ, LE SENESCHAL D'AGENAIZ ET LES CAPITAINES GLAUDE DE LA CHASTRE ET JAQUES DE SILLY.

De par le Roy.

Chier et feal cousin et vous noz amez et feaulx, nous avons receu voz lectres escriptes a Pouencé du vingt quatriesme jour de ce moys a mydi; et sont icy arrivées ce jourduy environ une heure après mydi, ensemble des lectres qui vous sont venues de Doul par le s^r de la Luzerne et du s^r de Saint Pierre, et aussi ung memoire des choses que demande le viconte d'Aunay qui luy sont neccessaires pour ladicte ville de Doul.

Et au regard des deux cannons qu'il demande, si vous voiez qu'il en soit besoing vous luy povez faire bailler deux canons telz que vous trouverez, par le conseil du s^r Dupin, des cinq que nous feismes laisser l'année passée a Avranches avecques leur suyte, tant pouldres que autres choses neccessaires pour lesditz canons. Et touchant coullevrines a crochet il n'y en a point en nostre artillerie, et des faucons qu'il demande nous n'en avons point par delà; mais a la prinse dudit Dol nous en paiasmes mil frans au maistre de l'artillerie de ce qui en fut trouvé dedans, laquelle artillerie est toute demourée en ladicte place de Doul.

Et des canonniers qu'il demande pareillement, vous en avez plus qu'il ne vous en fault. Parlez audit s^r Dupin et au tresorier de l'artillerie, qui en bailleront ainsi que vous adviserez et vous advertiront bien de ce qu'il est besoing de faire touchant ce point. Il demande pareillement des arbalestiers. Vous leur en povez semblablement departir quant vous verrez qu'il en sera besoing; mais quelque chose que l'en die, nous ne croyons point encore qu'ilz assigent place que nous puissons aisement secourir.

En tant que touche le fil de bocte et toutes ses menues choses, nous avons donné charge au tresorier Primaudaye qu'il en fist porter en l'ost; vous povez savoir a lui se qu'il en a fait et en envoyez a ladicte ville de Dol. Et au regard des vivres, qui est ung des principaulx poins, nous avons escript aux officiers du bailliaige de Coutentin que nous avions donné chargie a Colinet Dugal d'y en faire mener ce dont ilz en auroient besoing a ladicte ville; et aussi nous a escript unes lectres le s^r de Sacey qu'il en feroit toute diligence de sa part et qu'il y en envoyroit si largement qu'ilz n'auroient cause d'eulx en plaindre. Faictes savoir a ses deux là que chascun d'eulx en face son devoir. De maczons et de charpentiers c'est une chose dont ilz treuvent assez sur les lieux.

Mais sur toutesriens nous nous donnons merveilles que vous ne povez savoir nouvelles de ce qu'il se fait a Josselin, car nous croyons que le bruyt qu'ilz font courrir que nostre cousin de Rohan a faict son appoinctement c'est affin que l'on ne face point d'effort de l'aller secourrir.

Donné au Plesseis du Parc le xxvme jour de mars.

CHARLES

Parent.

Nous trouvons bien estrange de ce que vous, nostre cousin, avez fait dissimuler de faire la justice de ceulx que vous aviez fait mectre ès mains du prevost des mareschaulx, pour donner loisir aux gens de les nous venir requerir jusques icy, car ce n'est pas la maniere.

23 — MONS^r DE BEAUJEU

Le Plessis du Parc, mardi 25 mars.

A MON COUSIN MONS^r DE LA TRIMOILLE.

Mon cousin, j'ay receu voz lectres et veu ce que avez escript au Roy, qui vous fait bien ample responce. Vous aurez en brief par delà le nombre des Soysses que le Roy vous escript, mais il me semble que cependant vous devez mectre paine de faire quelque bonne chose qui puisse aider a noz gens qui sont en basse Bretaigne. Si vous pry que ainsi le vueillez faire, et souvant me faire savoir des nouvelles et de ce qui surviendra par delà. Et a Dieu mon cousin qui vous ait en sa saincte garde.

Escript au Plessis du Parc le xxvme jour de mars.

Vostre cousin,

PIERRE

---

24 — CHARLES VIII

Tours, mercredi 26 mars.

A NOSTRE CHER ET FEAL COUSIN LE S^r DE LA TRIMOLLE, NOSTRE LIEUTENANT, AUX S^{rs} DE CHARLUZ ET DE SAINT ANDRÉ, AU SENESCHAL D'AGENOYS ET CAPPITAINE JAQUES DE SYLLY.

De par le Roy.

Cher et feal cousin et noz amez et feaulx, nous avons ce jourduy, a huit heures de matin, receu voz lectres escriptes a Pouencé, datées du xxvme jour de ce moys a xj heures du matin, par lesquelles nous faictes savoir que vous estes enquis d'un prisonnier nommé Mathelin Barbin et qu'il a esté mis a rençon a cent cinquante escuz, et qu'il est a Chasteaugontier ès mains des gens du s^r de Charluz, du seneschal d'Agenais et du cappitaine Jaques de Silly ausquelz vous avez mandé le nous garder pour le recouvrer quant nous l'envoyrons querir. Nous adviserons ce que en aurons a faire et n'entendons pas qu'ilz le mectent a delivrance jusques a ce qu'ilz en aient nouvelles de nous; et si nous le prenons nous paierons sa rençon.

Et touchant la conclusion que vous tous ensemble avez prinse de partir demain pour aller a Messac essaier a passer la riviere et aler secourir nostre cousin de Rohan, ce que n'avez peu faire jusques icy en ensuivant ce que dictes que vous avons tousjours mandé, et pour respondre a ce point, il est vray que nous vous avons tousjours escript que au moins ne povyez vous faire que d'aler jusques sur le passaige pour deux raisons. L'une si est que vous monstriez effort de l'aler secourir, et sans danger qui povoit estre assez suffisant a la crainte qu'ilz ont tousjours eue de vous pour les lever d'eulx mesmes de devant l'une des places; car toutes les foiz que vous viendrez sur le passaige il ne fault point doubter que vous ne faciez grant effroy dedans le païs. L'autre raison si est que quant vous viendrez sur le passaige vous aurez certaines nouvelles s'ilz ont assiegé Jousselin et si leur siege est assis ou non; et a l'eure et selon lesdictes nouvelles vous pourrez veoir les choses en telle disposicion que vous leur pourrez faire ung très grant dommaige et a peu de danger. Toutesfoiz si vous avez bien regardé noz lectres, nous avons tousjours remis et remectons ce affaire sur vous, car vous estes beaucoup de gens de bien ensemble et qui congnoissez le fait de la guerre, par quoy vous povez mieulx veoir les choses faisables que ne les vous saurions deviser de si loing. Nous vous escripvons sur le tout ce qu'il nous en semble, affin que de nostre advis vous en prenez ce que y trouverez de bon.

Au surplus vous ne nous escripvez point quelle provision vous avez donnée aux places de delà. Si ne faisons nous point de doubte que n'ayez bien pourveu a tout; toutesfoiz mandez nous la maniere de vostre partement et le nombre de gens que vous menez et que vous laissez.

Donné a Tours, le xxvj^{me} jour de mars, environ midi.

CHARLES

Damont.

---

25 — *CHARLES VIII*

Le Plessis du Parc, mercredi 26 mars.

A NOSTRE CHER ET FEAL COUSIN LE SIRE DE LA TRIMOILLE, NOSTRE LIEUTENANT.

De par le Roy.

Cher et feal cousin, nostre amé et feal conseiller et aumousnier maistre Robert de Mauhugeon nous a parlé d'une matiere en laquelle il dit qu'il nous pourra faire quelque bon service. A ceste cause luy avons donné charge de s'en aller devers vous pour vous communicquer de ladicte matiere bien au long. Si vous prions que vous et noz cappitaines estans par delà l'oiez parler; et si vous trouvez par la deliberacion d'entre vous qu'il y ait chose où il nous puisse servir, aidez luy en tout ce que vous pourrez a conduyre ladicte matiere et en tout ce qu'il aura a besongner par delà lui faictes pour noz affaires ce qu'il vous sera possible.

Donné au Plessis du Parc le xxvj^{me} jour de mars.

CHARLES

Parent.

26 — *CHARLES VIII*

Le Plessis du Parc, samedi 29 mars.

A NOSTRE CHER ET FEAL COUSIN LE SIRE DE LA TRIMOILLE, NOSTRE LIEUTENANT, LE Sr DE CHARLUZ, LE SENESCHAL D'AGENAIZ, LE Sr DE SAINCT ANDRÉ, ET AUX CAPPITAINES DE NOSTRE GARDE GLAUDE DE LA CHASTRE ET JAQUES DE SILLY.

De par le Roy.

Cher et feal cousin et vous noz amez et feaulx, nous avons aujourduy, environ huit heures du matin, receu voz lectres escriptes a Sainct Aubin près Pouencé. Et par vosdictes lectres nous escripvez que vous avez mis nostre armée aux champs et vous en alliez coucher a Martigny et de là plus avant, ainsi que les nouvelles vous viendront, et que avez donné provision aux places et y avez laissé les compaignies contenues en ung brevet que nous avez envoyé encloz dedans vosdictes lectres, lequel nous avons veu ; mais vous ne mectez point quel nombre de gensdarmes ne quelles compaignies vous menez avecques vous, ce que deussiez avoir faict. Toutesfois nous croyons que vous n'allez point mal acompaigniés : vous voiez le temps qu'i fait, qui est terriblement mauvais.

Aussi les Souysses sont aujourduy arrivez ici, où il y a une très belle bande, jusques au nombre de xxij{c} des plus beaulx hommes qu'il est possible de veoir ainsi que ceulx qui les ont veuz nous ont dit ; et nous semble que, pour le mieulx et le plus seur, vous ne vous devez point mectre en lieu où, par le païs qui est mauvais et fort, vous puissiez avoir quelque dommaige. Et pour ce advisez bien a tout et vous donnez garde de vostre affaire en maniere qu'il ne vous peut advenir quelque inconvenient, car dedans trois jours vous aurez lesditz Souysses pour estre mieulx acompaignez. Vous ne nous mandez point se vous menez de nostre artillerie ou non, car le temps n'est pas pour la povoir mener guieres loings. Escripvez nous bien au long de toutes choses, car en voz lectres n'y a le plus souvent que trois lignez.

Donné au Pleissis du Parc le xxixme jour de mars, environ neuf heures du soir.

CHARLES

Parent.

---

27 — *CHARLES VIII*

Le Plessis du Parc, lundi 31 *mars.*

A NOSTRE CHER ET FEAL COUSIN LE SIRE DE LA TRIMOILLE, NOSTRE LIEUTENANT, ET AUX S^{rs} DE CHARLUZ ET DE St ANDRÉ, LE SENESCHAL D'AGENOYS, ET A GLAUDE DE LA CHASTRE ET JACQUES DE SILLY CAPPITAINES DE NOZ GARDES.

De par le Roy.

Cher et feal cousin et vous noz amez et feaulx, tout a ceste heure nous sont venu lectres du s^r de la Chasteigneraye, qui est a Clisson pour nous, par lesquelles il nous fait savoir que samedi au soir y arriva nostre cousin de Rohan[1] et deux de ses freres, le roy d'Ivetot[2], René Parent, Chanchou Navarre avecques tout leur train et leurs chevaulx et harnoys, qui sont en nombre sept cens chevaulx, et tous les gens de pié qui estoient dedans les places de par delà ; et n'ont pas perdu ung homme. Et sera la personne de nostredit cousin avecques les dessus nommez demain au soir icy devers nous.

Nous vous voulons bien advertir de sa venue affin que, soubz esperance de luy cuider donner encores quelque secours, vous ne tirez point plus avant que vous n'ayez noz Souysses et noz autres gens qui se vont jouyndre a vous. Lesditz Souysses sont passez bien deliberez de nous servir et là où vous verrez de beaulx

[1] V. n° 226.
[2] V. n° 223.

hommes, et les vous meinent Greffin et Pierre Loys; et le bailly de Dijon, qui est bien leur homme, les reculdra[1]. Faictes nous savoir de voz nouvelles et dictes a vostre clerc qu'il mecte l'eure du partement de voz lectres, car, de deux ou de troys paire que nous avez escriptes, aux unes il ne mect que le jour et aux autres il ne mect que l'eure.

Donné au Pleisseis du Parc le derrenier jour de mars.

CHARLES

Parent.

[1] *Sic, pour* recueillera.

28 — *CHARLES VIII*

Le Plessis du Parc, mercredi 2 avril.

A NOSTRE CHER ET FEAL COUSIN LE SIRE DE LA TRIMOILLE, NOSTRE LIEUTENANT, AUX S^rs DE CHARLUZ, DE SAINT ANDRÉ, LE SENESCHAL D'AGENAIZ, ET A CLAUDE DE LA CHASTRE ET JAQUES DE SILLY CAPPITAINES DES ARCHIERS FRANÇOYS DE NOSTRE GARDE.

De par le Roy.

Cher et feal cousin et vous noz amez et feaulx, hier environ troys heures après midi receusmes voz lectres, escriptes a Marcilly le xxxe jour de mars a huit heures du soir, par lesquelles nous escripvez que en allant sur la riviere de Villaine estez alez a Marcilly et avez aprouché la place de si près que ceulx de dedans se sont renduz a nostre voulenté; et y avez trouvé ung cappitaine qui avoit environ sept ou huit vingts francs archiers en habillement de guerre et cinq ou six gentilz hommes et des plus gens de bien dudit Marcilly, tellement qu'ilz estoient de xij^{xx} a iij^c hommes, qui est un très bon service et dont sommes très joieux; et vous en mercions bien fort, car c'est bon commancement de revancher noz gens de Vannes.

Au regard de ce que par vosdictes lectres vous dictes que adviserez s'il y a nulz François ou autres qui autresfoys nous aient fait le serement et prins noz gaiges, et que s'il s'i en treuve les baillerez au prevost des mareschaulx, ce sera très bien fait que d'eulx et de leurs semblables, quant il en sera prins, on en face bonne justice sans nulz en espargner ; car vous entendez bien que c'est le principal point pour la fin de ceste guerre.

Et touchant l'advis que vous avez prins ensemble d'abatre la dicte place de Marcilly, tant pour les maulx qu'elle a fait comme aussi parce qu'elle povoit nuyre aux vivres, qui vouldroit aler a Chasteaubriant, nous trouvons vostre advis bon ; et nous semble que toutes telles petites places vallent mieulx estre abatues que demourer debout, car elles cousteroient a garder et si fauldroit laisser des gens dedans dont on se peut bien servir ailleurs, et si n'y demourroient pas asseurez. Toutesfoiz il nous desplaist qu'elle est a nostre cousin de Laval, mais nous l'avons trouvé et trouvons tousjours si bon parent et serviteur que nous sommes seurs que ne luy en desplaira point ; et aussi de ceste perte et des autres qu'il fait pour nostre service nous avons entencion de l'en recompenser en façon qu'il en sera très bien content.

En tant que touche nostre cousin de Rohan, comme nous vous escripvismes dimenche au soir il s'en vient devers nous et l'actendons de jour a autre ; et lui venu vous renvoyerons incontinant noz gensdarmes qu'il a amenez avecques luy. Aussi nous vous envoyons les Souysses ainsi que nous vous avions escript qui sont cienz depuis nostre derreniere lectre, de bien ij^e hommes, et noz gensdarmes qui sont venuz de Vannes montez et armez mieulx que n'estoient avant qu'ilz allassent par delà ; et sont bien deliberez de ravoir ce petit qu'ilz ont perdu et de l'autre avecques. Au seurplus faites nous souvant savoir de voz nouvelles et vous donnez tousjours bien garde de vostre affaire en maniere qu'il ne vous en puisse advenir inconvenient.

Donné au Plesseys du Parc le ij^{me} jour d'avril, environ dix heures du matin.

Envoiez nous incontinent le cappitaine du charroy de nostre

artillerie et lui chargés bien que avant son partement il donne bonne provision au fait des chevaulx de nostre artillerie estant par delà.

CHARLES

Parent.

29. — *CHARLES VIII*

Le Plessis du Parc, mercredi 2 avril.

A NOSTRE CHER ET FEAL COUSIN LE SIRE DE LA TRIMOILLE, NOSTRE LIEUTENANT, LES S^{rs} DE CHARLUZ, DE SAINCT ANDRÉ, LE SENESCHAL D'AGENAIZ, GLAUDE DE LA CHASTRE ET JAQUES DE SILLY CAPPITAINES DE NOZ GARDES.

De par le Roy.

Cher et feal cousin et vous noz amez et feaulx, nous vous envoyons nostre maistre d'ostel Pierre Loys de Valten et Greffin Roze qui vous menent noz Suysses et avecques eulx nostre huissier de salle Henry qui est de leur pays et parle leur langaige, lequel est bon homme et sera vostre truchement; et nous semble que, ainsi que vous avons jà escript, le bailli de Dijon sera bien seant pour les conduire, car il les congnoist et entend très bien leur langaige. Si vous prions et mandons que les recueillez honnestement et les traictez et faictes loger le mieulx que vous pourrez, car ilz sont fort deliberez de nous bien servir. Nostre maistre d'ostel le s^r de la Heuze vient, qui nous en amene une autre bande de mil ou douze cens qui sera bien tost icy; et quant ilz seront arrivez nous vous les envoyerons incontinent après les autres.

Donné au Pleissis du Parc le ij^{me} jour d'avril.

CHARLES

Parent.

30 — L'AMIRAL

Le Plessis du Parc, mercredi 2 avril.

A MONS^r DE LA TRIMOILLE.

Monsr de la Trimoille, je me recommande a vous tant comme je puis. J'ay receu a ce soir les lectres que vous m'avez escriptes touchant la prise de Marcillé, et a esté très bien fait et venu bien a point, car ilz disent par delà que ne serez point ving et quatre heures en ung lieu que ne soiez combatuz. Toutesfoiz jusques icy il s'est dit beaucoup de choses qui ne se font pas; mais puisque mons^r de Rohan est par deçà, vous n'avez point de besoing de passer la riviere de Villaine que voz gens ne soient assemblez, desquelz vous aurez ung bon nombre avant qui soit huit jours.

Loys Regnard est passé icy devers le Roy et vous meine quarante hommes d'armes de mons^r de Chasteauguyon, qui sont tous gentilz compaignons et bien a cheval. J'ay parlé audit Loys qui me semble ung très honneste gentilhomme. L'en dit que c'est ung très gentil compaignon et homme de guerre, et a la verité il le semble bien; il a grant voulenté de faire ung bon service au Roy. Aussi Jullien Bourneul est passé, et pour conclusion il vous va largement de gens. Noz Souysses ont esté deux jours icy, pour achapter des espées et des bastons a leur appetit, et vous asseurre qu'ilz s'en vont terriblement deliberez de servir. Greffin et Pierre Loys les vous meinnent.

L'en vous envoye Charlot Bastard a Angiers, pour les vivres, et Furet au Lion d'Angiers, le tout ainsi que vous l'avez fait savoir. Je ne vous puis encore escripre ce que je vous devoye faire savoir, maiz je n'actens [que] l'eure de vous depescher ung homme; et au regard de voz besongnes qui touchent en deux poins, ne vous en soucisiez. Et ne vous escrips plus pour ceste heure si non que je vous dy a Dieu, mons^r de la Trimoille, a qui je prie qu'il vous doint ce que plus desirez.

Escript au Plessis du Parc le ij^me jour de avril.

Le tout vostre cousin,
LOYS DE GRAVILLE

31 — L'AMIRAL

Le Plessis du Parc, mercredi 2 avril.

A MONS^r DE LA TRIMOILLE [1].

[1] Lettre olographe.

Monsr de la Trimoille, je me recommande a vous tant comme je puis. Je vous avoye escript que je vous manderaye des nouvellez qui ne seraist pas de boucan, je vous tendray promesse : c'est en effect que mons^r le connestable [2] trepassa yer anviron viij heures du matin. Monsr de Beaujeu n'an set rien mez l'an le luy dira demain. Je n'ose dire que le Roy y a grant [3]. Vous devynerés le surplus.

[2] Jean II, duc de Bourbon, frère aîné de M. de Beaujeu, mort sans postérité.

[3] Mot en blanc.

Orssa le Roy escript a Hansseho qui vienne devers luy, et vous avyse que dedans la bande de Souyssez qui vous va y c'y est mis environ six vings petis hommes qui sont sans gages, més on ne lez a peu chasser. Y seront samedy a six heurez au matin a Angers et feront là leur Paquez, sy vous ne leur mandez plus tost ; et sy vous les voulez plus tost que se jour mandez a Pierre Loys et a Greffin, et il le vous hasteront au jour que leur ferés savoir.

Monsr de la Trimoille, je ne vous escrips plus fors que je pri a Dieu qui vous doint se que plus désirés.

Escript se merquedy a xj heures du soyr.

Le tout vostre cousin,
LOYS DE GRAVILLE

32 — CHARLES VIII[1]

Le Plessis du Parc, samedi 5 avril.

De par le Roy.

Cher et féal cousin et nos amez et féaux, nous avons receu vos lettres escriptes à Marcilly, datées du premier jour d'avril à cinq heures du matin, et vous mercions des nouvelles et advertissemens que par icelles vous nous faites savoir. Et au regard de ce que nous escrivez que s'il vous est besoin vous envoyerez querir d'autres artilleries à Angers, et que en avez trop peu pour faire trois batteries et que à peine en feriez vous deux, vous pourrez appeler les cannoniers et autres qui se connoissent à ce mestier et pourrez débattre avec eux lequel vauldroit mieux de faire trois batteries, deux ou une ; et selon ce que par eux trouverez vous y pourrez conduire. Nous vous envoyons maistre Jean Robineau pour en faire ce que aurez conclu.

Touchant le fait des vivres, nous avons envoyé Charlot Bastard à Angers, par devers ceux de la ville, pour en faire la diligence, et pareillement au Lion d'Angers Furet ; et s'il vous est besoin d'autres choses, faites le nous savoir et nous y pourvoyerons incontinent. Au surplus nous avons sceu que ceux de nostre ban et arrière ban et autres de nostre pays de Normandie estant en nostre armée ne savent bonnement à qui eux adresser ; pourquoy nous semble qu'il seroit bon que vous, nostre cousin, en parlissiez au sénéchal d'Agenois affin qu'il voulsist prendre cette charge. En escrivant nos lettres avons receu autres vos lettres, escrites à Pouencé le quatriesme jour de ce mois à une heure du matin, par lesquelles nous escrivez que estes retourné à Pouencé affin d'avoir vivres plus à vostre aise et pour recevoir les Soysses et autres nos gens qui vous vont et avec ce pour faire les préparatifs de vostre affaire, qui nous semble estre très bien fait ; et incontinent le capitaine du charroy de nostre artillerie venu, nous pourvoyerons au fait dudit charroy tant des vivres que de l'artillerie.

[1] Texte de Dom Morice, *Histoire de Bretagne*.

Donné au Plessis du Parc le vme jour d'avril, à xj heures du du soir.

Signé : CHARLES.

Et sur le dos est écrit : A nostre cher et féal cousin le sire de la Trimoille, nostre lieutenant, et nos amez et féaulx conseillers le sire de Charluz, de Balssac général des Genevois[1], et Guischart d'Albon s^r de Saint André.

[1] Sic, pour sénéchal d'Agénois.

33 — L'cAMIRAL

Le Plessis du Parc, dimanche 6 avril.

A MONS^r DE LA TRIMOILLE.

Monsr de la Trimoille, je me recommande a vous tant comme je puis. J'ai receu la lectre que vous m'avez escripte touchant vostre retour a Pouencé ; et me semble que vous avez bien fait et saigement, pour les causes contenues en vostre dicte lectre. Et au regard de ce que vous dictes que la plus part du jour vous tenez conseil, c'est très bien fait : car les choses bien debatues font le plus souvent trouver la bonne raison de les bien conduyre.

Il nous est a ceste heure icy venu nouvelles de Nantes, là où tous les seigneurs sont. Et pour conclusion nous a mandé ung homme que toute leur armée est departie et qu'ilz n'ont ensemble que se peu de gensdarmes qu'ilz ont et leurs Allemens, qui ne sont que quatre ou cinq cens, les plus ennuyez et les plus mal contens du monde.

Soupplainville est venu icy, mais il ne dit chose qui vaille et ne demande que a sauvez ses pieces. Regarder ce que vous avez a faire et le debatez bien saigement, et faictes diligence a l'execucion si vous la trouvez par conseil faisable : car si entre cy et douze jours vous ne les trouvez foibles, je doubteroye que la longueur de temps les mectroit en plus grant espoir.

En tant que touche voz affaires, ne vous en soubciez. Je croy que vostre homme vous a escript ce qu'il semble a voz amys de par deçà que vous devez faire, touchant la creue de voz gensdarmes. Vous m'avez escrit que je ne vous escrips en mes lectres que troys lingnes ; vous les avez mal regardées ou elles ne vous ont esté pas baillées. Je vous en parleray une autre foiz plus au long touchant lectres, et vous dy a Dieu icy endroit, mons^r de la Trimoille, a qui je prie qu'il vous doint ce que plus desirez.

Escript au Plessis du Parc le vj^{me} jour de avril.

Le tout vostre cousin,

LOYS DE GRAVILLE

---

34 — *CHARLES VIII*

Les Montils lès Tours, mardi 8 avril.

A NOSTRE CHER ET FEAL COUSIN LE SIRE DE LA TRIMOILLE ET A NOZ AMEZ ET FEAULX CONSEILLERS ET CHAMBELLANS LE S^r DE CHARLUZ, LE SENESCHAL D'AGENETZ ET S^r DE SAINT ANDRÉ, ET AUX CAPPITAINES GLAUDE DE LA CHASTRE ET JACQUES DE SILLY.

De par le Roy.

Cher et feal cousin et noz amez et feaulx, nous envoions presentement par delà nostre amé et feal conseiller Anthoine Postel, chevalier, prevost des mareschaulx de France, pour y mener et conduire les gens de guerre des compaignies de noz cousins de Rohan et de Quintin, et aussi du roy d'Ivetout ; et avons donné charge expresse audit Postel de faire et excercer en nostre armée, soit quelque part que vous soiez ou ailleurs, sondit office de prevost. Et pour ce faictes le luy et souffrez excercer comment que ce soit, et qu'il n'ait nul empeschement au contraire a l'apetit de quelque personne que ce soit en aucune maniere.

Donné aux Montilz lez Tours, le viij^{me} jour d'avril.

CHARLES

Robineau.

35 — *CHARLES VIII*

Le Plessis du Parc, mercredi 9 avril.

A NOSTRE CHER ET FEAL COUSIN LE S^r DE LA TRIMOILLE, NOSTRE LIEUTENANT, ET NOZ AMEZ ET FEAULX CONSEILLERS ET CHAMBELLANS LES S^{rs} DE CHARLUZ, DE BALSSAC SENESCHAL D'AGENNOYS ET GUICHAR D'ALBON S^r DE St ANDRÉ.

De par le Roy.

Cher et feal cousin et vous noz amez et feaulx, nous avons esté advertiz d'aucunes parolles qui ont esté dictes en la presence d'aucuns de vous par ung prisonnier, puis quatre jours en çà a Pouencé; et nous esbahissons comment il en a esté tant souffert, car vous entendez assez de combien les matieres nous touchent. Et pour ce, tant a cestuy la comme des autres leurs semblables, donnez y telle provision comme il appartient bien en tel cas, car ceulx qui disent telles choses vouldroient bien que l'effect fust de mesmes. Et entendez assez qu'il n'est riens plus dangereux que laisser aller telles gens parmy entre vous, pour ce qu'ilz ne servent si non d'advertir de toutes menssonges et de choses qu'ilz pencent qui nous sont prejudiciables; et pour ce donnez y sur le tout le remede tel que vous entendez bien qu'il est besoing, c'est a dire que vous n'en souffrez nulz estre avecques vous mais les tenez en tel estat qu'ilz ne puissent faire dommaige.

[1] V. n° 229.

Nous avons veu les articles que Merlin [1] nous a apportez et selon vostre advis, qui est contenu dedans, nous faisons toute diligence d'y donner les provisions ainsi que plus au long serez advertiz par de noz gens que nous vous envoyons; et regardez en toutes choses a vous y gouverner le plus sagement que vous pourrez. Faictes nous souvent savoir de voz nouvelles.

Donné au Plessis du Parc le ixme jour d'avril, a deux heures après midi.

CHARLES

Damont.

36 — L'cAMIRAL

Le Plessis du Parc, mercredi 9 avril.

A MONS^r DE LA TRIMOILLE.

Monsr de la Trimoille, je me recommande a vous tant comme je puis. J'ay receu la lectre que vous m'avez escripte par Merlin et aussi ay veu les articles que vous et mess^{rs} les cappitaines qui sont par delà avez envoyez.

Et pour vous respondre au premier point, touchant les gensdarmes, il a esté escript par tous les bailliaiges, sur peine de corps et de biens, que chascun se retire a sa garnison ; maiz je croy qu'il y en a beaucoup qui ne s'en hastent guères. Toutesfoiz les cappitaines qui en ont les charges en deveroient faire la raison, car si les gensdarmes les craingnoient ilz ne seroient pas en leurs maisons quant leur cappitaine est aux champs. L'en ne vous peut faire autre chose que par lectres generales, car l'en ne scet là où ilz demeurent particulierement.

L'en vous envoye les gensdarmes qui sont venuz de Vannes, très bien armez et la plus part d'eulx chascun ung bon cheval ; et le Roy vous envoye les roolles affin que vous seichez s'ilz ont tenu ce qu'ilz ont promis, qui est de ne retourner point a leurs maisons. Pareillement le Roy a envoyé le prevost Postel pour vous mener les gensdarmes que mons^r de Rohan a amenez avecques luy, c'est assavoir ce qu'il y a de ses quatrevings lances, de ceulx de mons^r de Quintin et aussi du roy d'Ivetot et les gens de Chanchou Navarre et Archambault.

Il vous vient six vings hommes d'armes de Bourgongne, maiz ilz ne seront venuz d'icy a dix jours. L'en a envoyé aux chevaulx et aussi l'en vous meynne l'artillerie, et vous fait l'en haster des vivres ce qu'il est possible. Voyez là en effect tout le secours que vous aurez de par deçà, excepté qu'il y a ung ving cinq ou trente lances des pencionnaires et des officiers de ceans, très gentilz compaignons, qui s'en yront a vous vers la fin de ceste sepmaine ;

et les vous meyne le Veau avecques ung petit cheval que je croy que le Roy vous envoye. Au seurplus gouvernez vous saigement en vostre affaire et ce que vous entreprandrez debatez le bien.

L'en vous envoye le seneschal de Carcassonne et encore ung autre qui n'a pas esté nommé. Vostre compaignye en sera beaucoup plus forte, car il est homme de bien et saige; maiz son compaignon doit retournez par deçà, ainsi que je croy, pour faire seullement le rapport de vostre conclusion. L'en vous envoye pareillement Primaudaye, et luy a le Roy chargié faire au bout du moys ce que Rollant m'avoit dit de par vous. Au regard de la creue, elle ne vous peut fuyr; mais il faut que vous aiez ung peu de pascience, pour les raisons que je ne vous puis escripre.

Il arriva hier en ceste ville cinq ou six cens Souysses et les admeyne deux ou troys des cappitaines, c'est assavoir Seteffe, Christ et Stoudre. En les fait demain partir en des bateaux et seront sabmedi a vous; et si en vient a la fille ung grant nombre. L'en vous envoyra tout, et quant vous en aurez assez en fermera les passaiges. Il est venu nouvelles qu'il y a ung cappitaine derriere qui vient de sa voulenté, et a nom Pietre Cungt, qui en ameine sept ou huit cens. Quant vous aurez tout veu, vous prandrez des plus parans [1] et renvoyrez les autres.

Je ne vous escrips plus si non que je vous dy a Dieu, mons^r de la Trimoille, a qui je prie qu'il vous doint tout ce que plus desirez.

Escript au Plessis du Parc le ixme jour d'avril.

Le tout vostre cousin,

LOYS DE GRAVILLE

---

[1] Apparents.

37 — *CHARLES VIII*

Les Montils lès Tours, jeudi 10 avril.

A NOSTRE AMÉ ET FEAL COUSIN LE SIRE DE LA TREMOILLE.

De par le Roy.

Nostre amé et feal cousin, nous avons entendu qu'il y a plusieurs de noz gensdarmes, tant de nostre ordonnance, de nostre ban, des gens de pié que autres, qui envoyent chascun jour au fourrage par les villaiges sur noz pays et subgetz, dont ne sommes contens atendu mesmement que les faisons bien payer de leurs gages et souldes et en bon paiement [1]. Et pour ce nous vous prions et mandons bien expressement que vous faictes cryer et defendre de par nous, sur peine de la hart, que nul ne voise ou seuffre aller, en quelque maniere que ce soit, fourrager ne querir vivres aux villaiges sur noz pays et subgectz. Et defendez bien expressement a tous noz cappitaines estans par delà que chascun en droit soy garde bien que leurs gens n'y voisent ; et ceulx qui feront le contraire faictes les detrousser aux portes et barrieres et en faictes faire la pugnicion, en vous priant qu'il n'y ait point de faulte.

Donné aux Montilz lez Tours le xme jour d'avril.

[1] V. n° 203.

CHARLES

Robineau.

38 — *CHARLES VIII*

Les Montils lès Tours, jeudi 10 avril.

A NOSTRE AMÉ ET FEAL COUSIN LE S^r DE LA TREMOILLE ET A NOZ AMEZ ET FEAULX CONSEILLERS ET CHAMBELLANS LES S^{rs} DE CHARLUZ ET DE SAINT ANDRÉ, LE SENESCHAL D'AGENAYS ET AUX CAPITAINES GLAUDE DE LA CHASTRE ET JAQUES DE SILLY.

De par le Roy.

Cher et feal cousin et noz amez et feaulx, nous envoyons presentement devers vous nostre amé et feal conseiller et chambellan le cappitaine Raoul de Launay, auquel avons bien amplement dit et declairé nostre vouloir et entencion sur les points et articles que nous avez envoyez et lui avons donné charge de vous faire responce sur chacun desditz points ; et pour ce croyez le entierement de ce qu'il vous en dira de par nous comme nous mesmes. Nous vous eussions envoyé le seneschal de Carcassonne mais il n'est pas encores venu, toutesfoiz nous esperons que dedens trois ou quatre jours il sera devers nous et incontinent le vous envoyerons sans nulle faulte ; et si toust que aurez sçeu nostre responce par ledit cappitaine Raoul, renvoyez le nous a diligence.

Donné aux Montilz lez Tours le xme jour d'avril.

CHARLES

Robineau.

39 — *CHARLES VIII*

Les Montils lès Tours, jeudi 10 avril.

A NOSTRE AMÉ ET FEAL COUSIN LE SIRE DE LA TREMOILLE.

De par le Roy.

Nostre amé et feal cousin, nous vous renvoyons Primaudaye, tant pour le paiement de ceulx de nostre ban et gens de pié que pour le faict des vivres et autres choses que plus a plain il vous dira ; si vous prions que le vueillez croire.

Donné aux Montilz lez Tours le xme jour d'avril.

CHARLES
Robineau.

40 — *L'AMIRAL*

Le Plessis du Parc, vendredi 11 avril.

A MONS^r DE LA TRIMOILLE.

Monsr de la Trimoille, je me recommande a vous tant comme je puis. Le Roy feist hyer partir le cappitaine Raoul pour aller devers vous, et pour vous respondre a toutes les articles que vous avez envoyées par Merlin et affin de faire abreger vostre entreprise puisque vous la trouvez faisable. Noz Souysses qu'ilz sont icy partent aujourdui pour aller devers vous, où il y a une très belle bande ; maiz le cappitaine qui amene les cinq cens autres Souysses n'a pas non Pyetre Cunt, il a nom Heine Pour. Et soyez sceur que tous les chemins en sont chargez entre cy et Mascon, et fauldra que le Roy envoye clorre les passaiges.

[1] De Beaujeu.

Au demourant Madame [1] partit hyer pour aller en Bourbonnoys; elle n'arrestera que xij jours ainsi qu'elle dit. Et sy devez savoir que mess^{rs} de Gant, puis six jours en çà, ont fait encores coupper les testes a quatre des gros du pays qui ont servy le duc d'Autriche; et autant de testes qu'ilz font coupper ilz les lui presentent vifz a vifs de ses fenestres au marché de Bruges.

Au seurplus le Roy vous envoye le roolle de ceulx qui ont esté a Vannes, où il y a beaucoup de gens qui se veullent bien recompancer de leurs pertes. Il me semble que vostre fait ne gist que en dilligence; vous en estes assez advisé, par quoy je me passe de vous en faire plus longue escripture. Primaudaye est party pareillement, qu'il va faire le paiement tant de gens de pyé que de gens de cheval. Pour ceste heure je ne vous escrips plus si non que je vous di a Dieu icy endroit, mons^r de la Trimoille, a qui je pri qu'il vous doint tout ce que plus desirez.

Escript au Plessis du Parc le xj^{me} jour d'avril.

Le tout vostre cousin,

LOYS DE GRAVILLE

---

41 — *CHARLES VIII*

A NOSTRE CHER ET FEAL COUSIN LE SIRE DE LA TRIMOILLE ET NOZ AMEZ ET FEAULX CONSEILLERS ET CHAMBELLANS LES S^{rs} DE CHARLUZ, DE BALSSAC SENESCHAL D'AGENNOY ET DE SAINT ANDRÉ.

De par le Roy.

Cher et feal cousin et vous noz amez et feaulx, depuis les lectres que nous vous escripvismes hier, le mareschal des Querdes nous a escript commant il a esté adverty que secretement le duc d'Autrische avoit escript unes lectres de sa main a aucuns de ses gens qui tiennent encores des places ou pays de Flandres, comme Terremonde et autres, qu'ilz ne les rendissent point a ceulx de Gand et qu'ilz auroient bien tost du secours; mais le message qu'il les portoit a esté prins de ceulx de Bruges, et sont venuz a grant nombre dudit Bruges luy monstrer ses lectres et lui ont juré que si, dedans huit jours après qui lui ont eu dit ses parolles, tous ses gens ne rendoient les places entre les mains des troys membres de Flandres, le lendemain de la faulte ilz bailleroient sa personne a ceulx dudit Gand, qui est la chose ou monde qu'il doubte le plus.

Au seurplus nous avons esté advertiz que mardi derrenier ilz tindrent ung conseil a Nantes ; et après que le conseil fut failly, l'en dit que le s^r de Dunoys dist tout hault que si vous mectiez le siege a Chasteaubryant il essayeroit a vous lever, et ne peust il finer que ij^m hommes. Vous savez ce que nous vous avons mandé par le cappitaine Raoul, qui est en effect que vous debatiez bien ceste matiere et que vous y gouvernez saigement sans y entreprandre riens chauldement ; car d'icy n'en povons nous riens dire si non suyvre voz oppinions. Ledit s^r de Dunoys dit qu'il ne sauroit avoir pys qu'il a et qu'il ne luy chault de tout avanturer ; sy font beaucoup d'autres qui sont avecques luy. Faictes bien voz reveues affin que vous ne soyez point trompez du nombre de voz gens, car l'en nous a dit qu'il y en a par les villaiges, jusques auprès du Lude, qu'ilz font tous les maulx du monde. Entre cy et six jours nous aurons icy le gouverneur de Bourgongne et Jaques Galliot et faisons haster leurs gens tant que nous povons.

Aujourduy le s^r de Candalle nous a escript que le roy de Castille a respondu au s^r d'Albret, qui estoit allé devers lui pour lui demander des gens, qu'il ne prandra point picques a nous pour lui ne pour ses alliez, et qu'il ne veult point changer une paix si ancienne, et qui si longuement a duré, a une guerre perpetuelle contre ung roy d'un tel royaume comme celuy de France en l'aage de dix huit ans.

Pour abreger penser bien en vostre affaire, et nous faictes souvant savoir de voz nouvelles et nous vous ferons savoir des nostres.

Donné au Plessis du Parc le xij^{me} jour d'avril, a xj heures de nuyt.

CHARLES

Damont.

42 — *MONS^r DE BEAUJEU*

Le Plessis du Parc, samedi 12 avril.

A MON COUSIN, MONS^r DE LA TRIMOILLE.

Mon cousin, je me recommande bien fort a vous. Le Roy vous envoye le cappitaine Raoul, par lequel il vous fait savoir ce qu'il luy semble que devez faire touchant le siege de Chasteaubriant. Et afin que en soiez mieulx adverti, ledit seigneur vous en escript de rechef comme pourrez veoir; et pour ce, mon cousin, je vous prie que vous y gouvernez saigement a l'onneur et prouffit du Roy : vous estes tous bons et saiges pour bien vous y savoir conduire. Au surplus, mon cousin, advertissez souvent le Roy des nouvelles et de ce qui surviendra par delà. En priant a Dieu qui vous doint ce que plus desirez.

Escript au Plessis du Parc le xij^{me} jour d'avril.

Vostre cousin,

PIERRE

---

43 — *CHARLES VIII*

Les Montils lès Tours, dimanche 13 avril.

A NOSTRE CHER ET FEAL COUSIN LE S^r DE LA TREMOILLE.

De par le Roy.

Cher et feal cousin, nous vous envoyasmes dès hier cinq ou six cens Suysses et les deux cappitaines qui les menent, et seront aujourduy a Angiers. Et pour ce envoyez a eux tel homme que verrez estre a faire pour les recueillir et leur faire ordonner ce qu'ilz devront faire, et ainsi que les autres Suysses viendront nous les vous envoyerons.

Donné aux Montilz lez Tours le xiij^{me} jour d'avril.

CHARLES
Robineau.

44 — *CHARLES VIII*

Le Plessis du Parc, mardi 15 avril.

A NOSTRE CHER ET FEAL COUSIN LE S^r DE LA TRIMOILLE, NOSTRE LIEUTENANT.

De par le Roy.

Cher et feal cousin, nous vous envoyons presentement nostre amé et feal conseiller et chambellan le seneschal de Carcassonne qui vous mene trente ou quarante lances qui estoient par deçà, qui ne servoient de gueres, afin que soiez tousjours plus fors ; et faisons la plus grant diligence de vous envoyer gens que faire povons. Nous avons donné charge audit seneschal vous dire de noz nouvelles bien au long ; si vous prions que le vueillez croire et souvent nous faire savoir des vostres et de ce qui surviendra par delà.

Donné au Plessis du Parc le xvme jour d'avril.

CHARLES
Damont.

45 — *CHARLES VIII*

Le Plessis du Parc, mercredi 16 avril.

A MON COUSIN DE LA TRYMOYLLE, S^r DE CRAN [1].

[1] Lettre olographe.

Mon cousin, je vous usse mandé la chute de vostre pillier se se ne fut de peur du deul qu'aviés hehu qui anpechat mon servisse; més, mon cousin, de peur qu'an megrissés et ausy pour vous rejouyr, je vous mande qu'arés xx home d'armes de crues ansin que m'ecrivites. Et pour vous remonter des chevauls que brulates, je vous anvoyes ung par mons^r de Monmorrilloyn, qui vous maynne de mes gensdarmes qui ne servent de rien ycy; et pour ce je vous prie que les tretés bien et me les fete bien vayllans.

Au surplus, mon cousin, vous savés qu'etes mon parant et que tenés de la bande de gueules [2]; par quoy veu les servisses que me fetes toutjours, lequelxs je n'oblyré jamés [3], que je vous an recompanceré bien et ne vous faudré poynt. Et ancoure je vous prie fet moy savoyr des novelles le plus souvant que pourés. Adieu mon cousin, que je prie a Dieu qui vous doynt vous desirs tous accomplis.

Escrit au Plesys du Parc ce mecredy xvj jour d'avril, a j hure après mydy.

[2] Armoiries des Bourbon.
[3] Ajoutez *croyés*.

CHARLES

Mon cousin je vous ay mandé la [illegible]

[illegible] fut de pour du [illegible]

[illegible] qui ay [illegible]

aussy de [illegible] pour

vous [illegible] je vous mande [illegible]

[illegible] d'armes [illegible] aussy que [illegible]

et pour vous [illegible]

que [illegible] je vous ay [illegible] par

[illegible] qui vous [illegible]

[illegible] d'armes qui [illegible]

de [illegible] et pour ce je vous pri que [illegible]

[illegible]

[illegible] plus mon cousin vous savez que [illegible]

[illegible] de la [illegible]

[illegible] et que [illegible]

[illegible] par [illegible]

[illegible]

jamais que [illegible] vous [illegible]

[illegible] et ne vous faudra point [illegible]

[illegible] je vous pri [illegible]

nouvelles [illegible] plus [illegible] que [illegible]

[illegible manuscript text]

Symon cousin de la roy
ne moylli p̱ d̄ coūy

46 — L'AMIRAL

Le Plessis du Parc, mercredi 16 avril.

A MONS^r DE LA TRIMOILLE.

Monsr de la Trimoille, je me recommande a vous tant comme je puis. J'ay receu une lectre de vous qui n'ont que trois lignes, mais j'ay veu par la lectre du Roy vostre allée a Chasteaubryant, là où il est besoing que vous vous gouvernez le plus sagement que vous pourrés. J'ay veu tout maintenant ung homme qui partit samedi de Nantes et dit que quant Odet [1] vint de Chasteaubryant audit Nantes ce fut pour avoir le serment de tous les seigneurs qui là estoient de le venir secourir audit Chasteaubryant, là où il s'alloit mectre, dedans cinq jours après le siege mis : lesquelz luy ont tous promis, il s'entend selon qu'ilz le verront faisable, de le secourir ledit jour; maiz il dit par sa foy qu'il ne vyt jamais homme aller en sy grant regrect en lieu.

Le Roy vous escript de sa main où je vous assceure qu'il parle bien a vous, mais non obstant toute rigueur de parolles il dit que vous aurez les vingt lances ; et sy j'avoye parlé a ung de voz gens, je vous disoye touchant ceste matiere ce que je ne vous puis escripre.

Ledit seigneur vous envoye mes deux freres [2]. Je vous envoye six hommes d'armes et autant d'archiers ; j'ay retenu le seurplus des archiers pour me tenir compaignie, qui n'est pas grant. L'en dit a Pouancé que l'en fait l'appoinctement deçà ; n'en croyez riens, car s'il s'en faisoit quelque chose il ne vous seroit pas cellé, ny pareillement a trois ou quatre qu'ilz sont avecques vous. Tenez vous tout sceur que du premier vent d'aval vous aurez mons^r d'Albret sans nulle faulte. Je ne vous escrips plus pour

[1] D'Aydie.

[2] Beaux-frères.

ceste heure si non que je vous di a Dieu, mons^r de la Trimoille, a qui je pri qu'il vous doint tout ce que plus desirez.

Escript au Plessis du Parc le xvj^{me} jour d'avril.

Le tout vostre cousin,

LOYS DE GRAVILLE

47 — *CHARLES VIII*

Les Montils lès Tours, jeudi 17 avril.

A NOSTRE CHER ET FEAL COUSIN LE SIRE DE LA TRIMOILLE.

De par le Roy.

Chier et feal cousin, nous avons envoyé de toutes pars pour faire tirer des vivres en l'armée et avons escript aux villes et aux commissaires par gens exprès de nostre hostel. Et sont venuz les marchans d'Orleans [1] devers nous, lesquelz nous ont fait bailler ung memoire dont vous envoyons le double cy dedans enclos par lequel pourrez veoir que estes bien fourniz; et se les autres villes fournissent aussi bien vous aurez vivres a grant habondance, a quoy ferons tousjours faire bonne diligence. Nous vous envoyasmes dès hier troys cens LXXV picques pour les Suysses, et ainsi que les autres viendront, qui sera aujourduy ou demain ainsi que esperons, nous les vous envoyerons; et pour ce faictes recueillir lesdictes picques pour les distribuer ainsi que verrez estre affaire.

Donné aux Montilz lez Tours le xvij^{me} jour d'avril.

CHARLES

Robineau.

[1] V. n° 207.

48 — CHARLES VIII

Le Plessis du Parc, samedi 19 avril.

A NOSTRE CHER ET FEAL COUSIN LE S^r DE LA TRÉMOILLE, NOSTRE LIEUTENANT, ET NOZ AMEZ ET FEAULX CONSEILLERS ET CHAMBELLANS LES S^{rs} DE CHARLUZ, DE BALSAC SENESCHAL D'AGENAIS, ET DE SAINT ANDRÉ.

De par le Roy.

Cher et feal cousin et noz amez et feaulx, nous avons receu voz lectres par lesquelles nous faictes savoir que avez receu celles que par Postel vous escripvions, lequel ne vous a amené nulz de noz gens que vous avions mandé qu'il vous meneroit, dont nous donnons merveilles veu la grant diligence que en avons fait faire : car nous avons envoyé Bohier pour haster la bande du s^r de Saint Bonnet, et nous a ledit Bohier depuis son partement escript qu'il les a trouvez a Poictiers et qu'ilz seront de brief devers vous. Nous avons aussi envoyé Robert de Vesc pour haster la bande de Gamaches, laquelle estoit environ le Ludde et croyons que de ceste heure elle soit arrivée a vous. Semblablement depechasmes, les feriez de Pasques[1], Rivieres commis a conduire la compaignie du bastart de Bourbon, Mongrenault pour celle du s^r de Champeroux, Janot de Gomel pour celle de Navarrot, Jehan de Thouars pour celle de Dimenche du Regnier, et ung autre gentil homme pour celle du gouverneur de Limosin.

Et vous avons envoyé les roolles tant des presens comme des absens desdictes compaignies, pour les veoir a leur venue et savoir s'ilz les vous merroient tous comme ilz nous avoient juré et promis ; et voulons que vous, nostre cousin, ne laissez point que a leur venue ne faictes faire ladicte monstre et nous envoyez au vray tous les noms des defaillans sans nul en excu-

[1] Pâques le 6 avril.

ser, pour en faire ce qu'il appartendra. Et affin qu'ilz sejournassent moins sur les champs et qu'ilz fussent plus tost a vous, avons envoyé nostre prevost de l'ostel sur le chemin de Ludde et de la Fleche, et Baudet nostre huissier du costé de Saumur; et ne nous semble pas, veu la diligence qu'on en a fait, que ne les ayez de ceste heure.

Et en tant que touche les gens de noz cousins de Rohan et de Quintin, les aucuns se sont venuz armez en ceste ville, mais depuis deux ou troys jours Chanche de Navarre, que nostredit cousin de Rohan a commis son lieutenant, est parti d'icy pour les vous mener; et aujourduy en parlerons a nosditz cousins de Rohan et de Quintin et ne faisons point de doubte qu'ilz ne leur facent faire toute diligence. Et nous ont dit qu'ilz sont partiz iiij^{xx} hommes d'armes, et est aussi parti le roy d'Ivetot avec sa bande.

Et au regart des offices que tenoit Greffin, que requerez que nous donnions au s^r Dupin et a Jehan d'Anjou, nous y aurons regart; et nous desplaist de l'inconvenient dudit Greffin, mais nous congnoissons bien que telz affaires ne se pevent faire sans quelque perte. Au surplus faictes nous souvant savoir des nouvelles et de ce qui vous surviendra et quelz gens il y a dedans la place.

Donné au Plessis du Parc le xixme jour d'avril, a neuf heures de matin.

CHARLES

Damont.

49 — L'CAMIRAL

Le Plessis du Parc, samedi 19 avril.

A MONS^r DE LA TRIMOILLE.

Monsr de la Trimoille, je me recommande a vous tant comme je puis. J'ay receu la lectre que vous m'avez escripte a ce matin, par laquelle vous mectez que les gens que le Roy vous devoit envoyer ne sont point encores devers vous. J'en suis tout esbahy, car il s'en est fait et fait toute la dilligence qu'il est possible. Et au regard de ceulx de Vannes, il en est parti d'icy quatre bandes montez et armez et ilz sont en nombre iiij^{xx} xviij hommes d'armes; et sy a parlé le Roy aux bandolliers qui les menent, c'est assavoir pour la bande du bastard de Bourbon ung gendarme nommé Ryviere, lequel a esté audit Vannes, et ung autre nommé de Vaulx. Cestuy là n'y a point esté mais estoit demouré par deçà avec cinq ou six autres gensdarmes de la compagnie dudit bastard, lequel pareillement est parti d'icy. De celle du gouverneur de Limosin est parti ung autre bandollier qu'il les vous mesne, de mons^r de Coulombiers Janot de Gommyer, et de mons^r de Champeroux Mongrenault.

Touchant ceulx de mons^r de Rohan, il est vray qu'ilz vindrent bien soixante hommes d'armes quant et lui en ceste ville, pour achater en cestedicte ville chevaulx et harnoys dont aucuns avoient grant besoing; toutesfoiz il y a deux jours que Chanchou Navarre, que ledit s^r de Rohan a fait son lieutenant, et le roy d'Yvetot ce sont partiz d'icy avec tout ce qu'ilz ont de gens, et croy qu'ilz soient de ceste heure a vous.

Pareillement pour voz gens de pyé a esté envoyé Bohyer et Robert, qui ont fait savoir au Roy que les deux bandes seront demain devers vous. Il est tout plain parti des gens de seans qu'ilz vous sont tous allez, et pour conclusion vous aurez tout ce qu'il vous a esté escript dedans lundi. En tant que touchent les vj^{xx}

lances de Bourgongne, ilz seront venuz dedans huit jours et ne pevent pas estre venuz plus tost. L'en vous a envoyé a Angiers xij^c picques pour les despartir a voz Soysses, s'est a dire a ceulx qu'ilz n'en ont point. Ilz sont ung peu pesantes maiz ilz sont bonnes.

J'ay veu ce que vous mectez touchant Greffin ; il en est venu ung coureux xij heures devant votre poste. L'une de ses offices est en la donnaison de mons^r d'Allançon. Soiez sceur que je feroys voullentiers plaisir a tous les deux hommes qu'ilz sont nommez en vostre lectre, maiz le Roy a escript a mondit s^r d'Allançon pour ung varlet de chambre des siens, touchant la greneterye. Je vous di a Dieu icy endroit, mons^r de la Trimoille, a qui je pri qu'il vous doint tout ce que plus desirez.

Escript au Plessis du Parc le xixme jour d'avril, a dix heures du matin.

Le tout vostre cousin,

LOYS DE GRAVILLE

Monsr de la Trimoille, vous ne mandez point quelz sont les cappitaines de dedans la place ; escripvez le au Roy par les premieres lectres.

50 — CHARLES VIII.

Les Montils lès Tours, dimanche 20 avril.

A NOSTRE CHIER ET FEAL COUSIN LE S^r DE LA TREMOILLE ET A NOZ AMEZ ET FEAULX CONSEILLERS ET CHAMBELLANS LES S^{rs} DE CHARLUZ ET DE SAINT ANDRÉ, LE SENESCHAL D'AGENAYS ET LES CAPPITAINES GLAUDE DE LA CHASTRE ET JAQUES DE SILLY.

De par le Roy.

Chier et feal cousin et vous noz amez et feaulx, il y a deux jours que n'eusmes de voz nouvelles et pour ce faictes nous en savoir. Nous avons presentement esté advertiz que les ambassadeurs de Bretaigne sont aujourdui au giste a la Chappelle Blanche : et y sont pour le duc, l'archediacre de Paintievre et Loys de la Haye, Gilbert Bertran, Jaques Ratault et Phelippon ; pour les autres, avec Souplanville, le vicaire de Sainct Maslou et ung nommé de la Noue. Le chevaucheur qui en est venu dit qu'il laissa jeudi les s^{rs} de Dunoys et de Lescun a Nantes, qui ne faisoient pas grant signe d'aller a la bataille, mais que les autres estoient allez a Renes et a Redon assembler des gens. Vous savez des nouvelles de ce quartier là, toutesfoiz de ce qui nous seurvient vous voulons touzjours bien advertir.

La compaignie du gouverneur de Bourgongne et celle de Jaques Galeot sont autour de ceste ville. Nous avons depesché Jehan Guerin, Anthoine Mortillon et le s^r de Soret pour en prendre chascun sa bande, pour les faire faire bonne diligence a eulx en aller deyers vous. Mandez nous se les bandes dont vous avons escript sont arrivées a vous, afin que nous congnoissons ceulx qui font les diligences pour nous servir ou ceulx qui ne s'en hastent gueres, pour ce que ce n'est pas chose que soyons deliberez de oblier.

Donné aux Montilz lez Tours le xxme jour d'avril, a unze heures au soir.

       CHARLES

          Robineau.

51 — *CHARLES VIII*

Les Montils lès Tours, mardi 22 avril.

A NOSTRE CHER ET FEAL COUSIN LE SIRE DE LA TRIMOILLE.

    De par le Roy.

Cher et feal cousin, vous savez assez que le s^r de Sauveterre s'est retiré en nostre armée et y est de present de son retour de Basse Bretaigne, où il estoit avec le cappitaine Phelippe du Molin, et est homme de bien en la guerre et loyal. Il nous a escript qu'il a de gentilz compaignons de guerre avecques luy. Et pour ce faictes les veoir et en faictes paier jusques a cinquante hommes de cheval, ou au dessoubz se tant n'en a, au four de C solz tournoys par moys pour homme, a commancer du premier jour de ce present moys d'avril; et vous servez de luy et de sesdictes gens ainsi que verrez estre a faire. Et au regart de ses gaiges, nous en escripvons a nostre amé et feal notaire et secretaire maistre Jehan Primaudaye pour l'en faire paier.

Donné aux Montilz lez Tours le xxij^me jour d'avril.

       CHARLES

          Robineau.

52 — *CHARLES VIII*

Le Plessis du Parc, mercredi 23 avril.

A NOSTRE CHER ET FEAL COUSIN LE SIRE DE LA TRIMOILLE, NOSTRE LIEUTENANT, ET NOZ AMEZ ET FEAULX CONSEILLERS ET CHAMBELLANS LES SIRES DE CHARLUZ, DE BALSAC, DE MONFAULCON ET DE SAINT ANDRÉ.

De par le Roy.

Cher et feal cousin et vous noz amez et feaulx, nous avons receu les lectres que vous nous avez escriptes de lundi au soir, environ dix heures. Et au regard d'une article où vous mectez que ceulx qu'ilz sont a Rennes vous menacent de vous venir veoir et lever, vous entendez bien que en tel cas il ne fault point estre larron a sa bource : s'est a dire que sy vous avyez beaucoup de voz bons combatans bleciez et aussi que voz gens, tant archiers comme arballestriers, feussent petitement pourveuz de traict, s'est une chose là où vous devez bien prandre garde, car assez souvant par faulte de bien panser aux choses a la fin elles se trouvent mal faictes. Ce que vous en escripvons n'est que par maniere d'avertissement, pour ce que quant il advient quelque chose au contraire de ce que les gens entreprenent il n'est pas temps de dire après : « Je ne m'en suis pas advisé ». Vous estes bons et sages : penser en sest affaire a le conduire le plus sagement qu'il vous sera possible et nous advertissez tousjours de ce qu'il vous sourvendra de nouveau.

Donné au Plessis du Parc le xxiij^{me} jour d'avril, a neuf heures du matin.

CHARLES

Damont.

53 — *CHARLES VIII*

Les Montils lès Tours, mercredi 23 avril.

A NOSTRE CHIER ET FEAL COUSIN LE S^r DE LA TREMOILLE.

De par le Roy.

Cher et feal cousin, par les lectres que nous avez escriptes par Robert de Vescz vous faictes mencion, ou derrenier article, qu'il est besoing que facions continuer partout d'envoyer des vivres, et principallement d'Orleans pour ce que ès marches du païs d'abas n'a aucuns blez. Avant la recepcion de vosdictes lectres souventesfoiz y avons envoyé et escript, et encores derechef y envoyons et y ferons tousjours faire si bonne diligence que vous n'en aurez point de faulte; mais nous avons esté advertiz que au Lyon d'Angiers se fait de grans pilleries par les commissaires a delivrer le charroy aux marchans, car oultre le paiement qu'ilz font pour ledit charroy, avant que povoir avoir icelluy charroy lesditz commissaires raençonnent lesditz marchans de grans sommes de deniers. Et a long trait de temps cela pourroit estre cause de retarder voz vivres, et pour ce faictes savoir comment il en va et y faictes donner la provision.

Aussi nous avons parlé au tresorier Jehan Legendre, touchant l'argent des gens de pyé et Soysses, et a quoy il tenoit qu'il ne l'avoit envoyé; mais il nous a monstré des lectres de ses clercs qui sont a Angiers, par lesquelles ilz luy escripvent qu'ilz ne actendent sinon que leur envoyez conduicte, et qu'ilz ont envoyé devers vous pour ceste cause. Vous savez qu'il y peut avoir du dangier a faire mener si grant somme sans bonne conduicte, et pour ce est besoing que y pourvoyez; car se la faulte estoit audit Jehan Legendre, tenez vous seur que nous n'en seryons pas contens.

Nous envoyons Jaquotin Lemercyer pour donner ordre aux vivres du Lyon d'Angiers et de Segré jusques à Pouencé, avec ceulx qui y sont. Aussi nous avons ordonné au s^r de la Forest de faire mectre a Segré ung nombre de gentilz hommes d'Anjou, pour eulx prendre garde et conduire les vivres du Lyon d'Angiers jusques audit lieu de Segré et dudit lieu de Segré jusques a Pouencé, a ce que aucun inconvenient n'en adviengne. Toutesfoiz faictes savoir s'ilz y seront et nous en advertissez ; mais ce pendant si n'y estoient arrivés, actendant leur venue, donnez y ordre ainsi que savez qu'il est bien neccessaire.

Donné aux Montilz lez Tours le xxiij^me jour d'avril.

CHARLES

Robineau.

54 — CHARLES VIII

Le Plessis du Parc, jeudi 24 avril.

A NOSTRE CHER ET FEAL COUSIN LE S^r DE LA TRIMOILLE, NOSTRE LIEUTENANT, ET NOZ AMEZ ET FEAULX CONSEILLERS ET CHAMBELLANS LES S^rs DE CHARLUZ, DE BALSSAC, MONTFAULCON ET DE St ANDRÉ, ET AUX CAPPITAINES DE NOZ GARDES GLAUDE DE LA CHASTRE ET JAQUES DE SILLY.

De par le Roy.

Cher et feal cousin et noz amez et feaulx, nous avons receu voz lectres par lesquelles nous escripvez la composicion de Chasteaubryant [1], et comment ilz doivent laisser la place et toute l'artillerie qui estoit dedans et la mectre en voz mains, et qu'ilz sont tenuz de vous faire delivrer dedans xv jours le s^r de Champeroux, le bastart de Bourbon et tous les autres qui furent prins a Vannes [2], et que pour ce faire ilz ont baillé les oustages denommez en vosdictes lectres ; dont sommes bien joyeulx, et de la

[1] V. n°s 204, 205, 206, 209.

[2] V. n° 212.

paine et bonne diligence que vous et tous noz autres cappitaines y avez prinse vous savons bon gré et vous en mercions.

Au regard des hommes d'armes et archiers qui estoient dedans ladicte place, lesquelz s'en sont venuz a vous pour nous servir, logez les par les compaignies où verrez que mieulx sera et nous les ferons paier en ensuivant la promesse que leur avez faicte. Et touchant ce que dictes que ladicte place de Chasteaubryant est mal aisée a garder, au moyen de la grant baterie qui s'i est faicte, et que sur ce desirez savoir nostre advis, nous vous envoyrons demain au matin le cappitaine Raoul de Launay, par lequel sur ce et autres choses vous ferons savoir entierement nostre intencion ; et en actendant sa venue, nous semble que devez commancer de faire abatre le chasteau et fortiffier vostre logis et faire si bon guet et escoutes que ne puissiez estre surprins, en tousjours vous enquerant des nouvelles de voz voisins pour nous en advertir et de tout ce qui vous surviendra.

Donné au Plessis du Parc le xxiiij^{me} jour d'avril, a vj heures de soir.

CHARLES

Damont.

55 — *MONS^r DE BEAUJEU*

Le Plessis du Parc, jeudi 24 avril.

A MON COUSIN, MONS^r DE LA TRIMOILLE.

Mon cousin, je me recommande a vous. J'ay receu voz lectres et veu celles que avez escriptes au Roy par lesquelles lui faites savoir la prise de Chasteaubriant, dont il vous scet bon gré ; et congnoist bien le Roy le service que vous et autres cappitaines estans avec vous luy avez fait. Il envoye demain par delà le capitaine Raoul de Launay, par lequel il vous fera savoir son intencion. Au surplus je vous pry que souvent me faites savoir des nouvelles et de ce qui surviendra. Et a Dieu, mon cousin, qui vous ait en sa saincte garde.

Escript au Plessis du Parc lez Tours le xxiiij^{me} jour d'avril.

Vostre cousin,

PIERRE

---

56 — L'AMIRAL

Le Plessis du Parc, jeudi 24 avril.

A MONS^r DE LA TRIMOILLE.

Monsr de la Trimoille, je me recommande a vous tant comme je puis. J'ay receu deux paires de lectres que vous m'avez escriptes toutes deux a une foiz, car le tout est venu ensemble par la faulte de voz postes, maiz il n'y a pas grant dangier pour ceste foiz. Sy est il besoing de le leur dire pour une autresfoiz, car a l'eure que ledit poste est venu l'ambassade de Bretaigne estoit despeschée. Toutesfoiz comme elle sailloit hors de la ville, le cappitaine Raoul de Launay en a sallué l'achediacre de Painthyevre ainsi que le dit achediacre l'avoit sallué de la prise de Vannes. Je sçay bien que vous avez esté bien marry que la composicion n'a esté telle que fut celle dudit Vannes, maiz il en est bien pris, car il ne fut jamais point de sy mauvaise place que deux mille homme feussent aisez a prandre dedans.

Touchant les vingt cinq hommes d'armes qu'ilz ce sont venuz rendre a vous, s'est bien raison qu'ilz soient recueilliz s'ilz sont gens pour servir. Le Roy vous en escript, et aussi le cappitaine Raoul s'en part demain pour vous dire ce qu'il semble au Roy et a tous ceulx qu'ilz sont par deçà touchant ses matieres. Et au regard de Janot d'Assys, ce fut ung gendarme qui a esté plus de dix ans de la compagnie de mons^r de Torcy, et l'année passée il thua ung homme d'armes de ladicte compagnie, son compagnon, meschamment et deshonnestement. Toutesfoiz le Roy lui donna sa grace pourveu qu'il feroit satisfaction aux parties, car le gendarme mort avoit une fille ou deux a marier ; je ne sçay commant ledit Janot en a fait. Il avoit une boeste a Craon là où il y avoit xij^c escuz ; je ne sçay si Merlin a mis la main dessus, maiz il ne m'en chault commant il en aille mais que la chevissance en quoy il estoit tenu soit faicte, sy elle ne l'a esté. De cella pourrés savoir par Adrian ; car si Merlin avoit mis la main sur l'argent avant que la recompance des pouvres enffans, il seroit très mal aysé a retyrer, car je le congnois bien et aussi faictes vous encores mieulx. Vous y aurez regard et je vous en prye pour le pouvre mort.

Je ne vous escrips plus pour ceste heure se non que je vous dy a Dieu, mons^r de la Trimoille, a qui je pry qu'il vous doint tout ce que plus desirez.

Escript au Plessis du Parc le xxiiij^{me} jour d'avril, a sept heures au soir.

Le tout vostre cousin,

LOYS DE GRAVILLE

Vous arés vous xx hommes d'armes, mais il fault que vous ayez ancore paciance ainssy que j'ay prié au cappitaine Raoul le vous dire.

57 — CHARLES VIII

Le Plessis du Parc, vendredi 25 avril.

A NOSTRE CHER ET FEAL COUSIN LE S^r DE LA TREMOILLE, NOSTRE LIEUTENANT, ET NOZ AMEZ ET FEAULX CONSEILLERS ET CHAMBELLANS LES S^{rs} DE CHARLUZ, DE BALSAC, DE MONFAULCON ET DE SAINT ANDRÉ, ET AUX CAPPITAINES DE NOZ GARDES GLAUDE DE LA CHASTRE ET JACQUES DE SILLY.

De par le Roy.

Chier et feal cousin et vous noz amez et feaulx, nous vous avons fait savoir nostre advis sur la pluspart des choses dont il nous est souvenu qu'ilz nous semblent estre neccessaires par dellà, par nostre amé et feal conseillier et chambellan le sire de Morvillier; maiz nous avyons oublyé, touchant les ostages que vous avez en voz mains, de vous faire savoir le lieu là où vous les mectrez. Nous y avons depuis pansé et nous semble qu'ilz seront bien dedans le chasteau d'Angiers; et pour ceste cause en avons escript au s^r du Plessis Bourré pour les recevoir quant vous les y envoirez, et pour ce faictes touchant ce point selon que vous en adviserez ensemble.

Au seurplus vous sçavez que nous vous avons tousjours escript que nous ne nous povons contanter de noz gensdarmes deffaillans; et encores avons sceu par aucuns qu'ilz sont là avecques vous qu'il y en a très largement de demourez en leurs maisons et sont encores de ceste heure, là où ilz font la cane, et mesmement de ceulx qui derrenierement sont partiz d'icy, lesquelz nous avoient promis qu'ilz se trouveroient devers vous tout incontinant, selon les roolles que nous vous en avyons envoyez. Nous croyons bien, tant des ungs que des autres, qu'il n'en fauldra gueres quant vendra au payement, maiz au service vous sçavez commant il en va.

Et vous, nostre cousin, croyons que vous avez souvenance de ce que vous nous en promistes a vostre partement, qu'il fut de ne nous en celer pas ung et que feryez veoir les roolles et les personnages presens, et ceulx qu'ilz ne s'y trouveroient, par non et par sceurnon, les nous envoyryez. De quoy jusques icy n'avez riens fait ; et pour ceste cause, sy vous voulez que nous soyons contans de vous et que quant vous nous requerrés quelque chose qu'il nous en souviengne, donnez telle ordre touchant ce point que nous ayons cause une autresfoiz d'estre certains de quelque promesse quant vous la nous ferez, et soyez sceur que nous le tendrons a aussi grant service que vous nous en sçauriez point faire. Sy vous pryons qu'il n'y ait point de faulte que vous ne le faciez sans nulz en espargnez.

Vous ne nous avez point fait savoir sy le viconte d'Aunay vous a mené des gensdarmes et aussi sy le s^r de Saint Bonnet et Jehan du Mayne sont arrivez devers vous. Faictes nous savoir le tout bien au long, ensemble toutes nouvelles ainsi qu'ilz vous sourvendront, et nous vous en ferons savoir de nostre part.

Donné au Plessis du Parc le xxvme jour d'avril, a v heures de soir.

CHARLES

Damont.

58 — *MONS^r DE BEAUJEU*

Le Plessis du Parc, samedi 26 avril.

A MON COUSIN, MONS^r DE LA TRIMOILLE.

Mon cousin, j'ay veu ce que m'avez escript par Merlin et oy bien au long ce qu'il m'a dit de vostre part, sur quoy le Roy vous fait bien ample responce. Et vous pry que en ce qu'il vous escript vous vous emploiez en ce que possible vous sera, ainsi qu'il en a en vous sa parfaicte fiance, car plus grant service ne luy pourriez vous faire ne a moy plus grant plaisir; et souvant faire savoir au Roy des nouvelles et de ce qui surviendra par dellà. Et a Dieu, mon cousin, qui vous ait en sa saincte garde.

Escript au Plessis du Parc le xxvj^{me} jour d'avril.

Vostre cousin,

PIERRE

---

59 — *MADAME DE BEAUJEU*

Moulins, dimanche 27 avril.

A MON COUSIN DE LA TRIMOILLE.

Mon cousin, j'ai receu voz lectres et vous mercye des bonnes nouvelles que m'avez fait savoir de la prinse de Chasteaubriend, qui me semble très bonne chose pour le Roy, et par especial du recouvrement de ceulx qui furent prins a Vannes. Et me semble que devez traicter le frere de mons^r de Comminge comme ilz ont traicté mons^r de Champerroux et vous devez donner garde que, soubz umbre de quelque parlement, il ne vous eschappe, car par luy povez mieulx recouvrer ledit de Champerroux que par nul des autres. Mon cousin, Monseigneur[1] m'avoit envoyé veoir son nouveau mesnaige que j'ay trouvé bien garny de debtes. Je m'en retourne demain devers le Roy et vous prye que m'advertissez touzjours de voz bonnes nouvelles. Et adieu mon cousin.

Escript a Molins ce dimenche xxvıȷ^{me} jour d'avril, a dix heures avant midy.

Vostre cousine,
ANNE DE FRANCE

[1] Son mari, devenu duc de Bourbon.

---

60 — *CHARLES VIII*

Le Plessis du Parc, lundi 28 avril.

A NOSTRE CHER ET FEAL COUSIN LE SIRE DE LA TRIMOILLE, NOSTRE LIEUTENANT, ET A NOZ AMEZ ET FEAULX LES SIRES DE CHARLUZ, DE BALSAC, SENESCHAL DE CARCASSONNE, DE SAINT ANDRÉ, ET A NOZ CHERS ET BIEN AMEZ GLAUDE DE LA CHASTRE ET JACQUES DE SILLY CAPPITAINES DE NOZ GARDES.

De par le Roy.

Cher et feal cousin et vous noz amez et feaulx, nous avons aujourduy receu les lectres que vous nous avez escriptes environ une heure après mydi, du xxvȷ^{me} de ce moys a deux heures, par lesquelles vous mectez que les gens de Hance Hoe vueullent estre payez, non obstant le marché qu'ilz avoient fait avecques vous, nostre cousin de la Trimoille, du moys de may a six frans comme ceulx qui sont venuz nouvellement. Toutesfoiz, et non obstant que ce ne soit une chose raisonnable, sy l'avons nous accordé et le voulons ainsy et sy l'avons escript à Prymaudaye. C'est touchant ce point.

Au regard des nouvelles que vous nous escripvez de voz voysins qu'ilz se sont retirez a Rennes, nous croyons que la plus part d'eulx ont esté très joieulx d'avoir occasion d'eulx en retournez, leurs personnes saulves, dire des nouvelles à leurs femmes. Vous dictes que vous vous fortifiez. Il n'y a que bien en cella, mais entendez pour tant que nostre armée ne peut pas estre là longuement sans riens faire. Sur cella vous y aurez bon advis avecques le cappitaine Raoul, que nous vous avons envoyé.

Vous mectez en vosdictes lectres que vous avez envoyé Odet et les autres prisonniers a Angiers; dès avant que nous ayons receu vosdictes lectres nous avyons escript au s^r du Plessis qu'il les recuillist, ce que nous savons bien qu'il fera. Et en tant que touche les six hommes d'armes que vous dictes qui ont fait savoir au s^r de la Salle qu'ilz s'en veullent venir, nous entendons que tant ceulx là que autres gensdarmes de bonne estoffe qu'ilz s'en vouldront retourner par deçà soyent recuillir. Et vous, nostre cousin de la Trimoille, faictes les retirer soubz nostre enseingne et ordonnez ung homme de bien pour s'en prandre garde, sy ce n'est quelque cappitaine qui en ayt congnoissance particulliere d'aucuns et qu'il les veulle recueillir; et s'il est ainsy qu'il le veulle faire, laissez les luy pour les loger en sa compaignye.

Nous avons esté advertiz que non obstant l'ordonnance que nous avons faicte, là où vous avez esté present, nostre cousin de la Tremoille, que [nul ne fust] sy hardy gendarme de laisser son cappitaine sans son congié, sur peine de confiscacion de corps et de biens, qu'il y en a aucuns qu'ilz s'en veullent partir pour aller de compaignye en compaignye, comme ilz ont acoustumé depuis troys ans en çà, rançonnant les cappitaines et faire au contraire de nostre commandement. Pour conclusion, gardez sur tant que craingnez nous desplaire. Sy vous estes advertiz de nul, de quelque estat qu'il soyt, qu'il l'ayt fait ou qu'il le veulle faire, faictes le tout incontinent prandre au corps, quelque cappitaine qu'il soyt, et le mectez en tel lieu que vous nous en sachez respondre quant nous le vouldrons avoir ; et soiez tous asseurez que nous en ferons telle justice que ce sera exemple a tous autres.

Nous avons veu le double des lectres que ce bon s^r Odet et les autres prisonniers que vous avez envoyez a Angiers ont escriptes au duc et a nostre frere d'Orleans, là où ilz monstrent bien qu'ilz ne sont gueres saiges car ilz signent lectres de leurs mains d'eulx trouver a la bataille contre nous. Nous avons esperance de leur bailler quelque jour la bataille qu'il leur appartient, car c'est contre le maistre des euvres qu'elle leur est deue. Sy la court de parlement les tenoit avecques ceste lectre, nous ne faisons point de doubte qu'ilz ne mectroyent gueres de les envoyer a ladicte bataille. Or çà nous avons esperance que avecques l'ayde de Dieu et de noz bons serviteurs, comme vous et autres, que nous en aurons quelque jour la raison telle qu'il nous appartient. Faictes nous souvent savoir de voz nouvelles et nous vous ferons tousjours savoir des nostres.

Donné au Plessis du Parc le xxviij^{me} jour d'avril, a une heure après mydi.

CHARLES

Damont.

61 — *L'AMIRAL*

Le Plessis du Parc, lundi 28 avril.

A MONS^r DE LA TRIMOILLE.

Monsr de la Trimoille, je me recommande a vous tant comme je puis. J'ay receu une lectre que vous m'avez escripte depuis la prinse de Chasteaubryent qui est la premiere. Et au regard de ce que vous mectez par vostredicte lectre que voz voysins sont encore a Rennes, je croy bien qu'il soit ainsy et qu'ilz n'ont pas grant envye de s'aprouher gueres plus près s'il ne leur vient autres gens que ceulx qu'ilz ont. Vous mectez que vous faictes ung camp qu'il sera très mal aisé a gaingner sur vous. Je le croy bien, mais aussi je pence que pour le temps qui court ne serez point empesché de le deffendre; et quant ilz auroient dix mille hommes de creue, tant Angloys comme Espaigneulz, sy ne voi ge pas, Dieu mercy, qu'ilz vous peussent faire dommaige a la pareil que vous leur faictes. J'ay parlé a Merlin de ce point plus au long et aussy de voz gensdarmes pareillement.

Au regard de tirer des gens du party contraire, il n'y a que bien de leur en hoster le plus que l'en pourra pourveu que se soient gens pour servir. Car de vous charger de leurs meschans gens, ilz ne demanderoient autre chose, car le plus grant empeschement qu'ilz ayent c'est la conctrainte en quoy ilz sont de recuillir toutes gens bons et mauvais; et s'ilz ne leur font payement, s'ilz megeussent ilz [1] leurs vivres et pillent leurs laboureux. Touchant ce que vous m'escripvez que je vous face savoir sy le poste a esté prins qu'il devoit apporter les lectres de l'eure qu'ilz commancerent a parlementer, je vous respons que non car j'ay eu lesdictes lectres; mais il les me bailla quant et quant les lectres de la prinse, car il fault dire avant que partir il actendit voz secondes lectres.

Vous m'escripvez que vous n'aviez eu du butin que demye

[1] Ainsi mangent-ils.

dozaine de chiens courrans et que sy je les veulx vous les me donnerez voulentiers. Je vous en mercye : vous savez bien que jamais je ne reffuze chien. Touchant voz lectres que vous demander pour voz affaires, le Roy a ordonné que l'en vous en baille tant qu'il vous en fauldra. Pour abreger escripvez moy tousjours tout ce qu'il vous fauldra et dont vous pancer avoir neccessité, car je foiz veu a Dieu que je travailleray autant pour le vous faire avoir que sy ma personne et mes biens y estoient obbliger.

Monsr de la Trimoille, je vous envoye cy dedans encloz le double d'unes lectres que l'en m'a escriptes de Picardye, affin que vous voiez comment les matieres de par dellà se portent ; et vous dy a Dieu icy endroit, a qui je pry qu'il vous doint tout ce que plus desirez.

Escript au Plessis du Parc le xxvııj^{me} jour d'avril.

Le tout vostre cousin,

LOYS DE GRAVILLE

62 — *CHARLES VIII*

Le Plessis du Parc, mardi 29 avril.

A NOSTRE CHER ET FEAL COUSIN LE SIRE DE LA TRIMOILLE ET A NOZ AMEZ ET FEAULX CONSEILLERS ET CHAMBELLANS LES CAPPITAINES ESTANS EN SA COMPAIGNIE.

De par le Roy.

Cher et feal cousin et vous noz amez et feaulx, nous receusmes hier au soir les lectres que vous nous avez escriptes touchant la venue du cappitaine Raoul devers vous; et dictes que vous le depescherez le plus brief que vous pourrez et que par lui nous ferez savoir ce que vous aurez advisé, pour sur le tout en ordonner ainsy que nous verrons estre affaire. Et pour responce, lui venu nous vous ferons [savoir] ce qu'il nous en semblera ; mais vous entendez bien que qui trouvera par conseil qui se puisse faire exploict a nostre prouffit, il le fault faire brief : car la longueur enforcist les ennemys et leur donne cueur, et a noz gens tout le contraire car il s'y consume gens, chevaulx et argent.

Vous dictes par vostredicte lectre que vous avez fait ung camp. Je croy que, Dieu mercy, vous n'aurez pas besoing de faire grand fossé entre vous et eux, car il est assez a croyre qu'ilz doyvent, par raison, avoir plus grant peurs de vous que vous ne devez avoir d'eulx. Au regard de ceulx que vous dictes qui estoient dedans la place qu'ilz n'ont que manger, il y en peut avoir deux manieres a quoy il fault pourveoir par deux façons. L'une sy est touchant les gensdarmes du s^r d'Albret. Serrez les tous ensemble car ilz doyvent estre beaucoup ; et quant ilz seront serrez mander nous le nombre et nous les ferons payer. Et doubtant que aucuns d'eulx, ou leurs gens, peussent faire savoir des nouvelles au party de delà, nous avons deliberé de les bailler a nostre cousin le mareschal de Gyé pour les mener en Picardye ; et là il s'en servira bien et les fera bien traicter, et les pourrez bien asseurrez qu'il n'y aura point de faulte a leur payement. Messire Christofle Asse sera commissaire de les mener ; et s'il y en a aucuns qu'ilz ne soyent du pays ou de sa compaignye et qu'ilz fussent a autres cappitaines, s'ilz pevent trouver leur party là où vous estes, ayder leurs a les loger. Et pour abreger chevissez vous en le mieulx que vous pourrez ; et au regard du paiement nous avons ordonné que l'en leur face advancer de l'argent.

Nous avons veu les lectres que le s^r de Saint Pierre vous a escriptes, par lesquelles vous povez congnoistre que ceulx qui vous avoient rapporté qu'il y avoit iiij^{m} hommes a Bein de leur avantgarde, le jour que vous leurs donnastes l'assault, ne vous avoyent pas dit verité et ne sont pas une autresfoiz creables ligerement. Au regard des gensdarmes dont vous parlez, que Glaude de la Baulme a fait venir pour parfournir les iiij^{xx} lances du mareschal de Rieux, ilz ont assez mys a venir. Toutesfoiz nous avons mandé que la monstre en soyt faicte et [que] dudit jour de la monstre on leur advance sur le temps advenir demy quartier.

A ce matin nous avons receu unes autres lectres de vous, touchant la course que les gens du cappitaine Adrien ont faicte, et veu les lectres que nous avez envoyés. C'est tousjours congnoissance de la bonne fin là où ils tendent; toutesfoiz nous avons esperance, a l'ayde de vous et de noz autres bons serviteurs, que la plus part de ce qu'ilz ont deliberé entre eulx demourrera a faire. Et touchant les mille hommes que dit le herault qu'ilz ont admené d'Espaigne, nous croyons qu'ilz n'en ayent pas tant admené; mais autant nous est et doyt estre peu que trop, car se sont les gens de pyé de tout le monde de maindre estimacion, et vous le savez bien tretous. Faictes en tous voz affaires bonne diligence et nous mander bien souvant de voz nouvelles, et nous vous ferons savoir des nostres.

[1] En blanc.

Donné au Plessis du Parc le [1] jour d'avril.

CHARLES

Robineau.

---

63 — L'*AMIRAL*

Le Plessis du Parc, mardi 29 avril.

A MONS^r DE LA TRIMOUILLE.

Monsr de la Trimoille, je me recommande a vous tant comme je puis. J'ay receu a ce matin une lectre que vous m'avez escripte, qu'il contient qu'il vous semble que sy mons^r d'Albret descend qu'il sera besoing d'en envoyer ses gensdarmes, qu'ilz se sont venuz rendre, en quelque autre lieu faire la guerre. Je suis bien de vostre advis s'ilz sont ceulx de par deçà, maiz il y aura bien maniere: car qu'il ne les assceurera bien de les entretenir en leur payement, ilz cuideront que de les envoyer ailleurs ce ne soit que une deffaicte pour les casser bien tost après. Le Roy a ordonné que monsʳ le mareschal les merra en Picardie, et messire Christoflace en sera commissaire; maiz le plus fort est de gagner une coupple des bandolliers, affin qu'ilz portent bonnes parolles a ceulx qu'ilz meneront et les asseurer de leur entretenement, car sy les gros y vont a regrect les menuz n'y feront service qu'il vaille. Vous sçaurez bien conduire cella et faire parler a eulx ainsi qu'il appartient.

Au regard des gens du cappitaine Adrian, touchant leur reliefvement, j'en parleray au Roy; maiz entendez que ledit seigneur est sy mal contant de ses enseignes, que l'en lui a dit qu'ilz sont sy mal accompagnées, qu'il n'est homme qu'il lui ouse parler de reliefvement. Et sy ledit Adrian ne lui escript en advouant leur demeure par son congié, il n'en reliefvera pas ung; et pour ce je vous dy la verité du remede que g'y congnoys.

Monsʳ de la Trimoille, je vous di a Dieu icy endroit, a qui je pri qu'il vous doint tout ce que plus desirez.

Escript au Plessis du Parc le xxɪxᵐᵉ jour d'avril, a deux heures après midi.

Je[1] vous pri que vous n'escrivez plus de ce camp que vous faictes faire, car ceulx qui veulent mal parler an disent dez plus mauvaises parollez du monde, et sement que c'est bien au contraire de chercher lez annemys que de se fortiffier de dix lieuez loing et que c'est le plus grant ceur que l'an puise donner a ceulx de Rennez; et ung disoit yer que le camp que vous avyez commancé estoit plus fort que n'estoit Chasteaubriant et que c'estoit de l'invancyon Pierre Loys, qui avoit plus de mynymes a la teste que n'ut jamays Allexandre. J'an ay parlé a Merlin plus au long, qui vous an dira; et sera depeché demain a la venue du cappitaine Roul.

[1] Autographe.

Le tout vostre cousin,

LOYS DE GRAVILLE

Le Roy part et va coucher a Asay.

64 — *CHARLES VIII*

Chinon, jeudi 1ᵉʳ mai.

A NOSTRE CHER ET FEAL COUSIN LE SIRE DE LA TREMOILLE, NOSTRE LIEUTENANT, ET A NOZ AMEZ ET FEAULX CONSEILLERS ET CHAMBELLANS LES SIRES DE CHARLUZ, DE BALSAC, DE MONTFAULCON ET DE Sᵗ ANDRÉ, ET AUX CAPITAINES DE NOZ GARDES GLAUDE DE LA CHASTRE ET JAQUES DE SILLY.

De par le Roy.

Cher et feal cousin et noz amez et feaulx, nous avons receu voz lectres et oy bien au long le rapport que le cappitaine Raoul de Launay nous a fait de vostre part. Nous vous renvoyons Merlin, lequel a esté present a oyr debatre des matieres ainsi qu'il vous dira; si vous prions que le vueillez croire et nous en mander voz advis et ce qu'il vous en semble, et aussi des nouvelles et de ce qui surviendra par delà.

Donné a Chinon le premier jour de may.

CHARLES

Damont.

65 — *CHARLES VIII*

Chinon, jeudi 1ᵉʳ mai.

A NOSTRE CHER ET FEAL COUSIN LE SIRE DE LA TRIMOILLE, NOSTRE LIEUTENANT, ET A NOZ AMEZ ET FEAULX CONSEILLERS ET CHAMBELLANS LES SIRES DE CHARLUZ, DE BALSAC, DE MONTFAULCON ET DE SAINT ANDRÉ, ET AUX CAPITAINES DE NOZ GARDES GLAUDE DE LA CHASTRE ET JACQUES DE SILLY.

De par le Roy.

Cher et feal cousin et vous noz amez et feaulx, il y a douze jours que nous vous avons escript que les francs archiers de Lymousin et de Perigort devoyent estre devers vous, mais nous avons esté advertiz qu'ilz n'y sont pas encore. Toutesfoiz il y a quinze jours passez qu'ilz sont deçà Limoges; et pour ce que nous savons certainement que les longueurs qu'ilz font sur les champs est la destruction totalle du peuple, y avons envoyé a toute diligence Anthoine de Vesvres pour pugnir ceulx qui emmeynent les bandes et pour les faire advancer et se rendre a vous incontinant.

Pareillement avons escript a Jehan Guerin, Mortillon et au sʳ de Soret, lesquelz sont commissaires a vous mener les gensdarmes de la compaignie du gouverneur de Bourgongne et de Jacques Galliot, qui estoient hyer autour de Chasteauregnault et de Vendosme, qu'ilz s'en aillant a toute dilligence eulx joeindre a vous pour nous servir en cest affaire, lequel nous avons esperance de conduyre a bonne fin, avecques l'aide de vous et de noz autres bons serviteurs, le tout a nostre prouffit et honneur.

Au seurplus, pour ce que nous vous avyons escript que vous feissiez servir le prevost Postel en nostre ost de par dellà comme Prunelé, nous avons esté advertiz que ce non obstant ledit Prunelé a dit que sy vous faisiez servir ledit Postel qu'il en appelleroit en Parlement. Nous ne savons a qui il pence que l'office soyt ne qui en paye les gaiges, maiz tout incontinant ces lectres veues faictes servir ledit Postel et vous enquerez sy ledit Prunelé a dit ses parolles ; et s'il est vray advertissez nous en a toute diligence, et s'il les a dictes nous y donnerons telle provision que chascun congnoistra que l'office est a nous pour la faire excercer a qui qu'il nous plaira. Nous avons ce jourduy depesché Merlin, qui vous dira toutes nouvelles de par deçà bien au long ; faictes nous tousjours savoir des vostres de par dellà.

Donné a Chinon le premier jour de may, a mynuyt.

Et a vous, nostre cousin de la Trimoille, nous vous avions fait savoir pieçà que vous feissiez faire la reveue des compaignyes qui sont par dellà, affin de pourvoir aux places vuydes, car il en est messouen [1] temps. Et aussy pareillement nous avons esté advertiz [que] des compaygnyes qui estoient a Vannes aucuns estoyent demourez par deçà, dont il n'en est encore nouvelles ; et pour ce n'actendez plus que vous n'y pourvoier incontinant.

Nous avons aucun affaire, pour ung tesmonnaige qu'il nous touche très fort, d'un homme d'armes de la compaignye du seneschal de Tholouse, qui est le s^r de Castelnau ; et pour ce dictes au s^r d'Arzac, qui est lieutenant de ladicte compaygnye, qu'il nous envoye ledit Castelnau et qu'il n'y ayt point de faulte.

          CHARLES

            Damont.

---

[1] Maishuy, désormais.

66 — *MONS^r DE BEAUJEU*

Chinon, jeudi 1er mai.

A MON COUSIN MONS^r DE LA TRIMOILLE.

Mon cousin, je me recommande a vous. J'ay receu voz lectres et veu ce que vous et Messrs qui sont là avez escript au Roy par le cappitaine Raoul de Launay, et oy bien au long le rapport qu'il a fait de vostre part. Le Roy vous renvoye Merlin, lequel a esté present a oyr parler et debatre des matieres, qui vous en dira. Si le vueillez croire et, en ensuivant ce que le Roy vous escript, lui faire savoir vostre advis et ce qu'il vous en semblera, et aussi des nouvelles et de ce qui vous surviendra. Et a Dieu, mon cousin, qui vous ait en sa saincte garde.

Escript a Chinon le premier jour de may.

Vostre cousin,

PIERRE

---

67 — *L'cAMIRAL*

Chinon, jeudi 1er mai.

A MONS^r DE LA TRIMOILLE.

Monsr de la Trimoille, je me recommande a vous tant comme je puis. J'avoys fait venir Merlin jusques icy pour vous porter la responce de ce que vous feriez savoir au Roy par le cappitaine Raoul de Launoy; lequel cappitaine arriva arsoir bien tart, et tout incontinent qu'il fut arrivé le Roy l'oyt de tout ce qu'il voullut dire et puis ordonna que a ce matin mons^r du Fou, mons^r du

Bouchage et moy debatrions la matiere avecques lui en la presence de Merlin, ce qui a esté fait toute matynée et puis après disner, ledit seigneur present, mons^r de Bourbon et autres telz que ledit Merlin vous dira qu'ilz sont tous gens sceurs et qui jamais ne diront mot de ceste matiere, et tousjours en la presence dudit Merlin.

Et pour vous respondre ad ce que vous avez fait dire par ledit cappitaine que vous entendez que le Roy commande les choses et que vous mectrez paine d'acomplir son commandement; s'est très bien dit maiz ce n'est pas parlé raisonnablement, car ce seroit une maniere de faire qu'il ne seroit pas de boucquan, pour ce que je n'en vys jamais user.

J'ay tousjours veu que, là où le Roy n'est en presence, ceulx qu'ilz conduisent sa guerre, pour ce qu'ilz voyent les choses a l'œul et ceulx qu'ilz vont et viennent dehors leur rapportent ce qu'ilz trouvent et qu'ilz congnoissent qui pevent servir a leur affaire, ilz fondent leur entreprises là dessus et puis en font ung advis de ce qu'il leur semble faisable et l'envoyent devers ledit seigneur pour sçavoir ce qu'il lui en semble; et sy leur advis luy semble bon, et a ceulx qu'ilz sont avecques lui pareillement, il le leur fait savoir et leur ordonne l'execucion. Et par ainsi l'en n'en peult donner charge a personne particuliere, car quant chascun a dit son oppinion ce qui en advient après, soit bien ou mal, chascun en porte sa part; mais renvoiez au Roy les choses creuement pour les ordonner sans en avoir voz advis, je ne sçauroye entendre que ce feust chose raisonnable. J'en ay parlé audit Merlin plus au long pour le vous dire.

Au seurplus Jacques Galliot s'en part demain d'icy pour aller a vous. Il est homme de bon conseil. Ses gens et ceulx du gouverneur de Bourgongne sont autour du Lude et seront dedans quatre ou cinq jours devers vous, qui est une très belle bande; et les vous mesne pour les faire haster Jehan Guerin, Mortillon et mons^r de Soret.

Madame sera samedi icy, là où nous aurons beaucoup de grossiers et gros personnages, c'est assavoir: mons^r de Bresse, mons^r de Vandosme, le gouverneur de Bourgongne, mons^r le mareschal de Gyé, monsʳ de Foix, monsʳ du Fou, le grant escuier, le bailli de Saint Pierre le Moustier, le gouverneur de Lymosin, monsʳ le grant bastard de Bourgongne, monsʳ de Rohan, le grant bastard de Bourbon, sans l'ordinaire de séans. Dictes moy, s'il vous plest, sy le Roy n'est pas bien acompagné.

Nous vous avons envoyé le cappitaine Meritain, qui est très homme de bien et qui vous aydera bien a conduire voz affaires de par dellà; et autant qu'il en vendra qu'ilz seront gens pour vous ayder a conduire sest affaire ilz vous seront envoyez. Mandez moy tousjours de voz nouvelles, et ce qu'il seurviendra tousjours par deçà je le vous feray savoir.

Les ambassadeurs de Bretaigne n'ont encores riens mandé; ce qu'ilz feront savoir en serez adverty. Pour ce que Merlin vous dira le demourant plus au long je ne vous escrips autre chose pour ceste heure, si non que touchant vos gensdarmes il n'y aura point de faulte ne pareillement de voz confiscacions de Craon. Et icy endroit vous di a Dieu, monsʳ de la Trimoille, a qui je pri qu'il vous doint tout ce que plus desirez.

Escript a Chinon le premier jour de may.

Le tout vostre cousin,

LOYS DE GRAVILLE

68 — *CHARLES VIII*

Chinon, lundi 5 mai.

A NOSTRE CHIER ET FEAL COUSIN LE S^r DE LA TREMOILLE ET A NOZ AMEZ ET FEAULX LES CAPPITAINES ESTANS EN SA COMPAIGNIE.

De par le Roy.

Chier et feal cousin et vous noz amez et feaulx, nous avons esté presentement advertiz que se saige homme messire Aymar de Prye s'en est allé rendre a Nantes, et vingt ou trente laquestz quant et luy. Vous entendez bien que c'est le voyaige des folz; et qui ne leur donnera l'exemple que nous avons dit a vous, nostre cousin de la Tremoille, et que vous avons fait savoir a tous, nous n'aurons més empiece [1] le bout de ceste guerre, car le royaulme est si grant que qui ne fera paour aux folz il ne s'i en pourroit que trop assembler. Et pour ce gardez, comment que ce soit, que autant que vous en pourrez prendre en voz courses, de noz subjectz et qui nous firent jamés service, faictes les bailler et delivrer incontinent au prevost Postel et nous ferons bailler vingt escuz pour homme d'armes et dix escuz pour archier. Il y a quatre jours que nous n'eusmes de voz nouvelles; faictes nous en savoir le plus toust que vous pourrez.

Donné à Chinon le cinquiesme jour de may.

CHARLES

Robineau.

[1] Jamais.

69 — *CHARLES VIII*

Chinon, mardi 6 mai.

A MON COUSIN LE Sʳ DE LA TRIMOILLE.

Mon cousin, je vous envoye une bande de gensdarmes de la compaignie du sʳ d'Albret qui s'en sont venuz derrenierement de Bretaigne; et sont environ de xx a xxv hommes d'armes lesquelz ont bon vouloir de me bien servir. Je les ay chargez faire diligence et qu'ilz soient devers vous dedans cinq ou six jours; je vous pry qu'ilz soient bien traictez, et les faictes retirer soubz l'enseigne du sʳ de Saint André. Et a Dieu soyez.

Escript a Chinon le vjᵐᵉ jour de may.

CHARLES

Damont.

70 — *CHARLES VIII*

Chinon, mardi 6 mai.

A MON COUSIN LE Sʳ DE LA TRIMOILLE.

De par le Roy.

Mon cousin, je vous envoye Jaques Galiot pour ce que je congnois qu'il est homme de bonne conduicte et pour me bien servir. Je vous pry que le traictez le mieulx que vous pourrez, car vous entendez bien qu'il vault estre bien traicté, et luy communiquez tous mes affaires de par delà, car il est de bon conseil et qui a veu du fait de la guerre autant que nul autre. Et adieu mon cousin.

Escript a Chinon le vj^{me} jour de may.

CHARLES

Damont.

71 — CHARLES VIII

Chinon, mardi 6 mai.

A NOSTRE CHER ET FEAL COUSIN LE SIRE DE LA TRIMOILLE, NOSTRE LIEUTENANT, ET NOZ AMEZ ET FEAULX CONSEILLERS ET CHAMBELLANS LES SIRES DE CHARLUZ, DE BALSAC, DE MONFAULCON ET DE SAINT ANDRÉ ET AUX CAPPITAINES DE NOZ GARDES CLAUDE DE LA CHASTRE ET JACQUES DE SILLY.

De par le Roy.

Cher et feal cousin et vous noz amez et feaulx, nous avons receu les lectres que vous nous avez escriptes touchant la creance de Merlin et qu'il a veu debatre en nostre presence ce qu'il vous sembloit de noz affaires de par delà ; et, comme par luy vous avons fait savoir, nous avons trouvé vostre advis très bon touchant le siege de Foulgieres et n'y reste que regarder diligemment la maniere de faire et conduyre l'execucion quant et quant.

Au regard des bombardes que vous demandez, il y en a troys a Angiers, et est besoing que vous regardez combien il vous en fault et a quel jour vous les voulez avoir. Et des menuz preparatifz dont vous parlez en vostre lectre, vous avez là des charpentiers pour faire ses petites diligences ; mais des manteaulx nous en faisons faire icy qu'ilz seront incontinent prestz, et y a desjà six jours que les charpentiers sont après. Touchant canons, vous n'escripvez point combien vous en avez ne combien il vous en fault, car si vous en avez peu il y en a deux des meilleurs de nostre artillerie a Vitré, et deçà Angiers nous n'en avons point des gros plus près que Paris. Il y a bien une bombardelle neufve a Tours ; si vous la voulez avoir vous l'aurez bien tost, et pour ce mandez nous de tout autrement au long que vous n'avez faict. Nous sommes bien de vostre advis touchant la Guierche, mais que les breches soyent bonnes et grandes.

Nous avons veu la demande du viconte d'Aunay et des autres cappitaines de Dol touchant la place. Ilz demandent beaucoup gens, tant de cheval comme de pié ; toutesfoiz ilz n'ont demandé chose qu'il ne soyt bien aysée a leur fournir, sy ne tient aux cappitaines. Et pour commancer a leurs deux cens lances, ilz doivent estre en nombre ij^c xvij, c'est assavoir : cinquante de nostre cousin de Vendosme, xl du viconte d'Aunay, lxxv du seneschal de Tholouse, xl de Meritain et doze du s^r de la Forest, qui est la somme dessusdicte. Vous povez savoir a eulx combien il s'en fault qu'ilz n'ayent le tout, car ledit seneschal de Tholouse nous a escript puis six jours qu'il a fait partir le seurplus de ce qu'il avoit avecques luy, passé a troys sepmaines, pour venir deçà. Aux autres compaignyes ne doyt pas avoir grant faulte, car nostredit cousin de Vendosme n'en a pas ung icy avecques luy ; et sy faulte y a vous savez la charge que nous avons donnée a vous, nostre cousin de la Trimoille, d'y fournir, tant là comme ailleurs en la frontiere de Bretaigne, des places que vous y trouverez vuydes, et pour vous recompenser desditz gensdarmes vous avez ceulx du gouverneur de Bourgongne et de Jacques Galliot qui seront dedans deux jours a vous. Et touchant les gens de pié, il y en a sept cens d'ordinaires audit Dol, avecques les deux cens de la Guierche sy vous les leur voulez bailler. Nous croyons qu'ilz se pourront bien passer de ce nombre. Au regard d'arbalestiers et picquiers qu'ilz demandent, c'est a vous a regarder comment vous leur ferez se departement.

Par l'advis dudit viconte il demande des hacquebutes. Nous n'en avons point, mais de canonniers et de pouldres vous luy en pourrez faire bailler ce que vous verrez qu'il lui sera neccessaire, car en vostre bende n'aurez point de faulte de pouldres. De maçons et de charpentiers c'est une chose de quoy il trouvera assez ; de picqs et de pelles, adressez vous en a Primaudaye, car il en fist faire beaucoup l'année passée. Il demande aussi du traict d'arbaleste. Saichez audit Primaudaye s'il en sçayt point nulle part pour le luy faire delivrez ; mais aussy dictes bien audit Primaudaye que de toutes les choses qu'il luy baillera de nostre artillerie, que quant et quant il baille ung homme qui en saiche respondre et les faire ramener a nostredicte artillerie sy le siege ne leur venoit, car vous entendez assez que [ce] qu'il luy baillera par autre maniere c'est chose perdue sans raison.

Et en tant que touche la desmolucion de la place de Chasteaubryant, elle est merveilleusement longue ; et a ung tel affaire vous vous devez ayder de voz frans archiers et de toutes gens. Nous escripvons a Monpesat, touchant la conduyte des gensdarmes qui se sont venuz rendre, que nous les ferons bien traicter et payer comme noz gens de noz grans ordonnances et selon que vous leur aurez promis, et que en cela il n'y aura point de faulte.

Au seurplus nous avons tout a ceste heure receu une lectre de vous touchant cinquante hommes d'armes a qui vous avez donné seureté, et aussy une autre bende qui vous doint venir. Nous les ferons payer selon que vous leur avez promis. Retirez de ses gens là tant que vous pourrez, mais au regard des lacquaiz de se peuple mauvais n'en retirez pas ung. Et pour abreger, nous voulons bien traictez les gensdarmes qu'ilz s'en reviendront pour ce qu'ilz recongnoissent leur folye ; mais [de] ceulx que vous trouverez en armes contre nous faictes en ce que nous vous en avons escript puis troys jours, car par le moyen de cest article vous aurez tantost la fin de ceste guerre. Faictes nous souvant savoir de voz nouvelles et de ce qu'il nous sourviendra en serez tousjours advertiz.

Donné a Chinon le vj^{mo} jour de may, a v heures de soir.

CHARLES

Damont.

72 — L'AMIRAL

Chinon, mardi 6 mai.

A MONS^r DE LA TRIMOILLE.

Monsr de la Trimoille, je me recommande a vous tant comme je puis. J'ay receu depuis hier deux lectres que vous m'avez escriptes, dont la premiere parle de la venue de mons^r de Coulombiers; et pour vous y respondre j'ay parlé a lui bien au long de ses maiters [1], mais je ne trouve pas grant chose en ce qu'il m'a dit. Vray est que tout ce qu'il compte est au desavantaige de tous ceulx de par delà et de leur puissance, car en somme ce n'est rien et sy sont si ennuyez qu'ilz ne pevent plus porter le faiz. Il y a tout plain de parlemens sur les allans et sur les venans, mais là où je verray qu'il y aura fons incontinant je le vous feray savoir. Au regard de la desmolucion de vostre place, elle est merveilleusement longue. Faictes la abreger, car la longue demeure là ne vous est point seante, pour des raisons que je ne vous puis pas rescripre mais vous les saurez bien tost.

[1] Matières.

Le Roy escript a Monpesat selon que vous luy avez fait savoir; mais il est bien besoing que vous saichez s'il est fort homme de bien, car par luy se pourroit on bien conduyre a l'avantaige ou au desavantaige du Roy. Il me semble que vous devez faire praticquer les Allemans du bastard Baudouyn, car vous les aurez maintenant plus a commandement que vous n'eustes jamais. J'ay maintenant receu une lectre de vous touchant le Fillot de Payenne. Il a esté autresfoiz a mons^r des Querdes; mais au regard de la promesse que vous luy avez faicte, s'il vous admeine les gens qu'il vous a fait savoir vostredicte promesse est bien employée et n'avez garde d'estre desdit pour si petit de chose.

Madame sera venue dedans deux heures; et croy que avant que

se soit troys jours nous nous approucherons de vous. Je ne vous escrips plus pour ceste heure sy non que je vous dy a Dieu, monsʳ de la Trimoille, a qui je pry qu'il vous doint tout ce que plus desirez.

Escript a Chinon le vjᵐᵉ jour de may.

Le tout vostre cousin,

LOYS DE GRAVILLE.

---

73 — *CHARLES VIII*

Chinon, vendredi 9 mai.

A NOSTRE CHER ET FEAL COUSIN LE Sʳ DE LA TREMOILLE ET NOZ AMEZ ET FEAULX CONSEILLERS ET CHAMBELLANS LES SIRES DE CHARLUZ, D'AGENAYS, DE MONFAULCON ET DE SAINT ANDRÉ, ET AUX CAPPITAINES DE NOZ GARDES CLAUDE DE LA CHASTRE ET JACQUES DE SILLY.

De par le Roy.

Cher et feal cousin et noz amez et feaulx, nous avons receu voz lectres ensemble le roolle de l'artillerie, pavaiz a potance et autres choses que pour le siege de Fougeres vous sont necessaires [1]. Et touchant ce que par icelles nous escripvez que partirez demain ou lundi pour y aler, lesdictes provisions ne seroient prestes pour y estre quant et vous; et aussi est premier besoing pourveoir a la place dont nous avez escript, ce que avons intention de faire : pour quoy ne sommes point d'avis que partez encores jusques a ce que aiez de noz nouvelles. Et vous donnez tousjours bien garde de la conduicte de voz ennemys pour le nous faire savoir.

Donné a Chinon le ixᵐᵉ jour de may, a vij heures du matin.

CHARLES

Damont.

[1] V. n° 208.

74 — CHARLES VIII

Chinon, vendredi 9 mai.

A NOSTRE CHER ET FEAL COUSIN, CONSEILLER ET CHAMBELLAN LE SIRE DE LA TRIMOILLE, NOSTRE LIEUTENANT.

De par le Roy.

Cher et feal cousin et vous noz amez et feaulx, nous avons receu voz lectres par lesquelles, entre autres choses, nous escripvez la difficulté que font les lieutenans des compaignyes du seneschal de Tholouse et du cappitaine Meritain de faire ce que nous vous avons escript. Pour ceste cause, et aussy pour communicquer avecques vous de ce que aurez affaire pour assieger Foulgieres, vous envoyons le cappitaine Raoul s^r de Mervilliers [1], lequel vous prions croyre comme nous mesmes de ce qu'il vous dira de par nous; et par luy nous ferez bien au long savoir de voz nouvelles.

Donné a Chinon le ixme jour de may.

[1] Sic.

CHARLES

Damont.

75 — CHARLES VIII

Chinon, vendredi 9 mai.

A NOSTRE CHER ET FEAL COUSIN LE S^r DE LA TRIMOILLE, NOSTRE LIEUTENANT, ET A NOZ AMEZ ET FEAULX LES CAPPITAINES ESTANS EN SA COMPAGNIE.

De par le Roy.

Cher et feal cousin et vous nos amez et feaulx, depuis au matin que nous vous avons escript avons advisé, affin que de tout soyez mieulx advertiz de ce qu'il nous semble, vous envoyer le cappitaine Raoul de Launay, lequel sera dimanche au matin devers vous. Et en actendant ce qu'il vous dira, ne laissez pas a faire toutes voz dilligences qui sont aux affaires de par dellà neccessaires, et nous advertissez de ce qu'il sourvendra et de nostre part aurez tousjours de noz nouvelles.

Donné a Chinon le ixme jour de may, a ix heures au soir.

CHARLES

De Saint Martin.

76 — L'AMIRAL

Chinon, vendredi 9 mai.

A MONS^r DE LA TRIMOILLE.

Monsr de la Trimoille, je me recommande a vous tant comme je puis. J'ay receu a ce matin une lectre que vous m'avez escripte, qui est la responce de la derreniere lectre que vous avyez eue de moy. Et au regard de faire praticquer les Allemans de par dellà, je suis bien de vostre advis qu'il y a maniere voyrement; mais le Roy a retyré ung petit cappitaine qui vynt quant et lesditz Allemans, lequel se rendit avec M. de Rohan a Josselin et est Allemant luy mesmes, nourry page du duc d'Autriche et est assez homme d'entendement. S'il vous semble qu'il vous puisse servir, mandez le moy affin que j'en parle au Roy, et je sçay bien qu'il le vous envoira.

Vous mectez en une article de vostre lectre que vous avez donné saufconduit a Monthoison. Vous sçavez que depuis que vous estes là plusieurs vous ont entretenuz de saufconduiz et de sceuretez, et pourtant s'ilz ne s'en sont ilz pas venuz. Je vous advise que sy vous ne prenez garde au contenu de vosditz saufconduiz ilz y en feront très bien leur prouffit de par dellà, car ilz deisent que le Roy leur promect beaucoup [de] biens pour eulx en venir et vous, comme son lieutenant, pour rançonner les seigneurs de par dellà a de l'argent ou quelque autre advantage qu'ilz ont d'eulx. Mais pour les garder de monstrer vostredit saufconduit, mectez au commancement que cella vient a leur requeste, et le nom propre de celluy qui vous en vendra apporter les nouvelles et requerir ledit saufconduit pour eulx. Et sy vous leur faictes promesse, faictes que le tout soit a leur requeste et leur accordez comme lieutenant du Roy, faignant que cella viengne de vous, en les asseurant bien que vous leur ferez bon de la promesse; et je croy que le Roy ne vous en lairra pas en derriere.

Et en tant que touche la demollicion de la place, où vous dictes que la dame de léans[1] ne s'én resjoyra jà, je le croiroye bien, car il y a longtemps qu'elle n'avoit point eu en sa maison de telz mesnagiers. Et touchant ce que vous mectez du viconte d'Aunay et des lieutenans du seneschal de Thoulouse et de Meritain, le Roy envoye le cappitaine Raoul devers vous qu'il vous en dira sur le tout son advis, là où il est bien besoing de pourveoir en grant sceureté.

Vous m'avez envoyé le memoire que le maistre de l'artillerye vous a baillé pour envoyer au Roy, où il y a beaucoup de choses. Jusques icy vous n'avez eu faulte de riens; mais aussi vous devez entendre que là où il se demande quelque chose oultre raison en la presence du lieutenant du Roy, comme vous estes, il les doit debatre en telle maniere que quant il fait sa demande l'en puisse dire qu'il n'y a riens hors de raison et qu'il congnoist les choses qu'ilz sont faisables. Je le vous dy pour ce que mons^r du Fou a esté icy present pour debatre ce siege de Fougieres et luy fut ordonné, de par le Roy, en faire ung advis de ce qu'il lui sembloit y estre neccessaire, et bien au large. Et pour ce que ledit s^r du Fou a esté deux foiz a prandre ladicte place par force, et conduysoit l'artillerye, il en doit par raison mieulx savoir la maniere que celluy qu'il n'y fut jamais, et de la despence qu'il s'y peult faire aussi. Et pour du tout vous en adviser, sondit advis a esté mis par escript lequel le cappitaine

[1] V. n°s 205 et 206.

Raoul vous porte touchant les tranchées, pyonniers et charpentiers ; le tout selon qu'il y a fait besongner le temps passé, comme dessus est dit, de quoy il lui en prist très bien.

Ce que je vous escrips ainsi au long ce n'est que pour ce que je vouldroye bien que toutes les choses que vous conduisez venissent bien a vostre honneur et prouffit, car je congnois assez de gens de quoy je me passeroye bien de leur en riens escripre. Ilz en feroient sur le tout ainsi qu'ilz le vouldroient entendre, et peult estre qu'ilz le feroient mieulx que je ne le sçauroye faire beaucoup ; toutesfoiz vous y prandrez ce que vous y trouverez de bon et laisserez le demourant.

Vous ne mandez riens des gens du gouverneur de Bourgongne et de ceulx de Jacques Gallyot, de ceulx de Jehan du Mayne et de cellui qui mesne les vingt lances des premiers qu'ilz vindrent de mons^r d'Albret, qui est passé il y a quatre jours par icy et disoit qu'il s'en alloit en l'ost. Il vient gens tous les jours, tant penconnaires comme autres ; le tout vous sera toujours envoyé affin que vous soyez plus fort. Faictes vostre affaire en dilligence, s'est a dire ce que vous trouverez faisable, car la longueur pourroit tourner a très grand prejudice.

Tout maintenant ont envoyé querir les ambaxadeurs de Bretaigne leur saufconduit devers le Roy ; mais ce sont les propres personnages qu'ilz sont venuz derrenierement, tant ceulx du duc que ceulx des seigneurs. Toutesfoiz ilz ont escript que les gros vendront après eulx, mais ilz veullent avoir bien ample sceureté du Roy avant que desloger de là, laquelle ceulx cy viennent pour la demander et debatre.

Et sy vous voulez savoir ce qu'il me semble que voz voisins ont esperance de faire je vous respons, et sy ne m'en demandez pas, qu'ilz feront de trois choses l'une. C'est assavoir vostre siege de Fougieres posé et assis, ilz iront avecques toute leur puissance eulx gecter devant Dol avec grant force de pyonniers, esperant en briefs jours en faire ainsi comme ilz ont fait de la place de Vannes. Ou ilz se vendront parquer, avec tout ce qu'ilz pourront assembler, a une lieue ou a deux près de vostre siege, pour delà en hors vous faire tout l'empeschement qu'ilz pourront. La troisiesme me semble qu'ilz assembleront Briquet et Marquet et se vendront gecter devant Clisson, pour ce qu'il leur semble place foible et que par ce moyen ilz vous feront lascher prise et feront de grosses courses en ce pays d'Anjou et de Poictou de leurs gens de cheval.

Je vous escrips de toutes ses choses mon advis pour la raison qui est contenue en une article cy devant escripte, car soiez asseuré que sy de fait je puis ou povoye faire quelque chose a vostre advantage je le feroye de meilleur cueur que de parolle la moictié. Et icy endroit je vous dy a Dieu, monsr de la Trimoille, a qui je pri qu'il vous doint tout ce que plus desirez.

Escript a Chinon le ixe jour de may.

Demandez des nouvelles de Flandres au cappitaine Raoul et il vous dira la verité de tout ce qu'il s'y fait.

Le tout vostre cousin,

LOYS DE GRAVILLE.

77 — CHARLES VIII

Chinon, samedi 10 mai.

A NOSTRE CHER ET FEAL COUSIN LE SIRE DE LA TRIMOILLE ET A NOZ AMEZ ET FEAULX CONSEILLERS ET CHAMBELLANS LES CAPPITAINES ESTANS EN SA COMPAIGNIE.

De par le Roy.

Chier et feal cousin et vous noz amez et feaulx, nous vous avons aujourdui escript que nous vous envoyons le cappitaine Raoul, pour vous dire ce qu'il nous sembloit touchant la matiere de Dol principallement et pour ce que vous nous avyés escript que le viconte venoit devers nous pour ceste matiere, dont il n'est encores nouvelles de sa venue. Toutesfoiz nous avons esté advertiz que ledit viconte a tousjours esté prest de retourner dedens ledit lieu de Dol et que les autres gensdarmes qu'il avoit amenez a Chasteaubryand vouloient bien retourner quant et luy, mais ilz ont esté preschez de quelque ung qui les en a gardez, dont nous ne nous feussions empiece doubtez. Et neantmoins nous entendons que lesditz [gens] darmes en facent ce que par vous leur en sera ordonné ; et s'il y en a aucuns qui facent le contraire faictes le nous savoir, car icy endroit gist le bon service ou mauvais qu'ilz nous vouldroient faire. Incontinent que ledit viconte sera venu nous l'envoyerons audit Dol, pour soy y conduire et gouverner selon que vous lui ferez savoir, car nous sommes bien seurs qu'il ne reffusera pas ceste commission ne autre que lui vouldryons bailler.

Faictes diligence en vostre affaire et nous mandez de voz nouvelles.

Donné a Chinon le xme jour de may.

CHARLES

Robineau.

78 — *CHARLES VIII*

Chinon, mardi 13 mai.

A NOSTRE CHER ET FEAL COUSIN LE SIRE DE LA TRIMOILLE, NOSTRE LIEUTENANT, ET A NOZ AMEZ ET FEAULX LES CAPPITAINES ESTANS EN SA COMPAIGNYE.

De par le Roy.

Cher et feal cousin et vous noz amez et feaulx, nous avons receu voz lectres lundi environ quatre heures après mydi, escriptes de dimanche au soir, par lesquelles nous mectez la venue devers vous du cappitaine Raoul et ce que avez advisé qu'il estoit besoing de faire a ce qu'il vous a dit de par nous, dont le tout nous semble très bien. Toutesfoiz nous n'avons point encore eu vostre deliberacion ; mais au regard des apprestes que vous demander, selon le contenu de ce que vous nous avez fait savoir, la diligence en a esté faicte : nous avons escript au s^r de la Forest, passé a deux jours, qu'il se rende là où vous nous avez escript, et encore luy en escripvons unes autres lectres.

Le viconte d'Aunay fut hier depesché et s'en est allé à Dol actendent faire ce que vous luy ordonnerez, car nous le luy avons ainsy chargé et escript encore depuis son partement ; et avons envoyé le vieil Furet pour luy faire porter des vivres. Mais comme nous vous avons fait savoir il n'y a chose doubteuse si ce n'est ceste place là, par quoy est besoing que vous y aiez pourveu par ceulx que vous avez depeschez ; et ne s'en fault pas actendre de tous poins audit viconte, car il est tant plain de bonne voulenté qu'il oseroit bien entreprandre des choses qu'il ne sauroit parfournir. Vous aurez bien esgard sur le tout, par quoy nous ne vous en faisons autre chose savoir. Et au regard de Montoison nous sommes bien de vostre advis : car puisqu'il ne veult demourer pour nous servir c'est très mauvais signe, car le revenu de sa maison est trop petit pour en faire grant mise. Faictes nous tousjours savoir de voz nouvelles et nous vous ferons savoir des nostres.

Donné a Chinon le xiij^{me} jour de may, a quatre heures après mydi.

Depuis ceste lectre escripte, j'en ay receu une autre de vous qui contient vostre partement et l'ordre que vous avez tenue a vostre desloger et de ceulx qui vont devant prandre le logis, qui nous semble très bien. Vous mectez en vostredicte lectre que le cappitaine Meritain s'en va a Dol ; il a prins le meilleur conseil et le plus honneste. Au regard de voz provisions que vous demandez, il s'en fait la diligence partout tellement que vous n'aurez faulte de rien.

CHARLES

De Saint Martin.

79 — L'AMIRAL

Chinon, mardi 13 mai.

A MONS^r DE LA TRIMOILLE.

Monsr de la Trimoille, je me recommande a vous tant comme je puis. J'ay receu la lectre que vous m'avez escripte après que vous avez eu parlé au cappitaine Raoul, par lesquelles vous mectez le reffuz que Meritain a faict d'aller a Dol, dont je vous asseure que le Roy n'a pas esté content, non a pas esté mons^r de Bourbon.

Le viconte d'Aunay partit dès hier matin pour aller audit Dol, et croy qu'il y sera demain de bonne heure. Le Roy luy a ordonné qu'il se gouverne selon que vous luy ferez savoir; et ne luy a l'en rien dit de la matiere que vous savez, par quoy sera besoing que luy envoyez homme pour l'advertir de la conclusion que vous y aurez prinse, car a l'eure qu'il est parti d'icy il n'estoit encores rien venu de voz nouvelles, par quoy l'en ne le luy a peu dire. Et sy devez savoir qu'il luy semble qu'il deffendra la ville contre tout le monde, mais qu'il ayt mille hommes et deux cens lances: toutesfoiz gardez, comment que ce soyt, que vous ne le croyez si non de ce que vous verrez estre faisable, car il oseroit bien entreprendre chose qu'il ne saueroit parfournir. Au regard de Monthoison, puis qu'il ne veult demourez icy pour servir c'est ung très mauvais signe; et croy fermement qu'il en fera ainsi que vous l'avez deviné.

Au seurplus, pour ce que je n'avoye des nouvelles de vous et que l'en ne faisoyt point courir la poste, j'escripviz hier unes lectres au seneschal d'Agenestz par ung paige qui fera bonne diligence, et luy envoye deux lectres qui m'ont esté escriptes, pour les vous monstrez. La raison pour quoy je vouloye bien que vous les veissiés c'estoit affin de vous advertiz qu'il estoit besoing d'abreger la conclusion que vous avez prinse, qui est le siege de Foulgieres. Et pour vous en faire savoir ce qui m'en fut hier dit, le grant escuier vint a moy, qui scet bien que vous y allez, et me dist qu'il gaigeroit a moy mille escuz que vous ne serez point devant six jours sans la prandre; et je luy demandé, s'il avoit entreprins de le faire, comment il s'y gouverneroit. Il me respondit qu'il y a deux choses par quoy elle ne peut durer : l'unne sy est pour la fureur de l'artillerye, qui est si merveilleuse qui n'est homme qui ne soyt estonné en une petite place comme ceste la ; l'autre sy est qu'il feroit ung gect de terre des tranchées dedans les fossez, et force de boys parmy, tellement que en peu de temps il auroit mys le fossé en estat que bien aisement l'en vendroit a la breche de la baterie. Et sy me dist qu'il ne congnoissoit homme de par dellà qui fust pour deffendre une place. Je luy dis tout plain de choses au contraire ; mais pour abreger il me disoyt du tout que ce n'estoit que abuz et enrageoit qu'il ne mectoit mysaille[1] a moy. Dieu vueille qu'il vous en praingne ainsy comme je le vouldroye.

[1] Gageure.

Je vous envoye cy dedans enclôz le double d'unes lectres qui ont esté envoyées au Roy par mons^r de Croy, et celui qui les escripvoit audit s^r de Croy estoit ung gendarme qui demeure a Namur, qui est très gentil compaignon. Je croy bien qu'il y a ung petit de mensongne, mais aussy il ne fault point doubter qu'il ne soyt quelque chose de ce qu'il dit ; et sy vous prenez ceste place, l'en mectra l'affaire de deçà en tel estat que se cousté demoura en grant seureté et pourra aller la grosse troppe au devant du plus grant affaire. Je vous feray savoir des nouvelles ainsi qu'elles seurviendront ; et au regard des manteaulx que vous demander, ilz sont dès ersoeir a Angiers, et des lectres a mons^r de la Forest pour s'en aller boutez a Craon il y a deux jours qu'elles sont parties, et contiennent lesdictes lectres qu'il s'en aille audit lieu de Craon, ce que je croy qu'il fera.

Comme je vous ay escript, je vous fois ces longues lectres pour vous advertiz de ce qu'il me semble, mais il ne fault jà que vous les montrez. Vous en pourrez prandre ce que vous y trouverez de bon et le seurplus le gecter dedans le feu, ou a tout le moyns ne dire pas celuy qui vous escript; et de toutes les provisions qui vous seront neccessaires soiez seur qu'il vous y sera fait les diligences possibles, en maniere que vous n'aurez faulte de riens. Et quant vous aurez fait a ceste place, je croy que vous vendrez ung tour devers le Roy, car ledit seigneur l'a ainsy promis a madamoiselle de la Trimoille[1] qui le vint hier veoir, et j'en suis demeurré plaige comme je feiz de voz ducas.

[1] Gabrielle de Bourbon.

Monsr de la Trimoille, je ne vous escrips plus pour ceste heure sy non que nous n'osons aller a Angers pour ce que l'en s'y meurt; et vous dy a Dieu icy endroit, a qui je pry qu'il vous doint tout ce que plus desirez.

Escript a Chinon le xiij^{me} jour de may, a une heure après mydy.

Il[2] me sanble que vous devez vous conseillez et parlez souvant a messire Glaude de Monfaucon de vous affaire, car vous le trouverés bon chevallier et sage.

[2] Autographe.

Le tout vostre cousin,

LOYS DE GRAVILLE.

80 — *CHARLES VIII*

Chinon, jeudi 15 *mai.*

A NOSTRE CHIER ET FEAL COUSIN LE S^r DE LA TREMOILLE, ET A NOZ AMEZ ET FEAULX CONSEILLIERS ET CHAMBELLANS LES CAPPITAINES ESTANS EN SA COMPAIGNIE.

De par le Roy.

Chier et feal cousin et vous noz amez et feaulx, nous avons receu voz lectres escriptes hier a cinq heures du soir aux fausbourgs d'Ancenys, contenans que vostre avant garde estoit la nuyt paravant arrivée dedens lesditz fausbourgs et de voz gens avoient visité le foussé, et le tout de ladicte arrivée de ladicte avant garde avoit esté fait sans perdre homme ; dont en louons Dieu et de plus en plus congnoissons la bonne conduite de vous et des cappitaines qui sont en vostre compaignie et de ce mercyons tousjours vous et eulx.

Et au regard de l'entreprise de Jacques le Moyne et des deux cens hommes qui devoient la nuyt passée entrer dedens la place d'Ancenys, se n'est pas le premier secours qui autresfoiz y est semblablement venu dont ladicte place ne laissa pas pour cela d'estre prise ; et esperons, a l'ayde de Dieu et de vostre bonne diligence, que aussi ne sera pas ledit Jaques le Moyne ne son secours cause de nous garder la bonne fortune que n'ayons ladicte place, et nous semble que plus y aura de gens dedens et plus leur fera de guerre nostre artillerye et plus toust en viendrez a bout.

Et touchant les bateaulx que vous demandez[1] on y fait toute diligence de vous en envoyer, non obstant qu'il nous semble que bateaulx platz ne sont pour deffendre contre barques de mer ; mais pour ce que ne savons a quelle intencion, ceste là ou autre, vous les demandez, on vous en envoye. Nous avons receu le roolle des noms de ceulx qui sont en ladicte place d'Ancenys, par lequel roolle et gens qui sont nommez dedens n'est de riens moindre nostre esperance du recouvrement d'icelle place.

Toutes les choses que ayez requises, tant par lectres que par memoire, sont a Angiers et ès Pons de Sée, tant manteaulx a bombarde et autre suite d'artillerye que avez demandée que foings, et y fut incontinent fait diligence que le nous feistes savoir. Et celles qui vous seront d'oresenavant neccessaires, advertissez nous en de bonne heure et a tout serez bien pourveu ; et pour ce vous prions que faictes bonne diligence en vostre affaire car vous n'aurez faulte de riens, et souvent nous advertissez.

Donné a Chinon le xvme jour de may, a six heures au soir.

CHARLES

Robineau.

[1] V. n° 210.

81 — *MADAME DE BEAUJEU*

Chinon, jeudi 15 mai.

A MON COUSIN MONS^r DE LA TREMOILLE.

Mon cousin, a ceste heure le Roy a receu voz lectres comment vous estes arrivez devant Ancenys; Dieu vous y doint aussi bien besongner comme a Chasteaubryant. Je me suis si très mal acquictée de vous escripre depuis que je suis revenue, maiz on depesche tousjours les postes a si grant haste, de peur que aiez faulte de quelque chose [que] je n'ay pas bien eu loysir d'y pourveoir; maiz ne laissez pas a tousjours [me] advertir de voz bonnes nouvelles. J'ay envoyé querir le bon sirugien d'Auvergne qui demeure a Louzon et incontinant le vous envoieray; et aussi m^e Jehan Desmons, sirugien de Chastellerault, sera samedi en ceste ville, que je vous envoieray pareillement, car il me semble que c'est la chose de quoy vous avez le plus a faire au mestier que vous menez.

Les ambassadeurs du duc qui vindrent derrenierement seront demain a disner en ceste ville; et viennent querir saufconduit pour le prince, Dunoys et Comminge, ou lequel qu'il plaira au Roy. Ilz font bonne myne, je ne sçay quel en sera l'effet. De leur depesche serez advertiz; maiz ung bien y a que cependant le Roy ne lerra point a faire ses besongnes, si Dieu plaist. Je croy que le principal de leur venue estoit pour destourber ce siege, car ilz parlent de quelque treve. Mon cousin, je prye a Dieu qui vous doint ce que desirez.

Escript a Chinon le xvme de may, a troys heures après midi.

Vostre cousine,
ANNE DE FRANCE

82. — L'AMIRAL

Chinon, jeudi 15 mai.

A MONSʳ DE LA TRIMOILLE.

Monsʳ de la Trimoille, je me recommande a vous tant comme je puis. J'ay receu les lectres que vous m'avez escriptes ; et au regard de vostre arrivée devant Ancenys [vous] vous y estes très bien et sagement conduiz, car le Roy avoit grant paour que la perte feust plus grande a l'arrivée qu'elle n'a esté. En tant que touche les bateaulx que vous demandez, tout incontinant voz lectres receues le Roy a escript a monsʳ du Plessis qu'il en face toute dilligence, ce que je sçay bien qu'il fera. Et touchant les foings semblablement que vous demandez, l'en y a pourveu en maniere que vous en aurez. Et ne faictes doubte nulle que tout ce qu'il vous sera neccessaire, dont vous nous advertirez par deçà, il y sera fait si bonne dilligence que vous n'aurez faulte de riens.

Au seurplus il n'est riens seurvenu de nouveau pardeçà depuis les derrenieres lectres que je vous ay escriptes, si non que Blanchefort, maire de Bordeaulx, a cejourdui escript lectres au Roy qui contiennent commant monsʳ d'Albret s'en est retourné a Saint Sebastian, ainsi que vous pourrés veoir par unes autres lectres qu'il m'en a escriptes semblablement, lesquelles je vous envoye cy dedans encloses. Et pour ceste heure je ne vous escrips plus si non que s'il est tousjours quelque chose en quoy je vous puisse faire plaisir, faictes le moy savoir et soiez seur que je le feray de bon cueur ; en vous disant a Dieu, monsʳ de la Trimoille, a qui je pry qu'il vous doint tout ce que plus desirez.

Escript a Chinon le xvᵉ jour de may.

Le tout vostre cousin,

LOYS DE GRAVILLE

83 — *CHARLES VIII*

Chinon, vendredi 16 mai.

A NOSTRE CHER ET FEAL COUSIN LE SIRE DE LA TRIMOILLE ET A NOZ AMEZ ET FEAULX CONSEILLERS ET CHAMBELLANS LES CAPPITAINES ESTANS EN SA COMPAIGNIE.

De par le Roy.

Cher et feal cousin et vous noz amez et feaulx, vous savez assez le grant nombre de chevaulx qui est en nostre artillerye qui est par dellà, lesquelx sont de grant despence et de present n'est pas de neccessité d'en avoir si grant nombre ; et pour ce appellez le maistre et ceulx qui ont charge de par nous en nostredicte artillerye et advisez quel nombre vous est neccessaire d'en retenir. Vous avez la riviere qui vous fournira de tout et fault faire grant despence pour les bateaulx, et en semblable cas l'année passée vous n'avyés devant Nantes que environ quatre cens soixante chevaulx. Donnez la provision a tout ainsi que vous verrez estre a faire, car ainsi que vous congnoissez assez la despence nous est fort grande. Toutesvoyes en ce qui est neccessaire nous ne la plaignons pas ; aussi celle qui n'est besoing de faire nous vouldrions bien qu'elle ne fust point faicte, afin de nous en aider ailleurs en noz autres affaires ès autres contrées de nostre royaume.

Donné a Chinon le xvj^{me} jour de may.

CHARLES

Robineau.

84 — CHARLES VIII

Chinon, mardi 20 mai.

A NOSTRE CHER ET FEAL COUSIN LE SIRE DE LA TRIMOILLE, NOSTRE LIEUTENANT.

De par le Roy.

Chier et feal cousin, en ensuivant la promesse que avons faicte aux ambassadeurs du duc qui derrenierement sont venuz devers nous, nous envoyons noz amez et feaulx conseillers l'archevesque de Bordeaulx et le s^r de Morvillier devers luy, lesquelz partiront cejourduy. Et affin de trouver leur saufconduit [1] a leur arrivée a Anxenis, vous envoyons par les postes les lectres que escripvons au duc, ensemble ung memoire touchant leurdit saufconduit ; et pour ce tout incontinant envoyez lesdictes lectres et memoire a Nantes, affin de recouvrer ledit saufconduit selon le contenu oudit memoire et le garder jusques a leur passage audit lieu d'Anxenis, et qu'il n'y ait point de faulte.

Donné a Chinon le xxme jour de may.

CHARLES
Damont.

[1] V. n° 211.

---

85 — MADAME DE BEAUJEU

Chinon, mardi 20 mai.

A MON COUSIN, MONS^r DE LA TREMOILLE.

Mon cousin, j'ay ce matin receu voz lectres et suis d'oppinion que le Roy vous envoye tousjours a la guerre, car vous y estes très eureux [2]. Nostre ambassade de Bretaigne partit hier d'ici après disner et n'a eu autre depesche fors que le Roy envoieroit

[2] V. n° 210.

quelq'un devers le duc pour luy faire response sur le tout. Et touchant mons^r de Champerroux et les autres de quoy ilz avoient charge de prandre jour et lieu de les prandre[1] et ravoir les leurs, on les a remis a vous et croy qu'ilz y seront demain. Le Roy depesche aujourduy ceulx qu'il y veult envoier, et passeront par vous pour vous dire leur charge ; au regard de ce que vous devez faire de la place d'Ancenys, le Roy le vous escript par ceste poste. Il n'y a autre chose de nouveau pour ceste heure, et adieu.

Escript a Chinon le xxme de may, entre huit et neuf de matin.

Je m'en voy ceste sepmaine festier a l'Isle Bouchart avec vostre femme.

Vostre cousine,

ANNE DE FRANCE

[1] Mieux rendre.

86 — *MADAME DE BEAUJEU*

Chinon, mardi 20 mai.

A MON COUSIN MONS^r DE LA TRIMOILLE.

Mon cousin, mons^r le mareschal des Querdes a escript a Monseigneur et a moy qu'il veult bailler son gouvernement de la Rochelle a mons^r des Halles, moiennant la somme de six mil escuz et mil francs que montoit le revenu d'un an dudit gouvernement, nous priant que voulsissions tant faire envers le Roy, auquel il en escript, que son bon plaisir fust le consentir. Mon cousin, vous congnoissez le personnaige et les grans services qu'il a faiz au Roy et au royaume, par quoy je ne voy point que bonnement l'on l'en puist refuzer. Toutesfoiz pour ce que autresfoiz vous avons parlé de parvenir audit gouvernement, je vous en advertiz afin que regardez se le vouldriez avoir pour ceste somme, qui me semble fort excessive, et sinon je vous prie estre content que l'en en face ainsi que ledit s^r des Querdes requiert ; et en telle autre office que adviserez, et fust beaucoup plus grant que cellui dessusdit, Monseigneur et moy nous y emploierons et vous y aiderons en façon que vous en aparcevrez. Et adieu mon cousin.

Escript a Chinon le ¹ jour de may.   ¹ En blanc.

Votre cousine,
ANNE DE FRANCE

---

87 — L'AMIRAL

Chinon, mardi 20 mai.

A MONS^r DE LA TRIMOILLE.

Monsr de la Trimoille, je me recommande a vous tant comme je puis. J'ay receu deux paires de lectres de vous depuis quatre jours, mais pour ce que toutes les provisions neccessaires contenues dedans vozdictes lectres estoient données, tant de vivres que de bateaux, je ne vous y ay point fait de responce ; toutesfoiz je me doubtoye bien de ce qui est advenu de ceste place, par quoy vous n'avez plus de besoing que de vivres là où il s'y fait toute diligence. Au seurplus vous savez que je vous ay tousjours escript que je vous advertiroye de tout ce qu'il me sembleroit de cest affaire là où vous estes : je vous advise, ainsi qu'il me semble, qu'il y a beaucoup de choses a regarder. Et a la premiere dont le Roy vous escript, pour l'abatement de ceste place, vous avez a assembler tous voz voysins d'Angiers et de toute ceste liziere qu'ilz la vous abatront en grant diligence, pour ce que le fait leur touche, en maniere qu'elle sera mal aisée a remparer. Et est ung point là où vous devez prandre garde de près et le faire en diligence, car le Roy a mys a ce matin l'abatement de ladicte place en conseil, où il y avoit une dozaine de bons personnaiges qui tous ont dit et conseillé de l'abatre sans nul delay.

Au demourant le Roy envoye en Bretaigne Monsr de Bordeaulx et le cappitaine Raoul de Launay, lesquelz passeront par vous. Et affin que vous entendez que les Bretons demandent, c'est en effect une treve de quinze jours ou troys sepmaines ; et pour ce que bonnement l'en ne leur peut reffuzer une abstinance de guerre, il semble a de voz amys que veu le bon exploit qui a esté fait du cousté là où vous estes, qui est d'avoir gecté la frontiere si loing des pays du Roy, que qui pourroit, entre cy et la prinse de ceste treve, leur emporter une meschante place là où je croy qu'ilz n'atendront pas, qui est de l'autre cousté de la riviere, qui s'appelle le Loroux Botereau, ce seroit ung merveilleusement grant bien pour le pays de Poitou. Et si di l'en que ladicte place ne sauroit tenir troys heures avecques quatre canons, et si di l'en qu'il n'y a que trois ou quatre lieux de là où vous estes ; et si vous dy qu'elle a fait dommaige de cent mille escus en Poitou. Je ne sçay combien l'armée de Bretaigne est loing de vous et si ne puis deviner de si loing là où je suis comment ce que je vous escrips est faisable, mais je vous en advise pour les raisons que je vous ay tousjours escriptes. Vous y prandrés ce que vous y trouverez de bon et si ne ferez pas semblant que l'en vous en ayt riens escript ; mais il me semble que vous en povez parler aux cappitaines comme de vous, et ce que vous verrez faisable essaier de le faire et le demourant vous en passez.

Monsr de la Trimoille, pour ce que je n'ay pas temps de vous escripre plus longuement je m'en tais icy endroit, et vous dy a Dieu a qui je pry qu'il vous doint tout ce que plus desirez.

Escript a Chinon le xxme jour de may.

L'an [1] vous escript pour le gouvernement de la Rochelle. An vous prommet myeulx ; je leur compleroye.

Le tout vostre cousin,

LOYS DE GRAVILLE

---

[1] Autographe.

88 — *CHARLES VIII*

Chinon, mercredi 21 mai.

A NOSTRE CHIER ET FEAL COUSIN LE SIRE DE LA TRIMOILLE, NOSTRE LIEUTENANT, ET A NOZ AMEZ ET FEAULX LES CAPPITAINES ESTANS EN SA COMPAGNIE.

De par le Roy.

Chier et feal cousin et vous noz amez et feaulx, nous avons escript au seigneur du Plessis Bourré qu'il reçoive tous les ostages que vous avez retenuz tant a Chasteaubryant que a Ancenys, affin d'en faire l'eschange selon que vous en avez faict les composicions, en maniere que nous ayons le seigneur de Champeroux et tous noz gens sans ce qu'il en faille pas ung ; et pour ce besongnez y ainsi que vous entendez qu'il ce doit faire. Au demourant faictes abreger d'abatre ceste place le plus tost que faire ce pourra, et faictes gecter dedans les fossez les pierres et les terres qu'ilz sont dedans le chasteau, et non pas de celles du dehors, et aussi faictes bien raser la murete et les moyneaux de devers l'eaue ; et nous faictes tousjours savoir de voz nouvelles de ce qu'il vous sourvendra, et nous vous ferons savoir des nostres.

Donné a Chinon le xxj^{me} jour de may.

CHARLES
De Saint Martin.

89 — *CHARLES VIII*

Chinon, mercredi 21 mai.

A NOSTRE CHER ET FEAL COUSIN LE S^r DE LA TRIMOILLE.

De par le Roy.

Cher et feal cousin, nous envoyons devers le duc nostre amé et feal conseiller et chambellan le s^r de Morvillier auquel avons donné charge, en passant a Ancenys, de vous dire aucunes choses de par nous. Si vous prions que le croiez et adjouster foy a ce qu'il vous dira comme a nostre personne; et au demourant faictes nous souvant savoir des nouvelles et de ce qu'il vous surviendra, et si riens nous survient nous le vous ferons savoir.

Donné a Chinon le xxj^{me} jour de may.

CHARLES

Damont.

---

90 — *L'AMIRAL*

Chinon, mercredi 21 mai.

A MONS^r DE LA TRIMOILLE.

Monsr de la Trimoille, je me recommande a vous tant comme je puis. Je vous oublié hier a escripre que le Roy avoit deliberé, passé a six jours, de s'en aller vers Angers. Toutesfoiz, pour ce qu'il y a eu quelque petit bruyt de mauvais her, la chose a esté dissimullée jusques a aujourduy; mais ledit seigneur s'en part demain et sera sabmedi au Pont de Sée ou là autour, et de là yra peut estre a Nostre Dame de Behuart et coucher a Rochefort.

Au seurplus il y eut hier ung homme, qui est homme de bien, qui dit que sans point de faulte la plus part du bon meuble de mons^r le mareschal de Rieux est cachié dedans Ancenys. Je m'en rapporte a mess^{rs} voz commis de le trouver.

Le Roy s'en part maintenant et s'en va disner a l'Isle Bouchart. Faictes moy savoir de voz nouvelles, et de ce qui sourviendra par deçà je vous en advertiray tousjours. Je ne vous escrips plus pour ceste heure sy non que je vous dy a Dieu, mons^r de la Trimoille, a qui je prye qu'il vous doint tout ce que plus desirez.

Escript a Chinon, le xxj^{me} jour de may.

Le tout vostre cousin,

LOYS DE GRAVILLE

91 — *CHARLES VIII*

Chinon, jeudi 22 mai.

A NOSTRE CHER ET AMÉ COUSIN LE S^r DE LA TRIMOILLE, VICONTE DE TOUARS.

De par le Roy.

Cher et amé cousin, pour ce que nous avons presentement esté advertiz que il y a aucuns brigans et coureurs, de Fougeres et autres, qui font des courses sur noz subgectz de la basse Normendie et qu'ilz ont brullé partie du village de Saint Hillaire de Harcouet, nous escripvons a nostre amé et feal le s^r de Brully qu'il s'en voise, lui et les nobles de Coustentin dont il a charge, en ladicte basse Normendie et qu'il les loge ès places de ladicte liziere, ès lieux où il verra estre a faire pour resister ausdictes courses et seurprinses. Et pour ce faictes que lui et lesdiz nobles partent incontinant et qu'ilz s'en voisent sans séjourner, en la plus grant diligence qu'ilz pourront, oudit bas pays de Normendie, où en brief il aura espaulles et compaignie si bonne que ceulx qui ont commancé de bruller les villages n'auront cause d'eulx venter y avoir riens gaigné.

Donné a Chinon le xxij^{me} jour de may.

CHARLES

Primaudaye.

[1] Feuillet à part.

Depuis[1] noz lectres escriptes nous avons esté advertiz que la garnison de Fougieres ont mis les feux en Normandie et au Mayne, c'est assavoir a Saint Hillaire de Harcouet qui estoit le meilleur bourg qu'il feust en ce pays là, et a Ernée ung autre village qui est en ce quartier mesmes, qui est très mauvais commancement de vouloir la paix; et sy nous a l'en escript que les gensdarmes que vous depeschastes a Chasteaubryant, pour aller a Dol, tyennent encores les champs de ceste heure au pays du Mayne et au Vau de Mortaing et font tous les maulx du monde.

92 — *CHARLES VIII*

Chinon, jeudi 22 mai.

A NOSTRE CHER ET FEAL COUSIN LE SIRE DE LA TRIMOILLE, NOSTRE LIEUTENANT, ET NOZ AMEZ ET FEAULX CONSEILLERS ET CHAMBELLANS LES SIRES DE CHARLUZ, D'AGENAYS, DE MONFAULCON ET DE SAINT ANDRÉ, ET AUX CAPPITAINES DE NOZ GARDES GLAUDE DE LA CHASTRE ET JACQUES DE SILLY.

De par le Roy.

Chier et feal cousin et vous noz amez et feaulx, nous avons receu la lectre que vous nous avez escripte touchant les ambaxadeurs de Bretaigne qu'ilz sont passez par vous, lesquelz vous ont dit qu'ilz vous feront aujourdui savoir des nouvelles touchant le s^r de Champeroux, et aussi dictes que l'armée du duc est encores a Baing.

Et pour ce que l'arcevesque de Bordeaulx et le s^r de Morvillier sont passez par entre vous et vous ont dit la charge qu'ilz ont de par nous de dire au duc, nous ne laisserons pas pourtant a vous advertir de ce qu'il nous semble touchant une treve qu'ilz demandent pour ung moys ou six sepmaines, laquelle de prime face est a presumer que ce ne soit que une eslongne et perte de temps pour nous, en actendant s'ilz auront secours de nulle part; et ne faisons nulle doubte, car de cella nous avons bien esté advertiz, qu'ilz font leurs dilligences partout pour avoir gens, dont ilz ne pevent pas bien finer a leur aise. Toutesfoiz nous sommes bien deliberez d'oyr ce qu'ilz vouldront dire et s'ilz nous offrent chose raisonnable de ne le reffuser pas, ce qu'ilz auront bientost monstré par effect s'ilz veullent; et pour nous mectre en nostre devoir nous leur offrerons dix ou douze jours de treve, pendant lequel temps nous pourrons savoir leur derreniere voullenté car nous serons assez près d'eulx.

Et ce temps pendant, nous vous advertissons que nostre voulloir est que vous vous assembliez ensemble, c'est a dire le nombre que vous avez acoustumé d'estre a debatre voz choses secretes, et advisez bien ce qu'il vous semblera qu'il sera le plus faisable a nostre prouffit et honneur après la ropture de ladicte treve. Et quant vous aurez bien deliberé et debatu ensemble et aussi advisé ce qu'il vous semblera estre bon de faire, advertissez nous en affin que vouz en ayez nostre advis pour y conclure quelque bonne chose pour laquelle faire, quand vous l'aurez advisée et conclute, vous aurez toutes les provisions qu'ilz vous y seront neccessaires. Et pour ce que ladicte treve n'est pas encores prise, sy vous povyez entre cy et là faire quelque exploict a ses petites places du cousté de devers Clisson et le Clos de Raiz, qui ont tant fait de mal ceste année, et les mectre en bon estat incontinent qu'ilz seroient prises, ce ne seroit point perte de temps mais ung très grant bien pour nostre pays d'Anjou et de Poictou.

Ce que vous en escripvons ce n'est que pour vous en advertir, savoir s'il est faisable ou non, car nous sçavons bien qu'il vous fault gouverner selon les nouvelles que vous aurez de voz voisins qu'ilz sont a Baing, maiz il ne fault pas grant compagnie a faire ce que nous vous escripvons.

Au seurplus abreger la delivrance du s^r de Champeroux et de noz autres gens de par dellà [1] et faictes savoir aux gens du duc s'ilz les nous rendront ou non, affin que nous y donnons la provision qui sur ce nous sera conseillée ; et nous faictes savoir de voz nouvelles et tousjours vous ferons savoir des nostres.

Donné a Chinon le xxiij^{me} [2] jour de may, a xj heures de soir.

CHARLES

Damont.

[1] V. n° 212.

[2] Mieux xxij.

---

93 — L'AMIRAL

Saumur, vendredi 23 mai.

A MONS^r DE LA TRIMOILLE.

Monsr de la Trimoille, je me recommande a vous tant comme je puis. Le Roy est aujourdui arrivé en ceste ville et y sera jusques a lundi. Il est accompagné de tout plain de ses cousins et des chevalliers de son ordre, comme mons^r de Bourbon, mons^r d'Angoulesme, mons^r de Foix, mons^r de Vandosme, mons^r le bastard de Bourgongne, mons^r de Rohan et son frere, mons^r le mareschal de Gyé et le gouverneur de Bourgongne, le gouverneur de Lymosin, François mons^r de Luxambourg, mons^r du Fou et le grant escuier, le duc de Nemoux et son frere ; or regardez sy ledit seigneur peult faillir d'estre bien acompagné et bien conseillé.

Nous avons eu nouvelles de noz Flamans et sont tout ainsi qu'ilz estoient il y a huit jours ; de ce qui en sourviendra incontinant en serez advertiz. Nous avons eu nouvelles d'Angleterre.

Maupertuys et Guillaume Guilmet sont par dellà et ont porté de l'argent aux Angloys; mais le roy d'Angleterre a fait cryer sur tous ses portz, sur peyne de la hart, que homme ne soit sy hardy de partir de son pays sans son congié, et a porté depuis xij jours bonnes parolles a ung homme que vous congnoissez bien, que le Roy y avoit envoyé, et luy a escript sy bonnes lectres qu'elles ne sauroient estre meilleures. Dieu veulle que l'effect soit de mesmes. Monsr de la Trimoille, je ne vous escrips plus pour ceste heure si non que je pri a Dieu qu'il vous doint tout ce que plus desirez.

Escript a Saumur le xxiij^{me} jour de may, a x heures au soir.

Le tout vostre cousin,

LOYS DE GRAVILLE.

94 — *CHARLES VIII*

Saumur, samedi 24 mai.

A NOSTRE CHER ET FEAL COUSIN ET NOZ AMEZ ET FEAULX CONSEILLERS ET CHAMBELLANS LES SIRES DE CHARLUZ, DE MONFAULCON, DE BALSAC ET DE SAINT ANDRÉ, ET AUX CAPITAINES DE LA GARDE GLAUDE DE LA CHASTRE ET JACQUES DE SILLY.

De par le Roy.

Cher et feal cousin et vous noz amez et feaulx, nous avons receu voz lectres, et vous mercions des nouvelles que par icelles nous faictes savoir et des services que nous faictes chascun jour. Au regard du herault du roy d'Angleterre auquel avons donné saufconduit pour aller en Bretaigne, devers les ambaxadeurs d'Angleterre qui y sont, ne faictes point de difficulté de le laisser passer car nous n'avons pas paour qu'ilz nous trompent. Au surplus faictes nous souvant savoir des nouvelles et de tout ce qui vous surviendra.

Donné a Saumur le xxiiij^me jour de may.

CHARLES

Damont.

---

95 — *CHARLES VIII*

Saumur, dimanche 25 mai.

A NOSTRE AMÉ ET FEAL COUSIN LE CONTE DE BENON, SEIGNEUR DE LA TRIMOILLE, LIEUTENANT GENERAL DE NOSTRE ARMÉE ESTANT DE PRESENT OU PAYS DE BRETAIGNE.

De par le Roy.

[1] V. n° 210.

Nostre amé et feal cousin, nostre amé et feal Guillaume de Malestret, seigneur de Houdon [1], nous a fait advertir et dire que puis nagueres, tant sur lui que sur ses gens, mestaiers et subgectz ont esté et sont journellement prins par aucuns de noz gens de guerre grant nombre de beufz, vaches et autre bestail sans paier, et a lui et a sesdictes gens, mestaiers et subgectz [ont] esté fais plusieurs autres griefz et oppressions; nous requerant a ceste fin lui estre sur ce pourveu. Et pour ce que ne vouldrions ceulx qui soubz nostre obeissance veullent demourer, comme ledit s^gr de Houdon, estre aucunement molestez ne travaillez, ains les preserver a nostre povoir de tortz, griefz et oppressions, vous prions et neantmoins mandons que audit s^gr de Houdon, sesditz gens, mestaiers et subgectz faictez rendre et restituer leursditz beufz, vaches et autre bestail par ceulx qu'il appartiendra, et a ce les contraingnez ou faictez contraindre ainsi que en tel cas est requis. Et pour l'avenir faictez garder et observer les lectres par nous a lui octroiées, par lesquelles avons prins lui, ses places, maisons, gens, mestaiers et subgectz en nostre protection et sauvegarde et fait deffence a tous gens de guerre de ne fourrager en leurs maisons ne aucune chose prendre sans leur vouloir et raisonnablement paier.

Donné a Saulmur le xxvme jour de may.

CHARLES

Marcel.

---

96 — L'ARCHEVÊQUE DE BORDEAUX [1]
ET LE S^r DE MORVILLIERS

[1] André d'Espinay.

Nantes, dimanche 25 mai.

A MONS^r DE LA TRIMOULLE, LIEUTENANT GENERAL DU ROY.

Monsr, nous nous recommandons a vous tant que faire povons. Nous avons parlé du contenu ès lectres que par ce porteur nous avez escriptes a mess^rs du conseil du duc, lesquelz, après avoir veu les memoire et saufconduitz que nous avez envoiez, nous ont fait response que celuy pour qui vous escrivez est subject du duc et qu'il luy fera toute justice en se retirant devers luy.

Des nouvelles de ce quartier, l'on dit icy pour vray que mons^r d'Albret est a Quipercorentin et mons^r de Squales a Sainct Malo; mais, Dieu mercy, ilz ne sont point sy fort accompaignez que quant ilz vous vouldroient aler veoir que ne soiez puissant pour les recueullir a vostre honneur et avantage. Nous ne vous escrivons riens de ce pour quoy suymes icy venuz, pour ce que l'on n'y peut assoir conclusion sans avoir ouy les avys de mess^ra d'Orleans et de Dunoys, devers lesquelz ilz envoient aujourduy a Lohiac, où l'armée du duc est. Et a tant, mons^r, prions Nostre Seigneur qu'il vous doint ce que plus vous desirez.

Escript a Nantes le jour de Penthecouste.

Monsr, nous vous prions d'envoier par les postes les lectres que par ce porteur vous envoyons.

Les tous vostres,

LARCEVESQUE DE BORDEAULX
RAOUL DE LANNOY

97 — L'ARCHEVÊQUE DE BORDEAUX
ET LE S^r DE MORVILLIERS

Nantes, dimanche 25 mai.

A MONS^r DE LA TRIMOULLE, LIEUTENANT GENERAL DU ROY.

Monsr, nous nous recommandons a vous tant que faire povons. En ceste ville de Nantes nous a esté remonstré comme, contre toute usance de guerre, aucuns de la garnison de Beaupreau depuys environ trois sepmaines ont prins, a la Regrepiere, a prisonnier ung jeune enfant, filz de Jehannot de Pagieres, qui est de l'aage de deux ans et trois moys ou environ. Et comme pourrez veoir par l'advertissement qui nous en a esté baillé, lequel vous envoyons, avons esté requis de vous prier que vueulliez ordonner et commander a ceulz qui detiennent ledit enfant qu'il aient a le mettre sans delay a plaine delivrance, sans renson, car telle prinse est contre la raison et ne se peut bonnement soustenir. Sy vous prions, mons^r, que ainsy le vueulliez faire; et a tant prions a Dieu qu'il vous doint ce que plus desirez.

Escript a Nantes ce jour de Penthecouste.

Monsr, nous escryvons unnes lectres au Roy lesquelles vous prions luy envoier, par les postes, le plus diligemment que faire se pourra; et se ledit seigneur nous escript, que semblablement nous vueulliez a diligence envoier ses lectres. Nous ne savons aultre chose que ce que par Agenez vous avons aujourduy mandé.

Les touz vostres,

LARCEVESQUE DE BORDEAULX
RAOUL DE LANNOY

---

98 — L'AMIRAL

La Menitré, mardi 27 mai.

A MONS^r DE LA TRIMOILLE.

Monsr de la Trimoille, je me recommande a vous tant comme je puis. J'ay receu deux lectres que vous m'avez escriptes, l'une touchant le gouvernement de la Rochelle et l'autre touchant ce qu'il vous semble des lectres que le Roy vous a escriptes. Et au regard dudit gouvernement, le Roy a veu le consentement de la lectre que vous en avez escripte a Madame, de ce que vous disyez que vous en rapportyez a luy et a elle. Ledit seigneur l'a consenty a mons^r des Querdes, mais soiez sceur que vous estes plus près de l'avoir que vous ne feustes oncques ; et plus ne vous en dy pour ceste heure, mais soiez sceur que vous en trouverez ce que je vous en escrips.

Le Roy a commandé ce qui est en vostre chastellenie de Craon ainsi que vous le m'avyez escript ; et au regard de voz vingt lances n'en faictes nulle doubte, selon que je vous escripviz par le cappitaine Raoul. Au demourant, touchant vostre derreniere lectre, le Roy vous escripra entre cy et ung jour ou deux ceulx qu'il vouldra qu'ilz viennent devers luy. Et a Dieu vous di, mons^r de la Trimoille, a qui je pri qu'il vous doint tout ce que plus desirez.

Escript a la Menistré le xxvij^{me} jour de may.

Le tout vostre,

LOYS DE GRAVILLE

99 — *CHARLES VIII*

Angers, mercredi 28 mai.

A NOSTRE CHIER ET FEAL COUSIN LE S^r DE LA TRIMOILLE, NOSTRE LIEUTENANT, ET A NOZ AMEZ ET FEAULX LES CAPPITAINES ESTANS EN SA COMPAGNIE.

De par le Roy.

Chier et feal cousin et vous noz amez et feaulx, nous avons receu la lectre que vous nous avez escripte, laquelle contient qu'il vous semble et avez advisé que pour nous bien advertir du contenu d'une lectre que puis nagueres vous avons escripte, qu'il seroit bon que l'un de vous ou plusieurs vensissent jusques devers nous affin de nous advertir sur le tout bien au long et mieulx qu'il ne se pourroit faire par lectre. Vostre advis nous a semblé bon, et affin que vous ne soyez empeschez de nommer ceulx qui ilz vendront, nous avons advisé que ce sera le seneschal d'Agenestz, mess^e Glaude de Montfaulcon et le s^r de Saint André ; et pour ce faictes qu'ilz soient icy demain a disner, car nous les aurons incontinant depeschez pour les vous renvoyer vendredi au matin.

Au regard du payement des gens de guerre dont vous nous avez aujourdui escript, nous ferons demain partir Primaudaye et les clercs des tresoriers quant et quant, pour en faire le payement selon que par lui vous ferons advertiz. Mandez nous souvant de voz nouvelles et nous vous ferons savoir de ce qu'il nous sourvendra.

Donné a Angiers le xxviij^{me} jour de may.

CHARLES

De Saint Martin.

100 — L'AMIRAL

Angers, mercredi 28 mai.

A MONS^r DE LA TRIMOILLE.

Monsr de la Trimoille, je me recommande a vous tant comme je puis. J'ay receu a ce matin la lectre que vous m'avez escripte. Et au regard de la premiere article, qui parle du payement de voz nobles et de voz gens de pié, Primaudaye s'en va demain pour faire le payement; et sera besoing que vous ayder a faire contenter chascun. Et en tant que touche ce que vous dictes que ce n'est que ung amusement de ceste treve, c'est la vraye verité et ne fault point que vous faciez de doubte du contraire; et sy vous dy que si vous ne faictes quelque exploict entre cy et troys sepmaines, je croy que vous ne ferez de ceste saison gueres grant chose ou quartier de deçà, et ce que je vous escrips ce n'est point sans cause. Touchant voz chevaulx de vivres, vous n'en aviez que vingt et cinq charretes, ce ne sont que quatre vingts ou cent chevaulx; vous les recouvrerez quant vous vouldrez.

Le Roy vous escript pour ceulx qu'il veut qu'ilz viennent devers luy; et eulx retournez, qui sera vendredi, vous pourrez venir vendredi ou samedi veoir le Roy et vous en retournez incontinant. De tout le seurplus de la lectre que vous m'avez escripte il ny aura point de faulte, selon que je vous ay escript. Merlin vous dira le seurplus, par quoy je me passe de vous escripre plus au long; et vous dy a Dieu icy endroit, mons^r de la Trimoille, a qui je prye qu'il vous doint tout ce que plus desirez.

Escript a Angiers le xxvııj^{me} jour de may.

Le tout vostre cousin,

LOYS DE GRAVILLE

101 — L'ARCHEVÊQUE DE BORDEAUX ET LE Sʳ DE MORVILLIERS

Nantes, mercredi 28 mai.

A MONSʳ DE LA TRIMOULLE, LIEUTENANT GENERAL DU ROY.

Monsʳ, nous nous recommandons a vous tant que nous povons. Nous avons parlé au duc et aux gens de son conseil touchant les feuz dont nous avés escript, lesquelz s'en excusent fort, disans que a Saint Hyllaire et a Hernée n'a eu que quatre ou cinq maisons brullées, ès quelles dient que le feu a esté mys pour en faire saillir aucunnes gens qui s'y estoient retirez en seureté ; mais ce a esté fait sans le commandement du duc, qui en est desplaisant et a envoié a Fougieres pour en savoir la verité. Dient oultre que la garnison de Dol a long temps a commencé a mettre les feuz en plusieurs lieux, et entre aultres ès faulzbourgs de Dynan où a esté brullé pour plus de xxx mil frans de marchandise. Et ce matin le grant maistre de Bretaigne est venu devers nous se douloir que sabmedy dernier ung nommé Favieres ala en sa maison, en tira les utensilles de boys et les brulla ; et n'eussent esté les femmes, ladicte maison fust brullée. Oultre le duc a envoié devers Monsʳ d'Orleans, en son armée et ès places des frontieres de son party, leur deffendre les feuz et nous a prié en escrire ; par quoy, monsʳ, nous semble que sans exprès commandement dudit seigneur ne debvez commencer, car la consequence seroit dommageable et fort mauvaise.

Monsʳ a tant nous prions a Dieu qu'il vous doint tout ce que desirez.

Escript a Nantes ce mercredi après dyner.

Les tous vostres,

LARCEVESQUE DE BORDEAULX
RAOUL DE LANNOY

102 — CHARLES VIII

Angers, jeudi 29 mai.

A MON COUSIN LE S^r DE LA TRIMOILLE.

Mon cousin, je suis tout esbahy de tant de gensdarmes qui s'en viennent chascun jour de mon armée, dont je n'ay cause d'estre contant; et pour ce assemblez incontinant tous mes cappitaines qui sont là et leur dictes qu'ilz gardent bien que nul homme de leurs compaignies, quel qu'il soit, ne s'en aille ou que je ne seray pas contant, ainsi que vous dira le s^r de la Roche Tesson lequel j'envoye presentement devers vous, tant pour ceste cause que pour autres matieres que je luy ay chargé vous dire. Si le vueillez croire de ce qu'il vous en dira de par moy, et qu'il n'y ait faulte; et adieu mon cousin.

Escript a Angiers le XXIXme jour de may.

CHARLES

Damont.

---

103 — CHARLES VIII

Angers, jeudi 29 mai.

A NOSTRE CHER ET AMÉ COUSIN LE SIRE DE LA TREMOILLE, LIEUTENANT EN NOSTRE ARMÉE ESTANT OU PAYS DE BRETAGNE.

De par le Roy.

Cher et amé cousin, nous envoyons par delà nostre amé et feal conseiller et chambellan le sire de la Roche Tesson, auquel nous avons chargé vous dire aucunes choses tant touchant les gensdarmes de noz ordonnances, ceulx de nostre ban et arriere ban, gens de cheval, Suysses, que gens de pié. Si vous prions que le croyez de ce qu'il vous en dira de par nous.

Donné a Angiers le xxixme jour de may.

CHARLES

Damont.

104 — L'AMIRAL

Angers, jeudi 29 mai.

A MONS^r DE LA TRIMOILLE.

Monsr de la Trimoille, je me recommande a vous tant comme je puis. Je vous envoye cy dedans enclos une lectre qui m'a esté escripte de Harfleu ; et croy bien que mons^r de Scalles soit passé mais il n'a pas amené grant nombre de gens quant et luy, ainsi que par lesdictes lectres vous pourrés veoir. De ce qu'il sourviendra tousjours le vous feray savoir ; et pour ceste heure je ne vous escrips plus si non que je vous di a Dieu, mons^r de la Trimoille, a qui je pri qu'il vous doint tout ce que plus desirez.

Escript a Angiers le xxixme jour de may.

Le tout vostre cousin,

LOYS DE GRAVILLE

105 — *L'ARCHEVÊQUE DE BORDEAUX ET LE Sr DE MORVILLIERS*

Nantes, vendredi 30 mai.

A MONS{r} DE LA TRIMOULLE, LIEUTENANT GENERAL DU ROY.

Monsr, mess{rs} le prince, de Dunoys et de Comminges revindrent hier de devers Monsr d'Orleans, lesquelz pour resolution demandent abstinence de guerre jusques au xvme jour de juing, ledit jour includ; et pour ce que n'avions puissance de leur accorder, nous escripvons au Roy pour en savoir son bon plaisir. Sy vous prions lui envoier incontinent noz lettres et a toute diligence nous renvoier la response qu'il nous en fera; et a tant, monsr, prions Nostre Seigneur qu'il vous doint ce que plus desirez.

Escript a Nantes ce vendredi au soir.

Les tous vostres,

LARCEVESQUE DE BORDEAULX
RAOUL DE LANNOY

---

106 — *L'AMIRAL*

Angers, samedi 31 mai.

A MONS{r} DE LA TRIMOILLE.

Monsr de la Trimoille, je me recommande a vous tant comme je puis. J'ay receu la lectre que vous m'avez escripte a ce matin, touchant les ostages de Vannes et ceulx que vous avez pris a Chasteaubriant et a Ancenys : a quoy le Roy vous respont commant il entend que vous y gouvernez, qui est en effect que puisqu'ilz ne veullent bailler que la moictié de leurs ostages vous ne leur en rendrés que une partie des leur [1]; et en tant que touche voz voisins qu'ilz sont de là l'eaue, ilz ont fait que sages de mectre la riviere entre vous et eulx, car s'est le plus sceur.

Monsr de Bordeaulx et le cappitaine Raoul ont escript au Roy que les seigneurs de par dellà demandent xv jours de treve. Je croy qu'elle leur sera accordée, affin que ledit seigneur mecte tousjours la bonne renommée devers lui; mais durant ledit temps le Roy ordonnera, pour son affaire du temps advenir, ce qu'il lui semblera qu'il devra exploicter. Et demain pour vous advertir de tout, et aussi en avoir voz advis, je vous envoye les gouverneurs de Lymosin et de Bourgongne, mess^e Yvon du Fou et le grant escuier, avec mons^r de la Clairetiere qu'il congnoist ung peu le pays, par lesquelz vous sçaurez toutes nouvelles, par quoy je me passe de vous en faire plus longue escripture. Sy vouldrois je bien avoir parlé a vous une bonne heure; toutesfoiz je croy que avant que prandre quelque conclusion je vous verray, et sy vous mectray encores ce mot qui est pour abreger: que icy endroit gist de tous pointz le bon service au Roy qu'il est besoing de lui faire. Au demourant vous n'aurez les seneschaulx ne mons^r de Saint André qu'il ne soit demain, avec les gens que le Roy vous envoye, car aujourdui ilz n'ont peu estre depeschez.

Tout a ceste heure le viconte d'Aunay a escript unes lectres au Roy par lesquelles il lui fait savoir que jeudi derrenier il fut adverty que mons^r de Squalles et les Anglois, qui estoient descenduz a St Mallo, estoient arrivez a Dignan; et partit tout incontinant et mena environ vj^{xx} hommes d'armes, et y estoit Meritain, et misdrent deux ou troys embuches devant jour et envoyerent trante chevaulx courre devant la ville, et tous mes Angloys saillirent a vauderoute sur lesditz trante chevaulx et les chasserent bien demye lieue jusques dedans leur ambusche où ilz estoient le nombre dessusdit. Pour conclusion ilz les ont deffaiz et en ont emmené de prisonniers cent et xiiij, et sur la place en est demouré de mors xij^{xx} et plus. Le Roy en envoye les lectres a Monsr de Bordeaulx et au cappitaine Raoul.

[1] V. n° 212.

Ledit seigneur a accordé que vous fassyés voz vingt lances de ceulx que j'ay dit a Merlin pour le vous dire, a commancer leur payement du premier jour de juillet ; mais prenez en des plus parans, affin que le Roy en soit deschargé d'autant. Et icy endroit je vous di a Dieu, mons^r de la Trimoille, a qui je pri qu'il vous doint tout ce que plus desirez.

Escript a Angiers le derrenier jour de may.

Le tout vostre cousin,

LOYS DE GRAVILLE

---

107 — *CHARLES VIII*

Angers, dimanche 1er juin.

A NOSTRE CHER ET FEAL COUSIN LE SIRE DE LA TRIMOILLE, NOSTRE LIEUTENANT GENERAL EN NOSTRE ARMÉE ESTANT DE PRESENT EN BRETAIGNE.

De par le Roy.

Cher et feal cousin, vous nous avez tousjours requis que vous vousissions croistre vostre nombre des gens de guerre de nostre ordonnance, dont vous avez charge de par nous, jusques au nombre de cinquante lances fournies, qui seroient vingt lances de creue ; nous les vous avons accordées et est nostre plaisir que vous ayez ledit nombre des cinquante lances, a commancer le payement desdictes vingt lances au premier jour de juillet prouchainement venant. Sy vueillez choisir et prendre lesdictes xx lances de ceulx qui nous sont venuz servir et qu'ilz n'ont point d'appointcement, et que se soient des plus gentilz compaignons ; et ce qui en restera a appointcter, pourvoiez par les autres compaignies en maniere que cy après n'en demeure aucuns en nostre charge.

Donné a Angiers le premier jour de juing.

CHARLES

Berziau.

108 — *CHARLES VIII*

Angers, mercredi 4 juin.

A NOSTRE CHIER ET FEAL COUSIN LE SIRE DE LA TRIMOILLE, NOSTRE LIEUTENANT GENERAL EN L'ARMÉE DE BRETAIGNE, ET AUX CAPPITAINES DES GENS DE GUERRE ESTANS EN LADICTE ARMÉE.

De par le Roy.

Cher et feal cousin et noz amez et feaulx, nous avons ordonné que les Suysses soient paiez pour ce present mois, et pour ce faire y sont les clers du tresorier Jehan Legendre. Pareillement entendons que les autres gens de pié estans avecques vous soient payez pour demy mois durant ceste treve, affin qu'ilz n'ayent aucune occasion d'eulx absenter et retourner en leurs maisons pour ce que la pluspart d'entre eulx en sont prouchains. Aussi entendons que, ladicte treve faillie, nous les ferons entierement payer de tout ledit mois et doresnavant sans ce qu'il y ait en leur payement aucune interrupcion, et voulons qu'ilz tiennent ordre en leurs vivres et qu'ilz payent; et pour tout leur remonstrer avons advisé que noz amez et feaulx m^{es} Jacques Berziau et Primaudaye, avecques leurs cappitaines, le sauront bien faire. Et dictes ou faictes dire ausditz cappitaines que, sur leur vie, ilz ne donnent congié a piece de leurs gens; ainçois s'ilz en trouvent aucuns qui s'en vueillent aller qu'ilz en facent la pugnicion telle que ce soit exemple pour les autres.

Pareillement parlez a tous noz autres cappitaines ayans charge de par nous des gens de guerre de la grant ordonnance que semblablement ilz ne se jouent pas de donner aucuns congiez en quelque façon que ce soit, et que s'ilz en avoient donné a aucuns qu'ilz les remandent hastivement, car nous entendons tenir nostre armée toute preste autant durant la treve comme durant la guerre; et qu'ilz n'y facent faulte sur tant qu'ilz doubtent nous desobeyr et desplaire, car se faulte y avoit nous n'en serions jamais contens d'eulx.

Nous avons entendu que la demolicion du chastel d'Ancenis n'est pas souffisamment faicte et qu'il en reste encores beaucoup a abbatre qui seroit chose aisée a fortiffier et remectre en puissance; a ceste cause, toutes excusacions cessans, faictes y besongner en telle maniere que le tout soit si bien rasé et comblé qu'il n'y faille plus retourner et que inconvenient n'en advensist a nous ne a noz subgectz. Au seurplus nous avons veu les memoires et oy ce qui nous a esté dit de vostre part, et avons ordonné y faire donner la provision telle que au cas appartiendra en ensuivant voz advis.

Donné a Angiers le iiij^{me} jour de juing.

CHARLES

Marcel.

109 — *CHARLES VIII*

Angers, jeudi 5 juin.

A NOSTRE CHIER ET FEAL COUSIN LE S^r DE LA TRIMOILHE, NOSTRE LIEUTENANT EN BRETAIGNE.

De par le Roy.

Cher et feal cousin, nous avons veu le memoire que nous avez envoyé par noz amez et feaulx conseillers et chambellans les gouverneur de Bourgongne, seneschal de Poictou et grant escuier, touchant ce que vous est necessaire pour vostre partement [1], a quoy nous avons fait pourveoir sellon vostredit memoire. Toustevoys le prevost des mareschaulx Anthoine Postel est depuis venu qui nous en a apporté ung autre contraire du premier; et n'est pas bien aisé a donner provision a l'un et a l'autre, mais

[1] V. n° 214.

neanmoins nous y avons fait faire ce qu'il nous a esté possible ainsi que sarez plus applain par le maistre de l'artillerie, lequel sera demain devers vous, et aussi par ledit prevost lequel s'i en retourne.

Donné a Angiers le vme jour de juing.

CHARLES

Damont.

---

110 — *CHARLES VIII*

Angers, jeudi 5 juin.

A NOSTRE CHER ET FEAL COUSIN, CONSEILLER ET CHAMBELLAN LE SIRE DE LA TRIMOILLE, NOSTRE LIEUTENANT.

De par le Roy.

Chier et feal cousin, nous avons presentement esté advertiz de la venue des ambaxadeurs de Bretaigne, là où sont les s^{rs} de Dunoys et de Comminge, le grant maistre de Bretaigne et autres [1]. Et pour ce qu'ilz passeront par là où vous estes, nous vous envoyons nostre maistre d'ostel le s^r de la Pallu, auquel avons donné charge de ce qu'il nous semble qu'il se doit faire quant ilz passeront, car leur chemin ne s'adonne pas ailleurs que par là où vous estes; et gardez que inconveniant n'en adviengne. Envoyez nous messire Glaude de Montfaulcon avec trante gentilz hommes de nostre hostel, ainsi que ledit de la Pallu vous dira. Faictes nous tousjours savoir ce qu'il vous sourvendra de nouveau.

Donné a Angiers le cinquiesme jour de jung.

CHARLES

De Saint Martin.

[1] V. n° 215.

III — *L'AMIRAL*

Angers, jeudi 5 juin.

A MONS^r DE LA TRIMOILLE.

Monsr de la Trimoille, je me recommande a vous tant comme je puis. Vous m'avez fait savoir que vous vendriez ung tour icy voullentiers ; je le dys au Roy de l'eure que vostre message le m'eut dyt. Toutesfoiz il ne ce peut faire plus tost que les ambaxadeurs de Bretaigne qui viennent pardeça ne soient passez a venir icy ; mais tout incontinant qu'ilz seront en ceste ville le Roy vous fera savoir que vous le venez veoir ung tour. Monsr de la Pallu s'en va devers vous pour vous advertir de ce qu'il semble au Roy qu'il se doit faire a la passée desditz ambaxadeurs ; vouz le sçaurez bien faire selon sa voullenté. Il vous envoye cy dedans enclos les noms de ceulx qu'ilz doibvent venir ; et pour conclusion sy ceste compagnie icy ne fait quelque chose de bien ce voiage, je ne m'atens pas qu'ilz en facent jamais point. Je vous prye, donnez aujourdui congié au cappitaine Adrian de venir sa personne jusques icy et je le vous renvoiray incontinent.

Je croy que le duc d'Autrische et les Flamans s'entrebatront bien, car il est venu nouvelles que mons^r Phelippes de Ravestain s'est joinct avec les Gantoys ; mais il ne fault faire nulle doubte que ledit duc d'Autriche ne tendra point la promesse qu'il a faite a ceulx de Flandres. Vous en sçaurez plus au long vous venu. Monsr de la Trimoille, je vous di a Dieu icy endroit, a qui je prye qu'il vous doint tout ce que plus desirez.

Escript a Angiers le cinquiesme jour de juing.

Le tout vostre cousin,

LOYS DE GRAVILLE

112 — L'ARCHEVÊQUE DE BORDEAUX ET LE S^r DE MORVILLIERS

Angers, jeudi 5 juin.

A MONS^r DE LA TRIMOILLE.

Monsr, mons^r le gouverneur sera aujourduy au giste a Ancenys, pour quoy vous prions de adviser de son logis. Nous escripvons, par l'ordonnance du Roy, a l'arcediacre de Pintievre affin qu'il vous envoye les seuretez de mons^r le gouverneur avec ung officier d'armes pour le mener jusques a Nantes ; par quoy de rechef vous prions que, a toute diligence, vous envoyez lesdictes lectres audit arcediacre. Et a tant, mons^r, nous prions a Dieu qu'il vous doint ce que plus desirez.

Faictes donner ordre a voz postes, car ilz ne font point de diligence.

Escript a Angiers le vme jour de juing, a xj heures de matin.

Le Roy envoye mons^r de la Palu devers vous ; aussi, s'il vous plaist, vous le ferez loger.

Les tous vostres,

LARCEVESQUE DE BORDEAULX
RAOUL DE LANNOY

113 — *CHARLES VIII*

Angers, dimanche 8 juin.

A MON COUSIN LE SIRE DE LA TRIMOILLE, MON LIEUTENANT.

Mon cousin, incontinant que les Bretons seront passez, venez vous en devers moy et amenez qui vous vouldrez avecques vous; mais avant vostre partement donnez si bon ordre a tout qu'il n'en advieigne inconvenient, et laissez quelque homme de bien en vostre place jusques a ce que soiez retourné. Et adieu.

Escript a Angiers le viij^{me} jour de jung.

CHARLES

Damont.

---

114 — *MONS^r DE BEAUJEU*

Angers, dimanche 8 juin.

A MON COUSIN, MONS^r DE LA TREMOILLE.

Mon cousin, il me semble que, en ensuivant ce que le Roy vous escript, ferez bien de vous en venir devers luy pour plusieurs choses que l'on vous dira vous venu; mais avant vostre partement donnez bon ordre par tout. Et a Dieu, mon cousin, qui vous doint ce que desirez.

Escript a Angiers le xxij^{me} jour de juing.

Vostre cousin,

PIERRE

115 — *L'AMIRAL*

Angers, dimanche 8 juin.

A MONS^r DE LA TRIMOILLE.

Monsr de la Trimoille, je me recommande a vous tant comme je puis. Le Roy vous escript unes lectres que incontinent que les ambaxadeurs seront passez que vous en viengnez devers lui; et me semble que vous devez donner bon ordre en vostre camp et y laissez ung bon personnage ou deux a qui vous recommandez tout. Il n'est riens venu de nouveau depuis que derrenierement je vous ay escript; s'il feust seurvenu quelque chose, incontinent je le vous eusse fait savoir. L'en dit par deça que noz Bretons ne feront riens et que ce n'est que ung amusement. Donnez bonne ordre que les vins, a vostre partement, ne descendent point a Nantes. Pour ce que j'ay esperance de vous veoir de brief, je ne vous escrips plus si non que je vous di a Dieu, mons^r de la Trimoille, a qui je pri qu'il vous doint tout ce que plus desirez.

Escript a Angiers le viij^{me} jour de juing.

Le tout vostre cousin,

LOYS DE GRAVILLE

116 — *CHARLES VIII*

Angers, vendredi 13 juin.

A MON COUSIN LE SIRE DE LA TRIMOILLE.

Mon cousin, pour ce, comme sçavez, qu'il est besoing me servir en mon armée de Bretaigne des six coulevrines que avez a Craon, aussi de celle qui est a Rochefort [1], je vous prye que mandez et escripvez a voz cappitaines desditz lieux qu'ilz les baillent au maistre de mon artillerie ou a celluy qu'il y envoyera, pour les faire habiller et monter; et je les vous feray rendre et n'y aura point de faulte. Et a Dieu mon cousin, qui vous ait en sa saincte garde.

Escript a Angiers le xiij^e jour de juing.

CHARLES

Primaudaye.

[1] Sur Loire.

---

117 — *CHARLES VIII*

Angers, samedi 14 juin.

A NOSTRE CHER ET FEAL COUSIN LE SIRE DE LA TRIMOILLE ET A NOZ AMEZ ET FEAULX CONSEILLERS ET CHAMBELLANS LES SENES-CHAULX D'AGENOYS ET DE CARCASSONNE, LE SIRE DE St ANDRÉ ET LE CAPITAINE JAQUES GALEOT.

De par le Roy.

Cher et feal cousin et vous noz amez et feaulx, nous avons receu voz lectres escriptes a Ancenys, du xiij^e jour de ce moys de juing, par lesquelles nous faictes savoir que vous faictes voz preparatoires pour partir au jour que avons ordonné. Au regard de vostredit partement, quant les ambaxadeurs de Bretaigne qui ont esté ycy devers nous ont esté depeschiez pour eulx en retourner, ilz nous ont requis que nostre plaisir feust leur octroyer de faire continuer l'abstinence de guerre d'icy a huit ou dix jours, sans mectre sieges ne assaillir aucunes places ; ce que n'avons voulu faire, mais leur avons seullement accordé que jusques a vendredi prochain, pour tout le jour, le gros de nostre armée ne passera point plus avant que Marcillé. Et pour ce regardez a vostre partement et advisez a faire voz logeis tellement que vous puissiez arriver ledit jour audit lieu de Marcillé, pour après faire ce que vous manderons.

Touchant maistre Jaques Berziau, nous lui avons ordonné aller devers vous pour pourveoir a faire l'advance aux gensdarmes, ainsi qu'il avoit esté parlé. Des francs archiers et autres qui s'en sont allez, dont ne nous povez bonnement au vray faire savoir le nombre jusques a ce que la reveue en soit faicte, qui est bien neccessaire de faire quand vous serez partis de là où vous estes, vous le prenez très bien ; et fauldra faire ladicte reveue et après nous advertir incontinent de tout, et nous y pourvoyrons tellement que les autres y devront prendre exemple, et envoyrons devers les seneschaulx et bailliz de nostre royaulme afin qu'ilz en facent la pugnicion telle que nous escripvez. Et en tant que touche de faire dire a tous les gensdarmes qui sont en ceste ville d'Angiers qu'ilz s'en aillent devers vous, nous avons commandé au prevost de nostre hostel qui le face incontinent cryer, et qu'ilz soient en nostre armée dedans aujourduy ou demain sans nulle faulte.

Vous mectez en vosdictes lectres que les capitaines des frans archiers allerent yer devers vous et dirent que leurs gens n'ont plus de quoy vivre, car des deux frans qui leur ont esté baillez ilz en devoient la pluspart aux marchans et le demourant ilz ont despendu depuis. Nous nous en donnons merveille et en devez bien parler ausditz capitaines, car vous savez qu'il n'y a gueres que cest argent leur fut baillé : et les avons fait et ferons paier, mais aussi nous entendons qu'ilz nous servent sans nous vouloir contraindre de leur bailler argent a leur plaisir, ce qui ne se fera point. Du s^r Dauroze et le capitaine Adrien, qui doivent partir aujourduy pour eulx en aller a Saint Aulbin, vous avez bien fait de les y envoyer ainsi que l'avions chargié a vous, nostre cousin de la Trimoille, pour le leur dire. Nous vous savons bon gré des nouvelles que nous faictes savoir de l'alée du s^r de Rieux en basse Bretaigne, et aussi du bon vouloir que vous avez de les recueillir le mieulx que vous pourrez, se ainsi est qu'ilz facent l'entreprinse que le marchant qui est venu du Croysic vous a dit qu'ilz font pour vous aller veoir a la fin de la treve ; et croyons certainement que, a l'ayde de Dieu, ilz ne l'auront pas davantaige et que vous les reccullerez comme il leur appartient, s'ilz y viennent.

Nous vous envoyons cy dedans encloz le double d'unes lectres [1] que nostre cousin le roy d'Angleterre nous a escriptes par Jarretiere, son herault d'armes, par lesquelles vous verrez ce qu'il nous escript touchant la venue du s^r de Scalles et du petit nombre d'Anglois qu'il a amenez en Bretaigne sans son sceu ne plaisir, mais l'a fait oultre ses deffenses, dont il n'est pas content. Au seurplus donnez vous tousjours bien garde de ce que aurez a faire, et de ce qui vous seurviendra nous advertissez et souvant nous faictes savoir des nouvelles.

Donné a Angiers le XIIIJ^{me} jour de juing, a huit heures du matin.

[1] V. n° 213.

CHARLES
Parent.

118 — *CHARLES VIII*

Angers, samedi 14 juin.

A NOSTRE CHER ET FEAL COUSIN LE SIRE DE LA TRIMOILLE ET A NOZ AMEZ ET FEAULX CONSEILLERS ET CHAMBELLANS LES SENESCHAULX D'AGENOYS ET DE CARCASSONNE, LE SIRE DE St ANDRÉ, ET LE CAPITAINE JAQUES GALEOT.

De par le Roy.

Cher et feal cousin et vous nos amez et feaulx, les ambaxadeurs de Bretaigne nous ont a leur partement requis continuer huit ou dix jours l'abstinence de guerre, pour pendent ce temps essayer a mectre quelque conclusion aux matieres pour lesquelles ilz estoient venuz devers nous, ce que ne leur avons voulu accorder congnoissans que ce seroit le desavantaige des gensdarmes de nostre armée. Toutesfoiz, pour tousjours de plus en plus nous mectre en nostre devoir, leur avons octroyé que aucun sieige ne se mectra et que nostre dicte armée ne marchera oultre Marcillé plustost que samedi xxj^{me} jour de ce present moys de juing ; maiz les gensdarmes, tant des garnisons que autres, ne laisseront point a courir sans passer la riviere de Villaines. Des quelles choses vous advertissons afin que regardez de vostre partement des logeiz que vous ferez, et que en advertissez les commissaires que avons envoiez pour les vivres, en nous faisant savoir ce que en aurez conclud avecques de voz autres nouvelles.

Donné a Angiers le xiiij^{me} jour de juing.

CHARLES

Parent.

119 — *L'AMIRAL*

Angers, samedi 14 juin.

A MONS^r DE LA TRIMOILLE.

Monsr de la Trimoille, je me recommande a vous tant comme je puis. Messrs les ambaxadeurs de Bretaigne s'en sont allez a ce matin, ainsi que vous sçavez. Et pour vous parler de leur depesche, après toutes choses debatues, ilz ont requis au Roy qu'il lui pleust estre contant que son armée ne tyrast point oultre Victré, en tyrant droit a Dol, et en ce quartier là qu'il ne soit faict exploict de guerre d'aujourdui en huit jours, et lui ont promis que entre cy et là ilz essayeront a faire telle chose envers le duc et le pays que ledit seigneur s'en devra contanter ; laquelle chose le Roy leur a accordée. Toutesfoiz les garnisons ne laisseront pas a faire tousjours chascun endroit soy du mieulx qu'ilz pourront, tant d'ung cousté que d'autre.

Anthoine Karnazay m'a escript unes lectres lesquelles je vous envoye cy dedans encloses ; et par icelles vous pourrés veoir ce que voz voisins ont fait a voz hommes de vostre baronnye de Craon, et croy qu'il vous en ayt autant esté escript. Je m'en rapporte bien a vous de vous en revancher et de faire faire la justice des brigans que ledit Karnazay tient prisonniers. Au surplus madame la mareschalle[1] m'a escript que voz officiers de Craon ont contrainct les hommes de mons^r le mareschal de sa terre et seigneurie de Morticrolle, et autres qu'il a en Anjou, a aller besongner a voz fortifficacions audit Craon. Pour abreger elle envoye ce porteur devers vous pour vous solliciter de faire savoir a voz gens qu'ilz cessent de les plus contraindre ; je vous prye ainsi le faire, autrement vous n'aurez pas paix a madicte dame la mareschalle. Et icy endroit je vous di a Dieu, mons^r de la Trimoille, a qui je pri qu'il vous doint tout ce que plus desirez.

Escript a Angiers, le XIIIJ^{me} jour de juing.

Le tout vostre cousin,

LOYS DE GRAVILLE

[1] De Gyé.

120 — *L'cAMIRAL*

Angers, samedi 14 juin.

A MONS^r DE LA TRIMOILLE.

Monsr de la Trimoille, je me recommande a vous tant comme je puis. Je vous prie que faictes bailler au maistre de l'artillerie voz vj grosses collevrines qui sont a Craon, aussi la grosse qui est a Rochefort, et m'envoyez l'inventoire de tout ce que aurez baillé et il n'y aura point de faulte que je ne les vous face rendre aussi bien ou mieulx en point qu'elles ne sont de present. Et a Dieu, mons^r de la Trimoille, qui vous doint ce que plus desirez.

Escript a Angiers le xiiij^{me} jour de juing.

Le tout vostre cousin,

LOYS DE GRAVILLE

---

121 — *L'cAMIRAL*

Angers, samedi 14 juin.

A MONS^r DE LA TRIMOILLE.

Monsr de la Trimoille, je me recommande a vous tant comme je puis. L'aumosnier Mauhugeon s'en retourne devers vous, lequel m'a parlé bien au long de la matiere que vous sçavez; et du tout je l'ay remys a vous pour vous en communiquer et dire ce qu'il est besoing, pour après deliberer ensemble ce qu'il sera besoing d'en faire. Au demourant il m'a parlé touchant matiere de vin. Il vouldroit bien que vous feussyés contant de luy donner congié d'en enlever chascune sepmaine de vostre ost deux pippes, en les payant, pour festoyer ses cousines qu'il a en ce quartier là. Il me semble que vous luy povez bien accorder sa requeste touchant ce point, pour les raisons dessus dictes. Il vous dira le seurplus; par quoy je me passe de vous escripre autre chose pour ceste heure, si non que je vous di a Dieu, mons^r de la Trimoille, a qui je pri qu'il vous doint tout ce que plus desirez.

Escript a Angiers, le xiiij^{me} jour de jung.

Le tout vostre cousin,

LOYS DE GRAVILLE

---

122 — *CHARLES VIII*

Angers, dimanche 15 *juin.*

De par le Roy [1].

Cher et féal cousin, nous avons receu vos lettres, ensemble celles que le sire de Dunois escrivoit à nostre frère le duc de Bourbon, nostre amiral et à vous; et sembloit par lesdites lettres que eussions accordé la trève jusques à samedi, pour tout le jour, et que la deussions faire publier en nostre ost et ailleurs, ce que jamais ne fismes ; mais comme dès hier vous escrivismes, suimes contens que nostre armée ne feroit nulle course outre la rivière de Villaine et que jusqu'à vendredy, pour tout le jour, ne passeroit Vitré ou Marcilly et que les garnisons ne laisseroient à faire ce que bon leur sembleroit. Toutesfois, affin de toujours mettre la raison devers nous et qu'ils ne pensent que l'on les voulsist surprendre meschamment, ne partez demain pour tout le jour et ne faites course en ce pays qui leur soit dommageable; et vous donnez bien garde que sous ombre de caritat ils ne vous puissent surprendre

Donné à Angers le xvme jour de juing.

Signé : CHARLES. *Et plus bas :* Robineau.

Et sur le dos est écrit : A nostre cher et féal cousin le sire de la Trimoille.

[1] Texte de Dom Morice.

123 — *CHARLES VIII*

Angers, lundi 16 juin.

[1] Texte de Dom Morice.

Cher et féal cousin [1], j'ay ce jourd'huy à trois heures du matin receu les lettres que hier m'escrivites à trois heures du soir, par lesquelles m'escrivez la grande presse de publier la trêve que a fait le hérault du duc, [ce] que vous n'avez voulu faire dont vous savons bon gré. En tant que touche le jour de vostre partement, il nous semble que devez partir demain matin; mais regardez quels logis vous ferez, et de tellement les espacer que ne passiez outre Marcilly pour tout le jour. Et au regard des vivres, nous avons ce matin ordonné à nostre prévost de l'hostel vous en faire mener, et n'y aura point de faute que vous n'en ayez aujourd'huy si largement que vous n'aurez cause d'en retarder votre partement. Nous vous envoyons une lettre que nostre frère le duc de Bourbon escrit au sire de Dunois, pour la lui envoyer à Nantes; et pour savoir la négligence du paquet que vous envoyasmes, adressant audit sire de Dunois, vous envoyons le controlleur des postes, et aussi pour changer l'assiete desdites postes à vostre partement.

Donné à Angers le xvj^{me} jour de juin, à huit heures du matin.

Signé : CHARLES. *Et plus bas :* Parent.

Et sur le dos est écrit : A nostre cher et féal cousin le sire de la Trimoille, nostre lieutenant en nostre armée.

124 — *CHARLES VIII*

Angers, lundi 16 juin.

A NOSTRE CHER ET FEAL COUSIN LE SIRE DE LA TRIMOILLE, NOSTRE LIEUTENANT EN NOSTRE OST.

De par le Roy.

Cher et feal cousin, nous vous envoyons par delà nostre amé et feal conseillier et chambellan le s^r de Charluz pour faire ce qu'il sera besoing pour nostre service, ainsi qu'il a voulentiers fait par cy devant, et lui avons ordonné faire sarrer ses gens de pié en nostre ost sans les souffrir escarter ; et pour ce advisez tousjours ensemble ce qui se devra faire pour le mieulx et souvant nous faictes savoir des nouvelles et de ce qui surviendra. Il n'y a riens changé depuis, si non que le duc nous a escript unes lectres desquelles vous envoyons le double cy dedans encloz.

Donné a Angiers le xvj^{me} jour de juing.

        CHARLES
         Parent.

---

125 — *MONS^r DE BEAUJEU*

Angers, lundi 16 juin.

A MON COUSIN MONS^r DE LA TRIMOILLE.

Mon cousin, je vous envoye par la poste unes lectres que j'escriptz a mons^r de Dunoys. Je vous pry que incontinant vous le luy envoiez en bonne seureté et qu'il n'y ait point de faulte. Et a Dieu, mon cousin, qui vous doint ce que desirez.

Escript a Angiers le xvj^{me} jour de jung.

    Vostre cousin,
         PIERRE

126 — *CHARLES VIII*

Angers, mardi 17 juin.

A NOSTRE CHER ET FEAL COUSIN LE SIRE DE LA TRIMOILLE, NOSTRE LIEUTENANT EN NOSTRE OST ET ARMÉE DE BRETAIGNE, ET AUX CAPPITAINES ESTANS AVECQUES LUY.

De par le Roy.

Cher et amé cousin et vous nos amez et feaulx, nous avons receu voz lectres escriptes hier a sept heures du soir, et nous donnons merveilles de ce que dictes que les gens de pié pressent si fort a avoir argent, car il n'y a que troys moys que les premiers sont en nostre service et si ont eu dix frans pour homme sans ce qu'ilz eurent des paroisses a leur partement; et du vivant de feu nostre très cher seigneur et pere, que Dieu absoille, et de nostre grant pere aussy, ilz n'avoyent que ix livres tournoys en toute l'année qu'ilz servoient et ne laissoient pas a bien servir.

Nous congnoissons assez qu'il tient aux cappitaines et non ailleurs, parce qu'ilz ne les font point vivre comme ilz doivent et leur laissent faire aussi grant despence que feroient plus gens de bien que eulx ; et quant lesditz cappitaines regarderoient a leur maniere de vivre et qu'ilz se feroient craindre, lesditz gens de pié n'ouseroient despendre leur argent que par raison et encores moins eulx en aller sans congié. Et n'ont eu cause de ce faire ; car s'ilz eussent tousjours esté en hostellerie despuis qu'ilz sont en nostre service et ilz eussent vesqu par raison, ilz eussent eu assez pour vivre de l'argent que leur avons fait bailler, et beaucoup mieulx que en leurs maisons. Et si ne prenez garde a ceux qui s'en sont allez et qui s'en yront sans congié, et que n'en faictes pendre, je ne seray point servy ; et s'il y a aucuns des cappitaines qui leur donnent nulz congiez, advertissez nous en incontinant. Et au regard de l'argent que vous demandez, nous vous en envoyerons dedans troys ou quatre jours, et ne se peut faire plus tost.

Touchant les blecez, nous entendons qu'ilz soient payez s'ilz sont en l'ost, et s'ilz n'y estoient qu'ilz le soient a leur retour ; et avons ordonné que ainsi se face tant du temps passé que du temps advenir. Faictes nous souvant savoir de voz nouvelles, et de ce qu'il nous sourviendra en serez advertiz.

Donné a Angiers le xvij^{me} jour de jung, a xij heures dudit jour.

CHARLES

Parent.

127 — *MONS^r DE BEAUJEU*

Angers, mardi 17 juin.

A MON COUSIN MONS^r DE LA TRIMOILLE, LIEUTENANT DU ROY EN SON ARMÉE DE BRETAIGNE.

Mon cousin, je me recommande a vous. J'ay receu a ce matin la lectre que vous m'avez escripte, où vous mectez que vous me parlatez l'autre jour du paiement des francarchiers et dites que, par faulte de paiement, ilz s'en sont alez la nuyt passée ung nombre et que vous vous doubtez que a vostre deslogement il s'en aille pareillement des autres ; et dites aussi que ceulx qui ont fait la derreniere monstre n'ont voulu faire paier ceulx qui ont esté blecez à Chasteaubriant.

Mon cousin, il est tout aisé a congnoistre que ceste matiere n'est pas bien entendue et qu'il y a grant faulte d'obeissance, et que si la chose duroit elle pourroit merveilleusement prejudicier. La raison si est que s'il venoit ung grant affaire ou royaume et en plusieurs lieux, ainsi que les apparances en sont grandes, il ne se pourroit soustenir sans un grant nombre de gens ; et si le Roy estoit jusques là mené qu'il faulsist qu'il paiast ses autres armées commme il a fait celle là où vous estes jusques a aujourduy, il fauldroit qu'il eust ung autre royaume que celuy qu'il a qui le fournist d'argent pour defendre cestuy cy, et si les roys Charles et Loys eussent esté serviz et mené leurs guerres et les affaires qu'ilz ont euz a telz fraiz, ilz n'eurent jamais argent de leur royaume qui y eust sceu fournir. Et ne faictes nulle doubte que ceste matiere tiengne a autre chose si non a ceulx qui les conduisent ; et si la chose dure, il sera besoing que le Roy y pourvoye par autre moyen, ou que son affaire alast très mal, car la chose est bien estrange que ses predecesseurs aient esté serviz de ces gens cy sans paiement et que le Roy qui est aujourduy ne le puisse estre de paier les siens avant le service.

Je vous en escripz voulentiers ceste lectre, afin que vous entendez les choses ainsi qu'elles se doivent entendre, et n'y a homme qui les puisse soustenir au contraire raisonnablement ; et si le Roy faisoit ce dont il seroit conseillé touchant les cappitaines qui ont laissé aler leur francarchiers, il leur donneroit a congnoistre par effect qu'il n'est pas si despourveu de serviteurs qui n'en trouvast d'autres qui feroient mieulx leur office qui ne font.

Et en tant que touche le reffus que vous dites qui a esté fait de ne faire nul paiement a ceulx qui ont esté blecez devant ledit Chasteaubriant, j'en ay fait savoir aux commissaires et aux clercs qui en ont fait les monstres, pour savoir comme ilz en ont fait. Ilz m'ont respondu que d'iceulx qu'ilz ont trouvé blecez par les logiz et malades en l'ost ilz les ont tous payez, et ne s'en est faillu ung ; mais que aucuns des cappitaines leurs vouloient faire paier ceulx qu'ilz disoient qui s'en estoient alez blecez en leurs maisons, et en prendre l'argent pour leur envoyer ainsi qu'ilz disoient ; a quoy leur fut respondu : « puis qu'ilz n'estoient pre-
» sens pour recevoir leur argent, ilz ne le bailleroient point,
» doubtans que ledit argent n'allast pas jusque là, » qui est chose aisée a croire, « mais quant ilz retourneront en l'ost on les fera
» paier. » Et teles demandes sont assez congnoissables a quelz fins elles sont faictes.

Mon cousin, je veulx bien que vous monstrez mes lectres aux cappitaines et là où vous vouldrez, car je ne vous escripz chose que je ne conseille au Roy, quant il viendra en mon endroit, qu'il ne le face en ceste façon ; et là où vous estes y a des cappitaines, et generaulx et particuliers, qui vous sauront bien a dire si le temps passé on en faisoit ainsi, car ilz l'ont veu comme moy.

J'ay mis longuement a vous en escripre ce qu'il m'en sembloit, pensant que chascun prinst de plus près l'affaire du Roy; mais il n'est plus temps de laisser passer telles façons de faire, et vous prie, mon cousin, que de vostre cousté vous et ceulx qui avez des affaires du Roy les plus grans charges y donnez ordre en maniere que le Roy soit obéy et servy ainsi qu'il doit. Et me faictes savoir de voz nouvelles et de ce qui seurviendra; et adieu mon cousin.

Escript a Angers le xvij^{me} jour de juing.

Vostre cousin,

PIERRE

---

128 — *CHARLES VIII*

Angers, jeudi 19 juin.

A NOSTRE CHER ET FEAL COUSIN LE S^r DE LA TRIMOILLE, NOSTRE LIEUTENANT EN NOSTRE OST ET ARMÉE DE BRETAIGNE, ET AUX CAPPITAINES ESTANS AVECQUÉS LUY.

De par le Roy.

Cher et feal cousin et vous noz amez et feaulx, le duc de Bretaigne nous a fait requerir que nostre plaisir soit octroyer abstinence de guerre jusques a jeudi prochain pour tout le jour, ce que avons accordé afin de parvenir au traicté de la paix et pour tousjours de plus en plus nous nous mectre en nostre devoir, ainsi que verrez par le double des articles collacionnez a l'original signé de nostre main que vous envoyons cy dedans encloz [1]. A ceste cause nous voulons et vous mandons que

[1] V. n° 216.

incontinent ces lectres veues vous faictes cryer, observer et garder icelle abstinence de guerre en maniere qu'il n'y ait point de faulte.

Donné a Angiers le xixme jour de juing.

CHARLES
Parent.

---

129 — *CHARLES VIII*

Angers, vendredi 20 juin.

A NOSTRE CHER ET FEAL COUSIN LE SIRE DE LA TRIMOILLE, NOSTRE LIEUTENANT, ET AUX CAPPITAINES ESTANS EN NOSTRE ARMÉE DE BRETAIGNE AVECQUES LUY.

De par le Roy.

Cher et feal cousin et vous noz amez et feaulx, nostre très cher et amé cousin le conte de Laval nous a supplié et requis que nostre plaisir feust vous escripre que nostre ost et armée, qui va loger en aucunes de ses terres et ès environs, eust a traicter ses gens et subgectz, aussi leurs biens, en toute doulceur sans les grever ne oppresser rudement, ce que luy avons accordé. A ceste cause et que desirerions bien faire pour luy, et en sa faveur avoir sesditz subgectz en bonne recommandation, nous vous prions et mandons que ordonnez aux gens de guerre de nostredit ost, tant de cheval, de pié et aussi de nostre artillerie, que le moins que possible leur sera ilz ne les foullent et endommaigent; et qu'il n'y ait point de faulte.

Donné a Angiers le xxme jour de juing.

CHARLES
Parent.

130 — *CHARLES VIII*

Angers, vendredi 20 juin.

A NOSTRE CHER ET FEAL COUSIN LE SIRE DE LA TRIMOILLE, NOSTRE LIEUTENANT, ET A NOZ AMEZ ET FEAULX LES CAPPITAINES ESTANS EN SA COMPAGNIE.

Cher et amé cousin et vous noz amez et feaulx, nous avons receu voz lectres de hier a quatre heures après midi, et par icelles veu que estes ce jourduy a Martigné, dont n'entendez partir jusques a ce que ayez de noz nouvelles.

Gilbert Bertran est venu devers nous requerir astinence de guerre d'icy a jeudy prochain laquelle, pour aucunes causes que en brief vous ferons savoir, avons octroyé ainsi que verrez par les articles dont la coppie est cy dedans enclose, lesquelz nous avons envoyez au duc par le s^r de la Palu, nostre maistre d'ostel, qui est alé par delà avec ledit Gilbert. Et luy avons chargé que si tost que le duc l'aura fait crier a Nantes, le vous escripre et vous envoyer le double desditz articles pour les faire pareillement publier; et de ce vous escripvons lectres qu'il vous envoyera avec ledit double. Toutesfoiz ne faictes rien du contenu èsditz articles jusques a ce que ledit s^r de la Palu le vous escripve, et advertissez le cappitaine Adrien qu'il preigne bien garde qu'il ne se face aucun advitaillement ès places des Bretons durant le temps dessusdit.

Touchant les gens du s^r de Brazeux qui sont à Pouencé, nous leur avons envoyé leur payement d'ung moys et croyons que ce jourduy ilz ont esté payez. Au regard de ce que nous avez escript envoyer ung commissaire par delà pour faire une reveue, vous entendez bien que a l'issue de ceste astinence il fauldra faire quelque bon exploict, et ne se fault point laisser decevoir pour faveur ne amitié qu'on ait a personne. A ceste cause vous prions que mandez venir par devers vous tous les cappitaines des gensdarmes de noz ordonnances, ou leurs lieuxtenans, et leur faictes faire bon serment de vous dire le nombre de hommes d'armes et archers qu'ilz ont, et semblablement des gens de pié; et qu'ilz vous en baillent les noms et seurnoms par escript et roolle signé de leurs mains, et aussi des absens et les causes de leurs excuses, et le tout nous envoyez incontinant et que l'ayons dimanche prochain pour le plus tart.

Et en tant que touche le franc archer qui dit que les Bretons font leur assemblée a Redon et a Montfort, nous croyons qu'ilz ne feront riens davantage ce qu'ilz ont accoustumé cy devant; toutesfoiz enquerez vous tousjours de leur commune, pour y resister, et nous advertissez souvent de tout ce que en saurez et des autres nouvelles qui vous surviendront.

Donné a Angiers le xxme jour de juing, a xj heures du soir.

CHARLES

Primaudaye.

131 — *CHARLES VIII*

Angers, samedi 21 juin.

A NOSTRE CHER ET FEAL COUSIN LE SIRE DE LA TREMOILLE ET A NOZ AMEZ ET FEAULX LES CAPPITAINES ESTANS EN SA COMPAIGNIE.

De par le Roy.

Cher et feal cousin et vous noz amez et feaulx, nous avons esté advertiz presentement que les gens de pié des cappitaines Haultemer et la Moriciere s'en vont a grans compagnies sans congié, dont ne sommes pas contans; et ont esté rencontrez environ Sablé par gens de nostre hostel hier ou le jour precedant, et ne sont point pour en parler autrement que la verité, et ne savons comment cela se fait. Mandez lesditz cappitaines et qu'ilz vous baillent les noms et surnoms de ceulx qui ainsi s'en sont alez, pour en faire faire pugnicion; et au surplus que eulx et les aultres cappitaines se donnent bien garde qu'ilz ne s'en voisent plus nulz, autrement je m'en prendrés a eulx mesmes, et leur dictes hardiment que nous escripvons trop souvent de ceste matiere pour en estre si petitement obéy.

Donné a Angiers le xxj^me jour de juing.

CHARLES

Primaudaye.

---

132 — *L'AMIRAL*

Angers, lundi 23 juin.

A MONS^r DE LA TRIMOILLE.

Monsr de la Trimoille, je me recommande a vous tant comme je puis. J'ay receu la lectre que vous m'avez escripte aujourduy après mesnuyt, escripte du xxij^e jour de ce mois a Martigné, où vous mectez qu'il y a trois jours que vous n'eustes de mes nouvelles. Il est vray, pour ce que je ne vous eusse sceu escripre rien de nouveau. Aujourduy est arrivé Mathieu le chevaucheur, lequel a veu crier la treve a Nantes; je croy que vous le savez de ceste heure. Monsr de Dunoys a envoyé demander des saufconduitz pour luy et pour ceulx qui y ont esté derrenierement. On les leur a envoyez; mais par lesditz saufconduitz il n'est point fait de mencion de treve, et s'ilz la demandent eulx venuz, le Roy la leur reffuzera s'ilz ne laissent tel ostaige qui leur face tenir ce qu'ilz promectront.

Le siege que vous savez est conclud et en sont tous les appareilz prestz, tant gens que artillerie; et entre cy et deux jours le Roy depesche mons^r du Fou et le grant escuier, et si croy encore qu'il y en yra d'autres. Le Roy s'en approuchera incontinant, et ne voy point qu'il ne s'i face le possible, car a la verité en cest affaire icy gist toute la question.

Les matieres de Flandres, il n'en est rien venu si non que l'en dit que l'empereur fist ses monstres au partir de Malinnes, où il ne se trouva acompaigné de toutes gens que de treze mil quatre cens hommes, dont la pluspart se sont communes que les villes de son empire luy ont baillés. De ce qui en sourviendra vous en serez tousjours adverty. Monsr de la Trimoille, je ne vous escripz autre chose pour ceste heure si non que vous me mandez tousjours si vous voullez rien et il ne tiendra point a moy, si j'en puis finer, que vous ne l'aiez. Et vous dy a Dieu icy endroit, a qui je prye qu'il vous doint tout ce que plus desirez.

Escript a Angiers le xxiij^{me} jour de juing.

Le tout vostre cousin,

LOYS DE GRAVILLE

---

133 — *CHARLES VIII*

Angers, mardi 24 juin.

A NOSTRE CHER ET FEAL COUSIN LE S^r DE LA TRIMOILHE, NOSTRE LIEUTENANT EN NOSTRE OST ET ARMÉE DE BRETAIGNE.

De par le Roy.

Cher et feal cousin, le s^r du Fou, grant veneur de France, a envoyé querir les vingt cinq lances de sa compaignie pour les mener en nostre ost, et ou lieu de ceux là nous avons accordé a nostre cousin le s^r de Rohan qu'il pourra envoyer querir vingt lances de sa charge pour les mectre quelque part où il en aura a besongner. A ceste cause, quant nostredit cousin vous en escripra et qu'il mandera lesdictes xx lances, laissez les luy venir sans y faire difficulté.

Donné a Angiers le xxiiij^{me} jour de juing.

CHARLES

Parent.

134 — *CHARLES VIII*

Angers, mardi 24 juin.

A NOSTRE CHER ET FEAL COUSIN, LE SIRE DE LA TRIMOILLE, NOSTRE LIEUTENANT GENERAL EN NOSTRE ARMÉE DE BRETAIGNE, ET AUX CAPPITAINES ESTANS AVECQUES LUI.

De par le Roy.

Cher et feal cousin et vous noz amez et feaulx, nous avons receu voz lectres escriptes a Martigny Ferchault de hier a trois heures après midy, avecques les roolles de la reveue des gensdarmes de noz ordonnances et gens de pié, et veu ce que dictes que ne bougerez de là jusques a mercredi pour ce que voz vivres vous viennent plus aisement que ailleurs, qui est très bien advisé et le devez ainsi faire. Au regard des gensdarmes, nous avons ordonné faire crier que tous gensdarmes, tant de nostre ordonnance, de ceulx de pié que autres, s'en retournent en l'ost incontinent et que se l'en en treuve après le cry qu'on les pugnisse. Vous faites bien de faire bon guet et d'envoyer sur les champs pour savoir des nouvelles, et vous prions que tousjours nous faites savoir ce qui vous en seurviendra. Touchant le paiement des gens de pié, nous avons ordonné au tresorier des guerres leur porter de l'argent et y a jà envoyé ses clercs.

Au regard de Moriciere et de Haultemer, qui n'ont point de honte de dire que leurs gens s'en sont allez, nous croyons qu'ilz pensent avoir plus de bien de nous faignans ne povoir tenir leurs gens que se faisans obéir comme cappitaines doivent estre; et s'ilz[1] cuident que nous n'ayons point oy parler comme les cappitaines qui ont esté devant eulx se faisoient obéir de leurs gens au service de nostre très cher seigneur et pere, que Dieu absoille, et que jusques au camp qu'il feist faire en Normandie il n'avoit esté nouvelles de paiement. Nous croyons bien qu'on ne leur ostoit pas le temps passé la pluspart de leur gaing comme on fait maintenant, car nous avons bien esté advertiz qu'i ne leur

[1] Et si ilz.

demeure riens et que encores les aucuns mangeussent très bien sur leur argent. Et leur dites hardiment que, pour la desobeissance qui a esté faicte a eulx et aux autres, nous avons esperance de n'en demourer pourtant a estre servy ; et s'ilz vous respondent qu'ilz n'y sauroient pourveoir, nous avons tant oy debatre ceste matiere, en la presence de la pluspart des cappitaines generaulx de nostre royaume, que nous entendons assez bien commant francarchiers se doivent mener, et le congnoistront par effect.

Nous avons esté advertiz que les marchans vivandiers de nostre ost font de grans plaintes de ce qu'ilz paient aux prevostz de noz mareschaulx et a leurs gens de très grans droiz, de plus beaucop que la raison n'en porte : et si ne sont point gardez et en font de grans criées, et dient qu'ils n'osent vendre leur vin en detail pour ce que chascun en boyt et ne leur en fait l'on point de paiement ; et nous sommes bien advertiz que noz prevostz ne laissent pas pourtant a prendre leurs droiz, et plus grant que ne leur appartient, car ilz ne doivent prendre de chascun tonneau de vin vendu en detail que cinq solz ou le feust et ilz en font bien autrement, ainsi que nous ont dit les marchans. Et entendez que les prevostz sont subgectz a desdommaiger les marchans de la perte qu'ilz ont par faulte de justice, et prenent les droiz soubz ceste condicion, par quoy vous les y povez contraindre si la plaincte vous vient ; et si vous ne l'avez fait, faites le d'icy en avant, car vous savez bien que là où vous avez faulte de justice jamais vivres ne vous viendront. Pourvoiez y en cela et en toutes autres choses.

Vous ne nous avez point envoyé les roolles des compaignies des s^{rs} de Rohan et de Quintin ; envoyez les nous par les postes, et aussi mandez au cappitaine Adrien et au s^r Dourouse que semblablement ilz nous envoyent ceulx de leurs compaignies. Vous dites que vous serez deux ou trois jours audit Martigné, doubtans fouller la terre de nostre cousin de Laval. Il n'y a que bien a cela, mais il est besoing que vous regardez le chemin que vous prendrez a vostre deslogement de là où vous estes ; et dit l'en par deçà que le lieu où vous vivrez le mieulx seroit autour de

Chastillon, et si seroit le chemin pour aller a Fougeres ou a Dignan par les greves; et pour ce mandez nous ce que vous en trouverez par delà et ne laissez pas tousjours a tirer en avant, car après la fin de ceste treve, qui sera jeudi, il fauldra diligenter a ce qu'on aura a faire, et de nostre cousté nous faisons toute la meilleure diligence que nous povons.

Au seurplus ceulx de Bretaigne envoyerent hier devers nous querir sauconduitz pour tous ceulx qui vindrent derrenierement; nous le leur avons envoyé et doivent demain partir pour venir icy. Faictes nous souvant savoir de voz nouvelles et nous vous ferons savoir des nostres.

Donné a Angiers le xxiiij^{me} jour de jung, a sept heures du soir.

CHARLES
Parent.

---

135 — *CHARLES VIII*

Angers, jeudi 26 juin.

A NOSTRE CHER ET FEAL COUSIN LE SIRE DE LA TRIMOILLE, NOSTRE LIEUTENANT GENERAL EN NOSTRE ARMÉE ESTANT EN BRETAIGNE.

De par le Roy.

Chier et feal cousin, nous avons veuz tous les roolles de la reveue que vous avions escript faire faire par les cappitaines et chefz de nosditz gens de guerre, que nous avez envoyez signez de leur main; et a ung chascun envoyons le nombre des présens et absens qui sont ou qui estoient lors chascun en leurs compaignies, et leur escripvons que incontinant ilz facent savoir a tous les absens qu'ilz retournent a grant dilligence a leur enseigne, si non que les aucuns feussent blecez ou malades par quoy ilz ne peussent retourner a nostre service, et nous donnons grant merveilles, actendu l'affaire de la guerre qui est de present et qu'ilz ont esté bien paiez et contentez de tout le temps passé, comment ilz ont osé habandonner leurs enseignes. Touchant vostre compaignie, nous voulons que faictes retourner ceulx qui s'en seroient allez, si non qu'il y en eust aucuns qui feussent malades ou blecez, et que vous tenez vostredicte compaignie la plus entiere que faire pourrez.

Puis nagueres vous avons escript que pourvoyez l'omme d'armes et xxiij archiers qui sont de creue pour le quartier prouchain advenir, du nombre de ceux que vous avez recueilliz par la composition de Chasteaubriant, et que vous en bailliez vj archiers a Glaude de la Baulme ou lieu d'autres vj archiers dont vous avons escript. Es compaignies du s^r de Charluz y a troys hommes d'armes allez sans congié, en celle du roy d'Ivetot deux, du s^r de Rohan y a x archiers a pourveoir. Informez vous, par toutes les compaignies qui sont en nostre armée, des places, tant de hommes d'armes que d'archiers, où il peut avoir faulte et y pourvoiez lesditz homme d'armes et xxiij archiers tellement qu'ilz ne demourent point sur nostre charge pour ledit quartier advenir. Vous sçavez que par cy devant, touchant les absens et ceulx qui s'en vont et laissent leur enseigne, en avons fait plusieurs ordonnances et escript par diverses foiz a vous et aux autres cappitaines; et non obstant jusques cy y avons esté assez mal serviz, dont ne devrions estre contens. Pour l'advenir pourvoyez y tellement que les compaignies demourent entieres en nostre service.

Donné a Angiers le xxvj^{me} jour de jung.

           CHARLES
             Berziau.

136 — CHARLES VIII

Angers, vendredi 27 juin.

A NOSTRE CHER ET FEAL COUSIN LE S^r DE LA TRIMOILLE, NOSTRE LIEUTENANT EN L'ARMÉE DE BRETAIGNE, ET AUX CAPPITAINES ESTANS AVECQUES LUI.

De par le Roy.

Cher et feal cousin et vous nos amez et feaulx, nostre cousin le duc de Bretaigne a icy envoyé aucuns de ses gens pour nous advertir que le s^r de Dunoys et autres viennent par devers nous pour traicter de la paix, et que ledit duc, en actendant que l'abstinence de guerre qui par cy devant a esté prinse soit prolongée par aucun temps pour ce pendant povoir besongner au fait d'icelle paix, ledit duc a mandé aux gens de son armée et en ses places de frontieres ne faire aucun exploict de guerre pour deux jours, nous requerant que de nostre part vueillions faire le semblable. A ceste cause nous voulons et vous mandons bien expressement que jusques a dimenche prouchain, pour tout le jour, vous ne faictes ne souffrez estre faict aucun esploict de guerre en maniere quelconque, et qu'il n'y ait point de faulte ; et nous vous ferons savoir de noz nouvelles et de ce que aurez affaire.

Donné a Angiers le xxvij^{me} jour de juing, a dix heures du matin.

CHARLES

Parent.

137 — CHARLES VIII

Angers, vendredi 27 juin.

A MON COUSIN LE S^r DE LA TRIMOILLE, MON LIEUTENANT.

Mon cousin, j'ay esté adverty que aucuns ont quelque entreprinse sur la ville et chastel de Victré. J'escriptz a mons^r de Saint Pierre et a [1] qu'ilz se donnent bien garde et qu'ilz pourvoient a tout ; et pour ce je vous prye que incontinant leur envoyez les lectres que je leur escriptz et qu'il n'y ait point de faulte. Et adieu mon cousin.

Escript a Angiers le xxvij^{me} jour de juing, environ midi.

CHARLES

Damont.

[1] Nom en blanc.

---

138 — CHARLES VIII

Angers, vendredi 27 juin.

A NOSTRE CHER ET FEAL COUSIN LE S^r DE LA TRIMOILLE, NOSTRE LIEUTENANT EN NOSTRE OST ET ARMÉE DE BRETAIGNE, ET AUX CAPPITAINES ESTANS AVECQUES LUY.

De par le Roy.

Cher et feal cousin et vous noz amez et feaulx, nous vous escripvons presentement par autres lectres que d'icy a dimenche, pour tout le jour, vous ne faictes ne souffrez estre fait aucun esploict de guerre. Toutesfoiz nous entendons que nostre ost et armée se puisse remuer, loger et desloger et prandre vivres ainsi qu'il est contenu en la derreniere abstinence de laquelle vous avez le double, sans ce que nostredicte armée puisse mectre sieges ne faire aucunes courses.

Donné a Angiers le xxvij^{me} jour de juing.

CHARLES

Parent.

139 — *CHARLES VIII*

Angers, lundi 30 juin.

A NOSTRE CHER ET FEAL COUSIN LE S^r DE LA TRIMOILLE, NOSTRE LIEUTENANT EN NOSTRE ARMÉE DE BRETAIGNE, ET AUX CAPPITAINES ESTANS AVECQUES LUY.

De par le Roy.

Cher et feal cousin et vous noz amez et feaulx, nous envoyons devers vous nostre amé et feal conseillier et maistre d'ostel Guynot de Louziere, seneschal de Quercy, pour aucunes choses dont il est besoing que soyez advertiz. Si vous prions et mandons que de ce qu'il vous dira de par nous le croiez comme nous mesmes.

Donné a Angiers le derrenier jour de juing.

CHARLES

Parent.

140 — *CHARLES VIII*

Angers, mardi 1er juillet.

A NOSTRE CHER ET FEAL COUSIN LE S^r DE LA TRIMOILLE, NOSTRE LIEUTENANT EN NOSTRE ARMÉE DE BRETAIGNE, ET AUX CAPPITAINES ESTANS AVECQUES LUY.

De par le Roy.

Cher et feal cousin et vous noz amez et feaulx, nous receumes hier unes lectres que vous nous avez escriptes, contenans que vous n'estiés point deslogez du Port de Tresle pour ce que voz gens de pié estoient ung peu travaillez, et mectiez vostre deslogement a demain pour aller a Chastillon, lequel vous dictes avoir esté brullé. C'est très mal a eulx entretenu la treve, mais ilz en ont fait ainsi de toutes pars.

Au surplus le conte de Dunoys et autres ambaxadeurs du duc telz que vous savez ont esté icy, et se sont assemblez eulx et aucuns de noz gens ensemble pour debater les matieres qui au jourduy courent, pour savoir s'il s'y pourroit trouver quelque bon appoinctement. Pour abreger, leur fait gist en dissimulacion et là où nous ne trouvons nulle esperance de bon effect si ce n'est par la contrainte. Ilz ont demandé treves encore dix jours, ce que nous leur avons reffusé tout court; et pour toutes choses leur avons promis que nostre armée là où vous estes ne mectra siege d'icy a six jours, et ce temps pendant chascun fera du mieulx qu'il pourra. Et pour ce faictes leur la guerre en toutes les façons que vous pourrez, affin qu'ilz n'ayent grant loisir ne qu'ilz puissent entendre a reparacions ne advitaillement ne a chose qui leur puisse ayder en leurs affaires; car des provisions neccessaires au siege que vous savez, tant de gens que de vivres et d'artillerie que de toutes autres choses neccessaires, il n'y aura point de faulte qu'il ne soit pourveu. Toutesfoiz ilz disent tousjours qu'ilz feront l'effect dont ilz portent les parolles, mais l'en dit que pour estre compere a chien l'en n'en doit point porter maindre baston. De ce qu'il nous sourviendra tousjours en serez advertiz.

Donné a Angiers le premier jour de juillet, a sept heures du matin.

       CHARLES

            Parent.

141 — *L'AMIRAL*

Angers, mardi 1ᵉʳ juillet.

A MONS^r DE LA TRIMOILLE.

Monsr de la Trimoille, je me recommande a vous tant comme je puis. Deux jours ce sont passez que on ne vous a riens fait savoir. La raison si a esté que les ambassadeurs estoient icy, qui n'avoient point encores prins de conclusion ; toutesfoiz elle a esté telle que le Roy vous escript, par quoy je me passe de vous en escripre plus longue lectre, excepté que je croy qu'ilz ne feront chose que le Roy demande jamais de bonne voulenté.

Au surplus, eulx estans icy, mons^r des Querdes a escript des nouvelles de par delà qui sont très mal a leur advantaige: car mons^r de Piennes est entré dedans Yppre, qui est la meilleure ville de Flandres, avecques deux cens lances; et si est avecques lui le bastart de Cardonne et deux ou trois autres cappitaines de par delà. Monsr des Pierres est dedans Gand avecques deux cens lances, et dit l'en qu'il y a aujourduy huit jours que le marquis de Brandebourg fut tué d'un arbalestrier devant ladicte ville de Gand, où ilz estoient venuz faire une course. Et si sont les Allemans en telle neccessité dedans le païs de Flandres que ung pain d'un denier leur coste trois solz ; et si mect mons^r des Querdes en ung article de sa lectre qu'il n'y a Allemant venu avecques l'empereur, ny en tout le païs de Flandres, qui ne voulsist estre delà la riviere du Rin. Et au regard du bastart Baudouyn, le duc d'Autrische est le plus mal content de lui du monde, tellement qu'il s'est allé mectre dedans le chasteau de Lisle et y a esté jusques a present en très grant doubte de sa personne; et lui a ledit duc d'Autrische repreuché qui lui a tenu très mauvais compte des Allemans qu'il avoit amenez par deçà. Sa venue et celle desditz Allemans en Bretaigne ont esté cause de sa destruction totalle ; et pour conclusion s'en est allé ledit bastart a Envers, très mal content et en très grant doubte et très mal prest d'amener des Allemans par deçà. Ce que je vous escrips au contenu de ceste lectre est la verité de ce que monsʳ le mareschal des Querdes et les autres cappitaines en ont escript au Roy, et ne fault faire nulle doubte au contraire.

Monsʳ du Fou est party d'icy pour ordonner le fait de l'artillerie et pour la faire tirer droit a vous. Monsʳ de la Trimoille, je n'ay plus de loisir de vous escripre plus au long pour ceste [heure] si non que je vous dy a Dieu, auquel je prie qu'il vous doint ce que desirez.

Escript a Angiers le premier jour de juillet, a sept heures du matin.

Renvoiez moy la lectre de monsʳ de Piennes que je vous envoie cy dedans enclose, car le Roy dit qu'il lui veult faire responce sur l'abillement de teste qu'il portoit quant il entra dedans la ville d'Yppre.

Le tout vostre cousin,
LOYS DE GRAVILLE

---

142 — L'*AMIRAL*

Le Verger, mardi 1ᵉʳ juillet.

A MONSʳ DE LA TRIMOILLE.

Monsʳ de la Trimoille, je me recommande a vous tant comme je puis. A ce matin est icy arrivé Chazerac¹, et au regard de tout ce qu'il m'a dit j'en feray le possible; de voz affaires ne vous soubciez. Je ne vous puis faire longue lectre pour ceste heure sy non que je vous prye que, autant que vous amez le bien du Roy, regardez bien ce qu'il se pourra faire audit Saint Malo. Et vous dy a Dieu, monsʳ de la Trimoille, a qui je prye qu'il vous doint tout ce que plus desirez.

Escript au Vergier le premier jour de juillet².

Le tout vostre cousin,
LOYS DE GRAVILLE

¹ Voir n° 221.

² Mieux *août*. V. n° 179.

143 — L'AMIRAL

Angers, mercredi 2 juillet.

A MONS^r DE LA TRIMOILLE.

Monsr de la Trimoille, je me recommande a vous tant comme je puis. Affin que vous soyez mieulx acertainé de mes nouvelles, je vous envoye ce porteur avecques les gens que vous savez ; et pour ce aidez vous en en tout ce que vous pourrez et ne les espargnez nanplus que les vostres. Je ne vous escrips plus pour ceste heure si non que de ce qu'il sourviendra par deçà vous en serez tousjours adverty, en vous priant que vous me faictes tousjours savoir de voz nouvelles. Et vous dy a Dieu icy endroit, mons^r de la Trimoille, a qui je prye qu'il vous doint tout ce que plus desirez.

Escript a Angiers le ij^{me} jour de juillet.

Le tout vostre cousin,

LOYS DE GRAVILLE

---

144 — CHARLES VIII

Angers, jeudi 3 juillet.

A NOSTRE CHER ET FEAL COUSIN LE SIRE DE LA TRIMOILLE, NOSTRE LIEUTENANT GENERAL EN L'ARMÉE DE BRETAIGNE, ET AUX CAPPITAINES ESTANS AVECQUES LUY.

De par le Roy.

Cher et feal cousin et vous noz amez et feaulx, nous avons receu voz lectres escriptes a Chastillon le ij^e jour de ce mois, a ix heures au soir, et vous remercions des nouvelles que nous faictes savoir. Et au regard de ce que vous dictes que nous facions haster les gens de pié, l'artillerie et autres choses que demandez, nous en faisons toute la dilligence qui est possible. Et avons envoyé le s^r du Fou a Mayne[1], lequel y peut estre desjà, et encores renvoyasmes hier après luy maistre Jehan Robineau pour faire tenir ladicte artillerie toute preste; et pour ce advertissez ledit s^r du Fou souvant de voz nouvelles et il vous fera savoir des siennes. Aussi advisez ensemble de faire vostre cas tout prest et de prandre jour, pour aller devant la place que savez, le terme passé que doivent revenir les ambassadeurs de Bretaigne, qui sera samedi prouchain, s'ilz ne font ce qu'ilz ont promis; car après les avoir oïz, nous vous ferons savoir ce que aurez a faire. Nous vous avons envoié par delà nostre grant escuier qui, comme savez, a beaucoup veu et est homme entendu au fait de la guerre, et sy congnoist ladicte place. Vous l'entremectrés en cest affaire et croyons que vous trouverez qu'il y pourra de beaucoup servir.

Il nous est venu ung marchant de Millan lequel a amené par deçà huit ou ix^c hallecrez qu'i vouloit vendre fort cher, mais aucuns de noz gens ont parlé a luy et tellement fait qu'i les laisse pour ij francs la piece. Vous en parlerez au bailly de Dijon, affin qu'il regarde comme on les despartira a noz Suysses et comment l'on recouvrera l'argent pour le marchant, qui est content d'actendre son paiement jusques a ce qu'ilz soient païez du mois d'aoust. Et encores a l'on tant fait avecques luy qu'il sera content de les reprandre pour le pris, quant lesditz Suysses s'en seront serviz, s'ilz les luy veullent rendre, et nous lui donnerons quelque chose pour le recompenser. Il en doit faire venir ung autre nombre que nous ferons bailler a ceulx qui en vouldront avoir. Au surplus faictes nous savoir de voz nouvelles tousjours le plus souvant que vous pourrez et nous vous manderons des nostres.

Donné a Angiers le iij^{me} jour de juillet, a cinq heures d'après midy.

CHARLES

Parent.

[1] Mayenne.

145 — L'AMIRAL

Angers, jeudi 3 juillet.

A MONS^r DE LA TRIMOILLE.

Monsr de la Trimoille je me recommande a vous tant comme je puis. J'ay receu la lectre que vous m'avez escripte, où vous mectez que l'armée de Bretaigne doit toute venir là. Je croy bien a la verité qu'ilz feront du mieulx qu'ilz pourront pour sauver ceste place. Si disent ilz bien qu'ilz ayment mieulx l'appoinctement que la guerre; Dieu vueille qu'ilz facent l'effect de ce qu'ilz portent les parolles. Et en tant que touche mons^r du Fou, il est besoing que de là où il est vous oyés souvent de ses nouvelles et que vous conclués ensemble le jour que vous assemblerez; et pour haster tout le fait de l'artillerie, Robineau alla hier là où est ledit s^r du Fou pour savoir s'i failloit rien que tout ne feust bien.

Au surplus l'en dit qu'il y a plus de deux mille Souysses entre cy et Lion qu'ilz viennent, et ne fault point doubter que l'en ne face diligence partout pour avancer gens; et si voz cappitaines ne laissent aller les leur, il s'i en trouvera ung grant nombre avant que soit la moytié de ce moys, mais faictes vous en prandre garde de si près qu'ilz n'en facent pas ainsi comme ilz ont acoustumé. Il est arivé en ceste ville viij^c LXXV halcrez et en vendra encore autant avant que ce soit doze jours. J'escrips au bailly de Dijon affin qu'il regarde la maniere de les leur departir; et si vous et les cappitaines ne debatez ensemble comment cecy se pourra appoincter, je ne voy pas qu'il n'y ait grant maniere pour les faire chascun contant, car il n'y en a gueres d'eulx qu'ilz ne pensent estre aussi homme de bien l'un que l'autre.

Faictes tousjours bien rebourser ses chemins d'entre Foulgieres et Rennes, car il ne se trouvera gueres sans gens. Le Roy vous envoyra demain Pannevere, qui a esté ceste année troys moys dedans Foulgieres. J'ay parlé a luy bien longuement ; il me semble que par luy vous pourrez savoir beaucoup de choses. Monsr de la Trimoille, je ne vous escrips autre chose pour ceste heure si non que je vous prye que vous me mandez souvent de voz nouvelles et je vous feray savoir tousjours de ce qu'il sourviendra ; et vous dy a Dieu icy endroit, a qui je prye qu'il vous doint tout ce que plus desirez.

Escript a Angiers le iij^{me} jour de juillet.

Le tout vostre cousin,

LOYS DE GRAVILLE

---

146 — *CHARLES VIII*

Angers, vendredi 4 juillet.

A NOSTRE CHER ET FEAL COUSIN LE SIRE DE LA TRIMOILLE, NOSTRE LIEUTENANT GENERAL EN NOSTRE OST ET ARMÉE DE BRETAIGNE.

De par le Roy.

Cher et feal cousin, nous vous envoyons Panevere, porteur de cestes, et lui avons ordonné qu'il passe par le s^r du Fou, qui comme savez est avecques l'artillerie, affin de l'advertir d'aucunes choses. Vous orrez aussi ce qu'il vous dira et croyons que vous trouverez que son advertissement, et lui avecques, pourront bien servir ; et pour ce recueillez le et l'entretenez et faictes loger, car il a bon vouloir de bien servir et le saura bien faire.

Donné a Angiers le iij^{me} jour de juillet.

CHARLES

Parent.

147 — CHARLES VIII

Angers, vendredi 4 juillet.

De par le Roy [1].   [1] Texte de Dom Morice.

Cher et feal cousin et vous nos amés et féaulx, nostre cousin de Laval nous a aujourdhuy remonstré le dommage et la perte qu'il a pour nostre service, tant de places que de sujets ; et luy semble bien, aussi doit il bien faire, que on devroit le supporter en toutes choses. Il dit que la place de Chastillon a esté toute bruslée, où il y a eu un très grand dommage car c'estoit, ainsi qu'il dit, une place très bien garnie de bon logis ; et pour ce que vous ne nous avez point escrit le dommage qu'il a en ladite place, nous ne luy savons que respondre. A cette cause escrivez nous l'estat en quoy ladite place est demourée.

Nous avons été advertis qu'il y a des capitaines de lacquaiz sur le bord du pays du Maine lesquels font tous les maux du monde au peuple, et pis la moitié que les Bretons ; et entre les autres y en a ung nommé de Grandmont et l'autre s'appelle Guerre Avacque [2], qui est voulentiers le nom d'un homme de bien. Et   [2] A Vache ? afin de le trouver envoyez y incontinent le prevost Postel sur le pays, car vous en estes assez près pour y donner la provision telle qu'elle y est necessaire ; et qu'ilz ne soient point espargnés, car vous savez de quoy ils servent. Ils tiennent des prisonniers de la terre de Chastillon, de Vitré, de nostre pays du Maine et d'ailleurs, avec plusieurs biens comme bœufs, vaches et autres choses, et si ont battu de nos serviteurs et sujets et leur ont osté leurs prisonniers en deffendant le pays et leur faisant accroire qu'ils sont Bretons ; par quoy faites en faire la justice d'autant qu'elle en pourra porter.

Au surplus pour ce que nous faisons lever des gens de pied ainsi qu'il a esté advisé, pour fournir le nombre dont la conclusion a esté prise, nous avons ordonné trois gentilshommes d'au long de la frontiere du Maine, où il se trouve volontiers de bonnes gens, qui doivent lever jusqu'à cinq ou six cents hommes; et afin que sachiez quels y sont nous vous en envoyons les noms cy dedans enclos, et pour les lever leur avons baillé commission de les tirer aux champs quand vous le leur ferez savoir pour vous en servir en ce que en aurez besoin.

Faites nous savoir souvent de vos nouvelles et nous vous manderons toujours des nostres, et de ce qui nous surviendra serez advertiz.

Donné à Angers le iij^me jour de juillet.

Signé : CHARLES. *Et plus bas* : Parent.

Et sur le dos est écrit : A nostre féal et cher cousin le sire de la Trimoille, nostre lieutenant général en nostre armée de Bretagne, et aux capitaines estans avecques luy.

148 — *CHARLES VIII*

Angers, vendredi 4 juillet.

A NOSTRE CHER ET FEAL COUSIN LE SIRE DE LA TRIMOILLE, NOSTRE LIEUTENANT GENERAL EN L'ARMÉE DE BRETAIGNE, ET AUX CAPPITAINES ESTANS AVECQUES LUY.

De par le Roy.

Cher et feal cousin et vous noz amez et feaulx, nostre très cher et très amé cousin le conte de Laval et de Montfort nous a dit et remonstré qu'il a esté adverty que, au partement de nostre armée pour tirer plus avant, vous estes deliberé de faire mectre le feu aux faulxbourgs de sa ville de Victré, et aussi que nostredicte armée fait de grans maulx et foulles a ses subgectz des terres et seigneuries qu'il a par delà; qui est très mal fait, actendu ce que par autres noz lectres [1] vous en avions escript. A ceste cause, et que pour riens nous ne vouldrions souffrir aucun dommaige estre

[1] V. n° 129.

faict a nostredit cousin ne a sesditz subgectz, ne touchez point ausditz faulxbourgs et advisez de donner ordre au demourant de ses terres et subgectz en maniere qu'il n'ait plus cause de s'en plaindre; car vous savez les services qu'il nous a faiz et fait chascun jour, lesquelz nous voulons bien recongnoistre.

Donné a Angiers le IIIJ^{me} jour de juillet.

CHARLES
Parent.

---

149 — *MONS^r DE BEAUJEU*

Angers, vendredi 4 juillet.

A MON COUSIN, MONS^r DE LA TRIMOULLE.

Mon cousin, mon cousin mons^r de Laval a remonstré au Roy qu'il a esté adverty que, au partement de son armée pour tirer plus avant, vous et les cappitaines qui sont par deçà estes deliberez de mectre le feu ès faulxbourgs de sa ville de Vitré, et que ladicte armée fait de grans maulx et foulles a ses subgetz des terres et seigneuries qu'il a par delà, dont le Roy se donne merveilles actendu qu'il vous en a autresfois escript. Et pour ce que je sçay que pour riens ne vouldroit souffrir dommaige estre fait a mondit cousin de Laval ne a sesditz subgetz, je vous pry de ma part que, en ensuivant ce que ledit seigneur vous escript, vous ne vueillez faire demolir ne abatre lesditz faulxbourgs de Victré, semblablement Chastillon ne autres places appartenans a mondit cousin de Laval, ne aucunement molester ne travailler ses hommes et subgetz demourans en sesdictes terres et seigneuries et aussi ne souffrir qu'ilz soient prins prisonniers; et vous me ferez ung bien grant plaisir, car je desire les faiz et affaires de mondit cousin de Laval estre favorablement traictez. Et a Dieu, mon cousin, qui vous ait en sa saincte garde.

Escript a ¹ . ¹ En blanc.

Vostre cousin,
PIERRE

150 — CHARLES VIII

Angers, samedi 5 juillet.

A NOSTRE CHER ET FEAL COUSIN LE Sʳ DE LA TRIMOILLE, NOSTRE LIEUTENANT GENERAL EN L'ARMÉE DE BRETAIGNE, ET AUX CAPPITAINES ESTANS AVECQUES LUY.

De par le Roy.

Cher et feal cousin et vous noz amez et feaulx, nous avons receu la lectre que vous nous avez escripte de Chastillon le vᵐᵉ jour de ce mois, mais vous n'y mectez point l'eure; et dictes en vostredicte lectre que nous vous avons escript que nous feissiez savoir le propre jour que vous asserriez vostre siege devant la place que nous savons. Nous croyons que ce mot n'y est pas si expressement, mais nous vous avons escript que nous feissiez savoir quant toutes voz choses seroient prestes, tant ce que messire Yvon[1] conduit que du surplus, affin que l'esploict qui se devoit faire se fist; et de nostre part nous ferions toutes les dilligences qui seroient possibles sans riens espargner, ce que nous avons esperance de faire, et n'en faictes nulle doubte, et que après ses dilligences faictes nous advertissiez du jour.

Au regard de l'article où vous mectez de clorre la ville tout a ung coup, il ne chomera jamais huit jours que vous n'aiez le nombre de voz gens; et si, le jour que vous aurez vostre artillerie preste et ce que vous avez de gens là, vous gaignez tous ensemble le grant logis et vous y logez, regardez comment vous vous pourrez eslargir en faisant vostre saincture selon que vous trouverez, par vostre visitacion, qu'elle se doit faire. Et a mesure que voz gens viendront vous pourrez clorre vostre ville, car ce que vous en verrez de plus prez vous en pourra faire faire meilleur jugement. Toutesfoiz nous ne vous escripvons cest article si ce n'est par maniere d'avis, et vous, assemblez tous ensemble, pourrez regarder ce qui sera le mieulx faisable et l'executer selon vostre deliberacion. Et touchant ce que vous dictes que s'il y a

---

[1] Du Fou.

faulte aux choses que vous avez veues par escript que cest affaire ne soit executé qu'elle tumbera sur nous, nous avons esperance, se Dieu plaist, qu'il n'y tumbera riens et que nous pourvoirons a tout le contenu des articles que nous avez envoyez, en telle maniere que chascun s'en devra contenter; et savons bien que de vostre part ne tiendra point qu'il ne nous y soit fait ung bon service.

Le s^r de Dunoys nous a a ceste heure fait savoir qu'il sera icy demain a disner. De ce qu'il sera venu faire en serez advertiz, mais ne laissez tousjours a faire toutes voz dilligences. Le s^r du Fou est dès arsoir a Mayne avecques l'artillerie, ainsi que croyons qu'il vous a fait savoir. Mandez nous tousjours de voz nouvelles et des conclusions que vous prendrez. Nous ferons demain partir les halcraiz pour les vous porter, mais ne les faictes pas delivrer sans ce que le vous facions savoir, pour la raison que bien tost saurez. Au regard de ce que vous avez mandé venir devers vous le vicomte d'Aunoy et Meritain, ne touchez en riens a l'execucion de la deliberacion que vous aurez prinse touchant Dol que premier n'en soyons advertiz.

Donné a Angiers le vme jour de juillet, a dix heures au soir.

CHARLES

Parent.

151 — *L'AMIRAL*

Angers, samedi 5 juillet.

A MONS^r DE LA TRIMOILLE.

Monsr de la Trimoille, je me recommande a vous tant comme je puis. J'ay receu la lectre que vous m'avez escripte. Et au regard de la cource que vous avez faicte devant Fougieres, une foiz le failloit il faire; l'affaire que vous aurez d'icy en avant ne s'en pourra que mieulx porter. Et en tant que touche la lectre que vous en avez escripte au Roy, je ne vous en feray point de responce pour ceste heure ; je vous en diray mon advis quelque jour. Touchant les halcrez, les Almens ne doyvent point se debatre du pris, car le Roy les reprant d'eulx pour la somme. Ilz partent demain a matin ; mais pour ce qu'il en vient plus grant nombre, qui sera icy dedans quatre jours, il semble au Roy que vous ne les devez departir que tout ne soyt ensemble. Si l'affaire ne venoit toutesfoiz, vous en ferez ce que bon vous en semblera. Je ne vous escripray plus pour ceste heure car il est tart, et aussi mons^r de Dunoys viendra demain ; par quoy je m'espargne a vous escripre longue lectre des nouveaulx marchez qui sont bien taillez de mectre en avant. Et vous dy a Dieu icy endroit, mons^r de la Trimoille, a qui je prye qu'il vous doint tout ce que plus desirez.

Escript a Angiers, le vme jour de juillet.

Le tout vostre cousin,

LOYS DE GRAVILLE

152 — *CHARLES VIII*

Angers, lundi 7 juillet.

A NOSTRE CHER ET FEAL COUSIN LE SIRE DE LA TRIMOILLE, LIEU-TENANT GENERAL EN NOSTRE ARMÉE DE BRETAIGNE.

De par le Roy.

Cher et feal cousin, Guerinet du Monteil, homme d'armes, a longuement servy feu nostre très cher seigneur et pere, que Dieu absoille, en ses ordonnances, et nous depuis nostre advenement a la couronne jusques a puis nagueres qu'il est de present a pourveoir. Pour consideracion des services qu'il a faiz par cy devant, nous desirons qu'il soit pourveu audit estat de homme d'armes en aucune des compaignies qui sont de present en nostre armée, et luy avons octroyé le droit de deux archiers.

Si voulons et vous mandons que en l'une des places que trouverrez vuides èsdictes compaignies vous le pourvoiez et le logez sans quelque difficulté, et ordonnez au cappitaine qui le prandra qu'il le traicte bien et luy baille ledit droit desditz deux archiers. Et qu'il n'y ait point de faulte, car nous serions desplaisans qu'il retournast devers nous sans estre pourveu par la maniere que dit est.

Donné a Angiers le vij^me jour de juillet.

CHARLES

Berziau.

---

153 — *CHARLES VIII*

Angers, mardi 8 juillet.

A NOSTRE CHER ET FEAL COUSIN LE S^r DE LA TRIMOILLE, NOSTRE LIEUTENANT GENERAL EN BRETAIGNE, ET AUX CAPPITAINES ESTANS AVECQUES LUY.

De par le Roy.

Cher et feal cousin et vous noz amez et feaulx, nous receusmes hier les lectres que vous nous escripvistes de dimenche a huit heures du soir; et au regard des lectres qui vous ont esté escriptes de Dol, c'est une matiere qu'il fault deliberer par assemblée et regarder a y conclurre ce qu'il se verra faisable pour le mieulx. Il y a maniere a tenir la place, se tenir se devoit, et aussi il y a maniere a l'abandonner, se habandonner se doit. Se elle se trouvoit tenable, ce seroit la destruction totale d'eulx si vous les povyez trouver a leur siege, car ilz sont beaucoup gens dedans ladicte place et vous viendriez largement gens par dehors; [ce] qui, comme vous entendez assez, leur seroit ung affiare qu'ilz ne pourroient porter.

Vous pourriez respondre sur cest article qu'ilz n'asserront leur siege que vous n'aiez assis le vostre, et que la place que vous assiegerez est bonne et forte et celle qu'ilz assiegeroient ne vault guieres, par quoy ilz auroient plustost fait que vous; et que en prenant ceste place ce nous sera très grant dommaige et honte quant et quant, et que avecques l'orgueil de ceste place prinse ilz pourroient essayer a vous faire ung oultraige sur vostre siege. Il fait aussi a doubter que, quant vous habandonneriez ladicte place et la lerriez en estat qu'il faulsist siege pour la reprandre, ilz en feroient grant bruyt au pays et si auroient aprouché leur frontiere a quatre lieues prez de nostre païs de Normandie, de là où ilz viendroient de jour et de nuyt courre dedans le pays et faire des maulx infiniz; et si vous assugectiroient a mectre des gens dedans le Mont Saint Michel et dedans Pont Orson et a Avranches, et si vous pourroient souvant faire des alarmes sur vostre siege et sur voz vivres pareillement.

Pour abreger, comme nous vous avons tousjours escript, nous n'entendons noz lectres si non pour vous servir d'avertissement, et que sur ce que nous vous escripvons vous en faciez ce que verrez estre affaire et ce que vous trouverez par conseil que faire se doit; et touchant ce point ne vous en saurions autre chose que mander. Au regard de ce que vous dictes que le s^r du Fou vous a fait savoir qu'il a tout prest excepté les pionniers, nous avons aujourduy renvoyé Robineau devers ledit s^r du Fou, pour tout haster, et croyons qu'il vous fera incontinant savoir comment il sera prest. Vous nous escripviés par la lectre de l'autre jour que vous aviez prins des Picquars et autres gens de noz subgectz; vous ne les deussiez point garder, et entendez bien que la guerre ne finira jamais par autre bout.

Au surplus nous vous envoyons cy dedans encloz les doubles d'unes lectres que le mareschal des Querdes nous a escriptes, ensemble d'unes autres que luy avoit escriptes le s^r de Piennes, par lesquelles vous verrez comment les affaires de Flandres se portent et comment nous y sommes servy; et ne fault jà que les Bretons s'actendent a avoir secours des Allemans. Nous retenons les originaulx desdictes lectres affin d'en festoyer les ambaxadeurs de Bretaigne, qui doivent estre devers nous demain pour tout le jour; mais ilz nous ont tant de foiz abusez que ne devez laisser a faire ce qui vous est besoing pour l'assiete du siege que vous savez. Escripvez nous souvent de voz nouvelles et ce qui nous surviendra vous ferons savoir.

Donné a Angiers le vɪɪj^{me} jour de juillet, a ¹   heures après midy.   ¹ En blanc.

CHARLES
Parent.

---

154 — L'AMIRAL

Angers, mardi 8 juillet.

A MONS^r DE LA TRIMOILLE.

Monsr de la Trimoille, je me recommande a vous tant comme je puis. J'ay receu la lectre que vous m'avez escripte et si ay veu celles que vous avez envoyés au Roy, du cappitaine Meritain. Et au regard de la place de Dol le Roy vous en escript assez au long, par quoy je me passe de vous en faire longue escripture si non qu'il me semble que si vient a la desamparer que vous le devez faire le plus tart que vous pourrez, pour beaucoup de raisons. Toutesfoiz il vault mieulx la desemparer que ceulx de dedans demourassent en danger; de cela vous en saurez bien faire. Au surplus, touchant mons^r de Dunoys, il doit estre demain icy et dit des plus belles choses du monde ; je ne sçay si feront ce qu'ilz disent. Ce qui se fera incontinent le saurez ; mais ne laissez pas a tenir voz choses toutes prestes et de les avancer tant que vous pourrez, car je ne croy pas que les Bretons baillent ceste place si ce n'est par la doubte qu'elle leur soit prinse par force, car de bonne voulenté ilz n'en ont point.

Le Roy vous envoye les nouvelles qu'il a eues de Flandres, qui sont très bonnes ; et vous asseure que si l'affaire de par deçà estoit vuidé que celui de par delà seroit bien aisé a vuider, mais tout se fera bien si Dieu plaist. Il n'y a rien de nouveau par deçà que vous ne saichez, par quoy je foiz fin en ma lectre et vous dy a Dieu, mons^r de la Trimoille, a qui je prye qu'il vous doint tout ce que plus desirez.

Escript a Angiers le viij^e jour de juillet.

Le tout vostre cousin,

LOYS DE GRAVILLE

---

155 — *CHARLES VIII*

Angers, mercredi 9 juillet.

A NOSTRE CHER ET FEAL COUSIN LE SIRE DE LA TRIMOILLE, NOSTRE LIEUTENANT EN L'ARMÉE DE BRETAIGNE, ET AUX CAPPITAINES ESTANS AVECQUES LUY.

De par le Roy.

Cher et feal cousin et vous noz amez et feaulx, nous avons receu la lectre que nous avez escripte touchant la venue du viconte d'Aunoy et de Meritain là où vous estez, pour ce qu'il vous sembloit que vous aviez affaire pour le fait de la place de Dol, et l'adviz que vous avez fait dessus. Et pour vous y respondre, vous savez ce que vous en escripvismes hier, qui estoit en effect que vous en feissiez entierement ce que en trouveriez par les oppinions d'entre vous. Toutesfois il est besoing que vous regardez la maniere du portement de la place et en quel estat elle sera laissée, car c'est le plus fort point que nous y voyons.

Vous dictes qu'ilz vous ont dit qu'il y a ung passaige a une lieue de là; que se les autres estoient puissans audit passaige pour leur copper le chemin a leur deslogement là endroit, ilz leur pourroient faire du dommaige. Il nous semble que par le chemin des greves du Mont Saint Michiel il n'y a point de passaige, au moins nous semble il qu'on le nous a ainsi compté ; et s'ilz vous disent que le tour est grant, vous savez qu'il ne se tort jamais qui prent le bon chemin. Pour abreger, faictes touchant ceste matiere ce que vous adviserez, car vous n'en aurez autre chose de nous.

Et au regard de vostre siege, n'y dissimullez plus, car ce qu'ilz nous ont entretenu de parolle jusques icy ce n'est que abuz ; mais nous aymons mieulx leur avoir compleu a leurs requestes, qu'ilz disoient estre pour le bien de paix, et y avoir fait nostre dommaige que [si] on eust peu dire par nostre royaume que nous ne voullions entendre a nul bon traicté. Faictes en tout la dilligence possible et nous servez en cest affaire, qui est des plus grans que nous puissions avoir, ainsi que nous en avons en vous nostre parfaicte fience ; et de nostre part ne faictes point de doubte qu'il n'y sera riens espargné, quelque chose que ce soit. Faictes haster messire Yvon, car pour ce qu'il n'y a nulles postes entre lui et nous il saura plus tost par vous ce qu'il aura a faire que nous ne lui saurions faire savoir d'icy.

Il nous est venu iij^c Suysses a ce matin, que nous vous envoions ; et les meyne Hance Hoc, et fault que vous faciez prandre garde du debat de lui et de Stef. Au surplus advertissez nous tousjours de voz nouvelles et de ce qui vous surviendra, et nous vous manderons des nostres.

Donné a Angiers le ixme jour de juillet, a deux heures après disner.

CHARLES

Parent.

---

156 — *CHARLES VIII*

Angers, samedi 12 juillet.

Mon cousin [1], vous savez que je vous ay assez souvent dit qu'il n'est point de meilleure amitié que de bons parents et alliez, car toujours ils pensent aux affaires les uns des autres. Et icy endroit je le vous ay bien voulu donner à connoistre, car j'ay fait plusieurs entreprises pour vous revancher du s^r des Barres qui a tant, de ceste année, couru vostre terre de Craon et mangé vos laboureurs et vos poules, et ses compères quant et quant ; dont je vous ay veu plusieurs fois bien mal content et en

[1] Texte de Dom Morice.

avois grand pitié, si je l'eusse peu amender, non obstant que monsʳ de l'Isle dit que vous valez beaucoup mieux couroussé que joyeux. Et combien que je sois assez loin des frontières, si ay je fait une petite guerre de ce que j'ay peu faire, tellement que j'ay aujourd'hui pris ledit sʳ des Barres, Callart et le bailli de Gandelas et plusieurs autres de la maison du duc.

En somme ils ont esté destroussez six vingt chevaux, mais j'ay espérance que ledit des Barres et mes autres sujets qui estoient avec luy ne mangeront mésampièce vos poules, ne les miennes aussi. Et vous prie, et à mes autres capitaines de par delà, que gardez bien mon homme au quartier là où vous estes et que vous et eux revanchez aussi bien mes povres sujets de Normandie et du Maine comme j'ay fait les vostres d'Anjou. Faites moy tousjours savoir de vostre guerre et je vous feray savoir de la mienne, en vous advisant que si en mes entreprises je perds quelque chose vous n'en saurez rien que je puisse.

Mon cousin, je crois que vous me ferez response, et adieu.

Escrit à Angers le xıjᵐᵉ jour de juillet.

Signé : CHARLES. *Et plus bas :* Parent.

Et sur le dos : A mon cousin le sire de la Trimoille, mon lieutenant en l'armée de Bretagne.

---

157 — *L'cAMIRAL*

Angers, samedi 12 juillet

A MONSʳ DE LA TRIMOILLE.

Monsʳ de la Trimoille, je me recommande a vous tant comme je puis. Le Roy a tout maintenant eu des lectres comment monsʳ des Barres a esté prins et destroussé. La maniere si a esté que depuis que Montoison est venu, avecques les gensdarmes qu'il a admenez, il n'a esté envoyé nulle part en actendent ce que je vous en avoye l'autre jour escript. Et avoye dit a son lieutenant qu'il menast lesditz gensdarmes au trour[1] de Chantossé et de Candé, en la Mée, en actendant ce qu'il plairoit au Roy qu'ilz feissent; mais je luy avoye très bien dit qu'il mist bon guet et bonnes escoutes là où il se logeroit, en maniere que par ceulx de Nantes ilz ne peussent estre sourprins, lesquelz courroient assez souvent en ce quartier. Pour abreger, aujourduy estoit party de Nantes environ huit vings ou deux cens chevaulx deliberez de venir courre les faulxbourgs de ceste ville, de nuyt, et y faire quelque alarme; mais en ung passaige qui est emprès Candé en la Mée, où les gens dudit Montoison avoient assis ung guet, en ont esté tout incontinent advertiz et les sont allez trouvez en une belle lande. Et pour conclusion les ont là deffaiz et ce qu'il s'en est saufvé a esté en très petit nombre; et voiez là la besongne ainsi qu'elle a esté.

Je ne vous escrips plus pour ceste heure, si non que Rigault d'Oreille estoit hier au Chasteau du Loir avecques sa bande et s'en va a vous; et pareillement les autres cappitaines du bas Auvergne seront tous a vous vers lundi. Et vous dy a Dieu icy endroit, mons^r de la Trimoille, a qui je prye qu'il vous doint tout ce que plus desirez.

Escript a Angiers le xij^{me} jour de juillet.

        Le tout vostre cousin,

                LOYS DE GRAVILLE.

[1] Sic pour *tour* ou *terrour*.

158 — *CHARLES VIII*

Angers, mardi 15 juillet.

A NOSTRE CHER ET FEAL COUSIN LE SIRE DE LA TRIMOILLE, NOSTRE LIEUTENANT GENERAL EN L'ARMÉE QUE AVONS EN BRETAIGNE.

De par le Roy.

Cher et feal cousin, nous vous envoyons ung nommé Sixt Sequetorf, du païs de Suysse, auquel avons ordonné deux payes et l'avons fait payer par deçà pour le mois de jung. On nous a donné a entendre qu'il est homme pour nous faire de grans services en la guerre, et mesmement en ung siege a faire ponts et autres habilitez et subtilletez, et qu'il est vaillant homme de sa personne. Et pour ce essayez le et saichez qu'il scet faire, car vous estes bien en lieu pour en savoir la verité, et nous en advertissez bien au long et le faictes bien traicter par delà.

Donné a Angiers le xvme jour de juillet.

CHARLES

Robineau.

159 — *CHARLES VIII*

Angers, mardi 15 juillet.

A NOSTRE CHER ET FEAL COUSIN LE SIRE DE LA TRIMOILLE, NOSTRE LIEUTENANT GENERAL EN L'ARMÉE DE BRETAIGNE, ET AUX CAPPITAINES ESTANS AVECQUES LUY.

De par le Roy.

Cher et feal cousin et vous noz amez et feaulx, nous receusmes hersoir a mynuyt voz lectres escriptes le jour de hier a neuf heures du matin, lesquelles ont mis quatorze heures a venir, qui est une très mauvaise dilligence aux postes, dont il est besoing que vous pourvoiez de vostre costé et du nostre la provision y sera donnée.

Vous mectez en vostre lectre que vous estes devant les deux boullevars de Sainct Lyenard et de Roger. Vous y estes tant de gens de bien et si bien despartiz que nous avons bonne esperance d'y estre bien serviz, et de cela ne faisons nulle doubte. Et au regard des pionniers et des combatans que vous demandez, la dilligence s'en fait possible, et avez eu de ceste heure l'argent pour vostre artillerie et pour lesditz pionniers.

Et en tant que touche les gens de pié que vous dictes qui sont venuz, nous ne savons entendre, comme autresfoiz vous avons escript, si les cappitaines qui les meynent disent a bon essient ou non, car il n'y a que quatre jours qu'ilz sont venuz et demandent a estre paiez avant qu'ilz nous aient fait service; mais a chose que vous ayons escript touchant cest article jamais il ne nous y est respondu, pour ce que l'en fait comparaison de ceulx qui toute leur vie les ont conduitz et fait vivre aux services de noz predecesseurs tout autrement que ceulx d'aujourduy, et n'ont pas laissé a leur faire de bons services et ceulx icy ne le scevent ou veullent faire. Et se vous dictes qu'ilz sont au siege, il est vray; mais ilz n'y ont esté encores que deux jours. Toutesfois l'en fait toute la dilligence possible de leur faire porter l'argent; et, comme il vous a desjà esté escript, il y fauldra mectre autre maniere de vivre pour le temps advenir après cest affaire passé.

Au surplus nous vous mercyons de ce que vous dictes que vous ferez justice en vostre endroit de noz subjectz s'ilz tumbent en voz mains, car de ceulx dont vous nous escripvismes hier noz povres subgectz d'Anjou en sont quictez; et faictes dire ces nouvelles a Sainct Cir et a Forses.

Nous vous avons envoyé des arbalestrés et des artilliers, mais ilz disent qu'ilz ne sont point paiez; qui est chose là où il fault que vous donnez ordre, car il ne s'entend pas que nous fournissions les archiers et les arbalestriers qui sont a noz gaiges d'arcs, d'arbalestres et de trousses. Quant viendra a ung assault, l'on trouvera noz arbalestres de passe fournies; et demain nous y envoierons du traict ce que nous en pourrons finer, qui est une chose de quoy l'en ne peut pas aizement trouver maintenant. Et quant aux pensionnerez que vous demandez, nous les vous avons envoiez et vous en envoierons encores d'autres que nous avons icy.

Tout a ceste heure avons receu unes lectres du viconte d'Aunoy et croyons qu'il vous en ait escript autant, toutesfois nous ne laisserons pas à les vous envoyer affin que vous advisez ensemble ce qu'il s'en devra faire. L'en nous a escript de plusieurs lieux que les Bretons ne pevent faire assemblée de gens et qu'ilz sont en grant division et très mal prez d'assieger ne de combatre; toutesfois, comme nous vous avons toujours escript, vous povez mieulx savoir de toutes choses que nous ne faisons icy, par quoy nous le remectons sur voz adviz. Et la plus grant doubte que nous facions en ceste matiere de Dol, c'est l'aide que vous pourroient faire ceulx de la ville a clorre vostre siege; mais qui pourroit finer gens pour le povoir faire sans eulx? Regardez bien si cella pourroit prouffiter, car ce qu'il sera possible d'avoir ne faictes que adviser où, car vous le savez comme nous faisons et de nostre part nous n'y espargnerons riens. Nous vous envoyerons entre cy et trois jours les archiers de noz gardes, et pour ce faictes leur donner logis; et si vous envoyerons de bons personnaiges que nous avons icy, car nous entendons bien de combien cest affaire nous touche. Faictes nous tousjours savoir de voz nouvelles et nous vous ferons savoir des nostres.

Donné a Angiers le xvme jour de juillet, a six heures du soir.

CHARLES

Parent.

---

160 — L'*AMIRAL*

Angers, mardi 15 juillet.

A MONS^r DE LA TRIMOILLE.

Monsr de la Trimoille, je me recommande a vous tant comme je puis. J'ay receu vostre lectre tout droit a mynuit; et y a six jours que jamais vostre poste ne faillit a venir a ceste heure là, mais il y a si longtemps que je y suis acoustumé qu'il ne m'en chault plus.

Au regard de l'argent de voz pionniers que vous m'escripvez qu'il n'est pas venu a l'eure que vous m'avez escript les lectres, j'ay mandé, par le commandement du Roy, le clerc qui les paye; mais il m'a dit que l'argent y est dès dimanche au matin et que les lectres que l'en escript de par delà ne font tousjours si non charger sur eulx, et sans raison. Et pour ce, je vous prye, rescripvez m'en au vray comment il en va, affin que s'il est vray je puisse gaingner ma question; car il m'en a tant agassé que, ce n'eust esté pour ce qu'il m'a semblé meschant, je luy eusse donné le plus grand soufflet que receut jamais paillart, car tout le monde estoit desmenty et de deçà et de delà.

Toute la diligence qui est possible de faire se fait pour porter de l'argent a ses gens de pié nouvellement venuz, mais escripvez moy quel nombre ilz sont affin que l'en leur fist faire quelque avance. Je croy que Henry Carbonnel vous en admenera quelque grosse compaignye. Henry de Monestay et le seurplus des gens d'Aulvergne qui avoient esté mandez sont entre cy et Tours et vers le Mans.

Au regard de mons' des Barres, dont vous m'escripvez que je vous mande qu'ilz en ont fait, j'ay veu aujourduy ung homme qui dit qu'il leur vit, a luy, a Callart et a Christophle de Mauleon, coupper ersoir les testes a Saumur, environ v heures. Raas de Longchamp a esté prins, et troys ou quatre hommes d'armes de Bretaigne, par les paysans du villaige là où ilz avoient esté destroussez et sont entre les mains de mons' de la Forest. Voiez là ce que je sçay de ce que vous demandez.

Je croy que le gouverneur de Bourgongne s'en va au siege [avec] mons' de Champeroux, le bastard de Bourbon et mons' de Coulombiers; mais regardez du logis que vous ferez du grant escuier et dudit de Champroux, car vous savez bien qu'ilz n'ont pas grant amour ensemble, et si sont deux hommes qu'ilz pevent bien serviz autant que gens de leur estat que vous congnoissez. Prenez en le conseil de mons' le seneschal de Carcassonne et de Saint André et des deux seneschaulx et en faictes en maniere que vous les entretenez bien tous deux, car de les appointer j'en ay fait le possible mais je n'y treuve point de fons; mais je vous prye que vous regardez bien a conduyre cest affaire doulcement.

Mons' de la Trimoille, je ne vous escrips plus si non que de ce qu'il sourvendra de Flandres ou d'ailleurs en serez adverty. Mons' de Dunoys et les autres ambaxadeurs arrivent tout a ceste heure. Je vous dy a Dieu icy endroit, a qui je prye qu'il vous doint tout ce que plus desirez.

Escript a Angiers le xvme jour de juillet.

Le tout vostre cousin,

LOYS DE GRAVILLE

161 — *CHARLES VIII*

Angers, mercredi 16 juillet.

A NOSTRE CHIER ET FEAL COUSIN LE S^r DE LA TRIMOLLE, NOSTRE LIEUTENANT GENERAL EN NOSTRE ARMÉE DE BRETAIGNE.

De par le Roy.

Chier et feal cousin, Jehan Segeuser, present porteur, nous a puis nagueres apporté lectres de par ceulx de la cité de Berne faisant mencion que le voulsissions recueillir en nostre service et l'avoir, en leur faveur, en singulliere recommandacion. Et pour ce que nous leur voulons et desirons bien complaire en cecy, tant parce que le dit Jehan Segeuser, lequel est filz de chevalier et de bonne maison, a esté norry jeune page avec le feu roy nostre très chier seigneur et pere, que Dieu absoille, que aussi en le bien traictant et recueillant les autres de sa nacion auront courage de nous venir servir, a ceste cause lui avons par deçà fait bailler et avancer comptant, pour deux paies, la somme de douze livres tournois et ordonné se retirer devers vous. Si vous mandons que, incontinent ces lectres veues, vous le recueillez et faictes loger et pourveoir en telle compaignie que aviserez, en le faisant d'ores en avant paier par chascun moys audit pris, a commancer du premier jour d'aoust prouchainement venant. Et qu'il n'y ait point de faulte, car il est bien monté et beau personnaige pour servir en la guerre.

Donné a Angiers le xvj^{me} jour de juillet.

CHARLES

Robineau.

162 — **CHARLES VIII**

Angers, mercredi 16 juillet.

A NOSTRE CHER ET FEAL COUSIN LE SIRE DE LA TRIMOILLE, NOSTRE LIEUTENANT GENERAL EN L'ARMÉE DE BRETAIGNE, ET AUX CAPPITAINES ESTANS AVECQUES LUY.

De par le Roy.

Cher et feal cousin et vous noz amez et feaulx, nous avons receu voz lectres escriptes devant Fougeres le xve jour de ce moys, a ix heures au soir, ensemble celles que le cappitaine Perrin des Aaiges vous avoit escriptes, par lesquelles il vous faisoit savoir la prinse de Combort et la composicion que ceulx qui estoient dedans ont eue, qui n'est pas grant perte ; et si vous povez envoyer du vin audit cappitaine Perrin a Saint Aulbin, ce sera très bien fait.

Au regard des arcs et du traict, tant d'arbelestres que d'arc, et des lances dont en vosdictes lectres faictes mencion et dictes que plusieurs fois nous en avez escript, nous vous avons envoyé dudit traict qui peut estre de ceste heure devers vous et encores vous en envoyerons le plus qui s'en pourra finer ; et pareillement des lances et fers de lances, car on fait en tout la meilleure diligence qu'il est possible et arsoir vous en escripvismes bien au long. Et en tant que touche les gens de pié, tant de ceulx de Bonnetot, Feugerolles que les autres qui vous sont venuz et ceulx d'Auvergne qui viennent, nous vous avons escript ce qu'il nous en semble et comme on ne doit pas paier les gens avant qu'ilz aient fait le service ; toutesfois nous y faisons donner la provision et porter de l'argent pour leur bailler. Touchant le nombre des gens dont le grant escuier vous a monstré le roolle, où les archiers de nostre garde sont comprins, et nous requerez que les vous vueillons envoyer, nous les vous envoyons et escripvons au cappitaine Jaques de Silly qu'il se rende devers vous ; et si vous envoyons le gouverneur de Bourgongne, le bastart de Bourbon, les sires de Champeroux et de Colombiers.

Des aldecrez dont vous avions escript, ilz sont pieçà a Laval et cuidions qu'ilz vous eussent esté portez, mais tout a ceste heure le general Briçonnet fait partir ung homme pour les vous envoyer incontinent. Et fault que dictes au bailly de Dijon qu'il advise de les departir aux Souysses, et que Primaudaye regarde que le marchant en soit paié a deux francs pour piece sur le moys d'aoust, ainsi que le vous avons mandé, car quant ilz s'en seront serviz ledit marchant les reprendra voulentiers pour le pris s'ilz les luy veullent rendre.

Nous avons a ce matin receu unes lectres que le s^r de Saint Pierre nous a escriptes, par lesquelles il nous advertit que ceulx de Dol ont habandonné la place sans la bruller ne desemparer ne desmolir, dont ne nous faictes aucune chose savoir, qui nous semble fort estrange. Toutesfois nous croyons que ce que vous en avez conclud a esté si bien debatu que vous l'avez cuidé faire pour le mieulx ; mais nous doubtons que cy après il ne se trouve le contraire, et se ainsi est le fauldra amender en la meilleure façon que faire se pourra. Faictes nous souvent savoir de voz nouvelles et nous vous manderons des nostres.

Donné a Angiers le xvj^{mo} jour de juillet, a cinq heures du soir.

CHARLES

Parent.

163 — *MONS^r DE BEAUJEU*

Angers, jeudi 17 juillet.

A MON COUSIN MONS^r DE LA TRIMOILLE.

Mon cousin, je me recommande bien fort a vous. J'ay receu voz lectres et veu ce que avez escript au Roy, qui vous y fait bien ample responce comme pourrez veoir. Et au regart de l'armée des Bretons qui est a Combort, qui se ventent de vous venir combatre, mon cousin, soiez seur que le Roy vous pourverra si bien de tout ce que demandez que par deffault de ce il n'en viendra aucun inconvenient; et dès a present l'on fait la plus grant diligence de vous envoyer ce qui vous est plus necessaire, ainsi que l'escripvez, que faire se puet.

Aussi je vous prie que de vostre cousté vous pourvoyez si bien a tout ce que verrez qui vous sera besoing et faictes faire si bon guet et escoucîes que ne puissiez estre surprins, ainsi que je sçay que le saurez bien faire; et au surplus de heure a autre advertissez le Roy de ce qui vous surviendra, affin de tousjours vous secourir et aider en ce qui sera possible. Et a Dieu, mon cousin, qui vous doint ce que plus desirez.

Escript a Angiers le xvij^{me} jour de juillet.

Vostre cousin,

PIERRE

164. — CHARLES VIII

Angers, vendredi 18 juillet.

De par le Roy.[1]

[1] Texte de Dom Morice.

Cher et féal cousin et vous noz amez et féaulx, nous avons receu à ce matin, environ huit heures, la lettre que nous avez escrite du jour de hier à midi, qui contient la batterie que vous avez faite au portail du Rogier et au pan de mur d'emprès la tour de Montfremery; et aussi l'autre batterie que fait le grand escuyer, au boulevard de Saint Lienard, de la tour de l'Eschauguette et d'un pan de mur qui est en ce quartier là. De la quelle chose et de la diligence que vous y faites nous vous mercions très fort et vous prions que vous mettez toute la diligence que vous pourrez d'abréger cette matière : car de la venue de l'ambassade de Bretagne qui est icy devers nous, cognoissant[2] plus clairement que nous ne le feismes jamais que tout le parlement et les trèves dont ilz nous ont requis n'a été que toute dissimulation, et n'avoient nulle volonté sinon de gagner le temps sur nous pensant que nostre armée se desrompist. Nous faisons toutes les diligences possibles de vous advancer gens et toutes autres choses nécessaires, selon les lettres que nous escrivez; et au surplus ayez souvenance de nos sujets, s'ils tombent entre vos mains, par ainsi que plusieurs fois vous avons escrit. Faites nous souvent savoir de vos nouvelles et nous vous ferons savoir des nostres.

[2] Mieux *congnoissons*.

Donné à Angers le xviij^{me} jour de juillet, à quatre heures après disner.

Signé : **CHARLES.** *Et plus bas :* Parent.

Et sur le dos : A nostre cher et féal cousin le sire de la Trimoille, nostre lieutenant général en l'armée de Bretagne, et aux capitaines estans avecques luy.

165 — *CHARLES VIII*

Angers, vendredi 18 juillet.

A NOSTRE CHER ET FEAL COUSIN LE SIRE DE LA TRIMOILLE, NOSTRE LIEUTENANT GENERAL EN L'ARMÉE DE BRETAIGNE.

De par le Roy.

Cher et feal cousin, pour ce que nous desirons très fort parvenir a nostre entencion touchant la place de Fougeres, et que tant plus y aura de gens de bien plus tost elle pourra estre mise en nostre obeissance, nous envoyons par delà le gouverneur de Bourgongne pour nous y servir, ainsi que luy avons dit et ordonné. Aussi y envoyons semblablement le s^r de Champerroux, porteur de cestes, auquel nous avons chargé vous parler de ceste matiere bien au long. Si vous prions et mandons que de ce qu'il vous en dira de par nous le croiez comme nous mesmes, car nous savons certainement que en toutes choses qui nous touchent ferez voulentiers ce que ordonnerons pour nostre service.

Donné a Angiers le xviij^{me} jour de juillet.

CHARLES

Parent.

166 — *MONS' DE BEAUJEU*

Angers, vendredi 18 juillet.

A MON COUSIN MONS' DE LA TRIMOILLE.

Mon cousin, le Roy envoye par delà mons' le gouverneur de Bourgongne, comme pourrez savoir, aussi mons' de Champeroux auquel j'ay donné charge vous dire aucunes choses. Si vous prie que le vueillez croire de ce qu'il vous dira de par moy, et souvent me faire savoir des nouvelles et advertir le Roy de ce qu'il vous seurvendra. Et a Dieu, mon cousin, qui vous doint ce que desirez.

Escript a Angiers le xviij^{me} jour de juillet.

Vostre cousin,
PIERRE

---

167 — *MONS' DE BEAUJEU*

Angers, dimanche 20 juillet.

A MON COUSIN MONS' DE LA TRIMOILLE.

Mon cousin, je me recommande bien fort a vous. J'ay receu voz lectres et veu ce que avez escript au Roy touchant la composicion de Fougieres, en quoy vous et les cappitaines qui sont par delà vous estes très bien acquictez; et vous asseure qu'il vous en scet ung très grant gré et aussi de la grant peyne et bonne diligence que en avez prinse, ainsi que pourrez veoir par ce qu'il vous escript. Ledit seigneur vous fait savoir bien au long de son vouloir et de ce qu'il entend et veult que vous faciez; si vous prie, mon cousin, que tousjours vous y emploiez ainsi que le saurez bien faire et que verrez estre affaire pour le mieulx, et advertir souvant ledit seigneur de ce qui surviendra. En priant a Dieu, mon cousin, qui vous doint ce que plus desirez.

Escript a Angiers le xxme jour de juillet.

Vostre cousin,
PIERRE

168 — L'AMIRAL

Angers, dimanche 20 juillet.

A MONS^r DE LA TRIMOILLE.

Monsr de la Trimoille, je me recommande a vous tant comme je puis. J'ay receu la lectre que vous m'avez escripte et veu le contenu de vostre composicion dedans les lectres du Roy, laquelle me semble très bonne veu ce que m'a compté ung homme qui vient de par delà. J'en remectz le surplus quant je vous verray. Vous m'escripvez touchant la garde de ladicte place. Si j'estoye vous, le Roy ne me sauroit tant donner que j'en voulsisse prandre la garde ; et quant je vous en diray les raisons je croy que vous les trouverez bonnes. Toutesfoiz j'en pourchasseray ce que vous vouldrez, car a ce que j'entens ilz ne sont pas deliberez de soy haster de donner les offices de ceans, pour les raisons que je vous diray ; car je croy que le Roy s'approuchera de vous, et ne fust ung peu de froit qu'il print l'autre jour, dont il est tout saint guery, il fust party d'icy passé a six jours.

Ledit seigneur vous envoye ung memoire des choses qu'il fault que vous faciez faire la diligence, en actendent ce que vous aurez conclud de l'affaire advenir. Monsr de la Trimoille, je ne vous escrips plus pour ceste heure si non que je vous dy a Dieu icy endroit, a qui je prye qu'il vous doint tout ce que plus desirez.

Escript a Angiers le xxme jour de juillet.

Comme je vous escripviz hier, l'argent part demain pour aler payer les gens de pié. Je croy que vous povez bien depescher un peuple qui est venu sans baston et sans habillement, et en retenir des plus parens.

Le tout vostre cousin,

LOYS DE GRAVILLE

---

169 — *CHARLES VIII*

Angers, lundi 21 juillet.

A NOSTRE CHER ET FEAL COUSIN LE SIRE DE LA TRIMOILLE, NOSTRE LIEUTENANT GENERAL EN L'ARMÉE DE BRETAIGNE.

De par le Roy.

Chier et feal cousin, vous savez que vous avez esté adverty qu'il estoit besoing de renvoyer en leurs maisons plusieurs des gens de pyé des derreniers venuz, des mal empoint et qui ne sont pas pour servir. Et pour ce que tout a ceste heure le tresorier des guerres envoye le paiement des autres gens de pyé, se vous n'avez envoyé les autres dessusditz envoyez les incontinant avant que l'argent arrive par delà, car vous entendez bien que ce seroit une merveilleuse cryerye et ne se pourroit faire qu'il n'y eust argent perdu, dont pour le present n'est pas besoing.

Donné a Angiers le xxj^{me} jour de juillet.

CHARLES

Robineau.

170 — *L'AMIRAL*

Angers, lundi 21 juillet.

A MONS^r DE LA TRIMOILLE.

Monsr de la Trimoille, je me recommande a vous tant comme je puis. Le Roy vous escript a ceste heure unes lectres que j'ay veues : touchant les gens de pié qui ont esté assemblez qui ne sont point armez, que vous vous en deffaciez. Il ne vous en escript pas la maniere mais il me semble qu'il se doit faire honnestement, tant pour ce qu'ilz sont venuz jusques là que pour leur maniere de retourner. Car si vous ne les contantez gracieusement, et aussi que vous ne leur donnez des commissaires pour les remenez en leurs maisons, ilz vous feront tous les maulx du monde en eulx retournent ; par quoy il est besoing que vous le faciez veoir, le tout en bonne façon. Vous avez des nobles du païs qui sont de près delà pour vous en deffaire peu a peu. Je croy que ce seroit le mieulx, car vous estes une bonne puissance sans eulx et, si vous n'y donnez ordre, que les gens qui ne pevent de gueres servir mangeront l'argent que ceulx qui pevent très bien servir doivent avoir.

Maunourry et iiij hommes d'armes de mons^r d'Orval furent l'autre jour prins devant Maisieres, par ceulx de Luxembourg qui estoient venuz faire une course devant la place. Mandez moy de voz nouvelles car il y a xxiiij heures que nous ne n'avons point eu. Monsr de la Trimoille, je vous dy a Dieu, a qui je prye qu'il vous doint tout ce que plus desirez.

Escript a Angiers le xxj^{me} jour de juillet, a mydi.

Le tout vostre cousin,

LOYS DE GRAVILLE

171 — *CHARLES VIII*

Angers, mardi 22 juillet.

A NOSTRE CHER ET FEAL COUSIN LE SIRE DE LA TRIMOILLE, NOSTRE LIEUTENANT GENERAL EN L'ARMÉE DE BRETAIGNE, ET AUX CAPPITAINES ESTANS AVECQUES LUY.

De par le Roy.

Cher et feal cousin et vous noz amez et feaulx, depuis que derrenierement vous avons escript pour vous responder a la premiere lectre que nous aviez escripte de la prinse de la ville et chastel de Fougeres, a ce qu'il s'en devroit faire, nous y avons depuis pensé et fait penser pour entendre ceste matiere et ce qu'il s'en doit faire pour le mieulx, et trouvons ladicte matiere d'abatre ou remparer ladicte ville très difficile pour plusieurs raisons. Et nous semble, premierement que avant tout euvre, qu'il est besoing de regarder se, a la situacion de la place, elle est plus pour grever le duché de Bretaigne, remparée entre noz mains, ou pour grever noz pays de Normandie et du Mayne entre les mains du duc, s'il la recouvroit par quelque moyen. Et se ainsi estoit qu'elle ne peust de gueres grever ledit duché de Bretaigne et que nous eussions d'autres places plus voisines du pays que ceste là pour leur faire la guerre, se besoing en estoit, veu ce qu'elle coustera a garder il vauldroit trop mieulx abatre la fortiffication de la ville et fortiffier le chasteau, pour tenir la seigneurie en subjection, qu'il ne feroit de remparer la ville puissante et qu'elle se trouvast plus pour grever nosditz pays que ladicte duché ; aussi que par quelque moïen elle peust retourner entre les mains dudit duc.

Toutesfois, quelque chose que nous en debations icy, nous n'y povons asseoir quelque bonne conclusion sans en avoir premierement voz adviz, tant de ladicte situacion que de ce qu'elle mectra a estre remparée et aussi ce qu'elle coustera a garder ; car quand il n'y auroit que mil hommes, si cousteroit elle LX^M frans par an. Et si vous dictes que vous y mectrez des ordonnances, comme vous avez fait aux autres places, elle ne coustera gueres le temps present mais le temps advenir elle est a craindre.

Pour conclusion, advisez bien a tout et nous en envoiez voz advis et ce qu'il vous en semblera pour le mieulx, toutes choses considerées ; et a toute diligence nous en faictes responce, car tant pour cela que pour vostre deslogement il en est besoing et le tout conclurrons selon ce que nous en ferez savoir.

Donné a Angiers le xxij^{me} jour de juillet, a xj heures du soir.

CHARLES

Parent.

172 — *CHARLES VIII*

Angers, mercredi 23 juillet.

De par le Roy [1].

[1] Texte de Dom Morice.

Cher et féal cousin et vous nos amés et féaulx, nous avons tout à ceste heure, qui est environ une heure après midy, receu les lettres que nous avez escrites, qui contiennent que ensuivant ce que nous vous avons escrit que vous assemblissiez ensemble pour regarder ce que nostre armée auroit à faire d'huy en avant pour le mieux. Et mettez que vostre advis est que vous n'avez que de trois places l'une à prendre par siége, c'est assavoir Rennes, Dinan et St Malo ; et trouvez vous que Dinan est le plus aisé des trois pour le fournissement de vos vivres qui vous peuvent venir de Normandie par Dol, lequel ainsi que dites pourrez recouvrer à toute heure. Et puis mettez après, par un article, que la puissance des Bretons est au Petit Saint Aubin et à Aubigny, où il n'y a que demy lieue de l'un à l'autre et est sur le chemin de là où vous estes à Dinan ; et que sur cest article l'avis d'entre vous trestous est qu'il vauldroit mieux envoyer [voir] par gens de bien le lieu et place où ils sont et comme ils sont fortifiés, et que vous y pourriez trouver tel advantage que du moins vous leur feriez laisser leurs logis honteusement. Et comme nous vous avons toujours escrit, vous pourrez mieux juger les choses ainsi qu'elles sont de là où vous estes que nous ne faisons d'icy, et nous semble que vous avez très bien débattu ceste matière et que vous en dites ce qui est possible d'en dire ; et pour conclusion vostre dernier advis est, ainsi que vous mettez par vostre dite lettre, [celuy] que vous semble le meilleur, aussi pareillement fait-il à nous.

Et au regard de la provision qui est nécessaire pour la garde de ceste place de Fougères, qui vous semble que ne peut estre moindre que de deux mille hommes, nous vous en escrivismes hier au soir unes lettres et croyons que vous les ayez eues de ceste heure ; et du contenu en ladite lettre nous nous fions en vous de nous en conseiller, par les raisons qui sont plus au long contenues en icelles, et voulons que vous en faciez vostre advis soit de l'abatre ou de la tenir. Et se ainsi est que vous concluez de la tenir, regardez le nombre de gens que vous verrez y estre nécessaire et de ceux de quoy vous pourrez moins servir à tirer en avant, si ainsi est que vous le faciez. Et au regard des capitaines, vous y en pourrez laisser de ceux que vous adviserez, qui sont dedans un brevet que vous envoyons cy dedans enclos, jusques à ce que y ayons autrement pourveu : car pour ce que nous avons espérance estre en cy et cinq ou six jours assez près de vous, nous attendrons en toutes choses de donner la provision à ladite place telle que verrons qui y appartient bien.

Au surplus nous avons tout maintenant receu une lettre que le mareschal des Querdes nous a escrite et une autre que le s^r de Piennes escrivoit, lesquelles vous envoyons cy dedans encloses afin que vous voyez la destrousse qui a esté faite sur les Alemans ; et pourrez faire savoir ces nouvelles à vos voisins pour tousjours les resjouir.

Donné a Angers le xxiij^{me} jour de juillet, à sept heures du soir.

Signé : CHARLES. *Et plus bas* : Parent.

Et sur le dos : A nostre cher et féal cousin le sire de la Trimoille, nostre lieutenant général en l'armée de Bretagne, et aux capitaines estans avecques luy.

173 — *MONS^r DE BEAUJEU*

Angers, mercredi 23 juillet.

A MON COUSIN MONS^r DE LA TRIMOILLE.

Mon cousin, je me recommande a vous. J'ay bien au long oy parler le Veau, lequel s'en retourne par delà, et luy ay donné charge vous dire aucunes choses. Je vous prie que le vueillez croire de ce qu'il vous dira de par moy et souvant me faire savoir de voz nouvelles et de ce qui surviendra par delà. Et a Dieu, mon cousin, qui vous doint ce que desirez.

Escript a Angiers le xxiij^{me} jour de juillet.

Vostre cousin,

PIERRE

---

174 — *CHARLES VIII*

Angers, vendredi 25 juillet.

A NOSTRE CHER ET FEAL COUSIN LE SIRE DE LA TRIMOILLE, NOSTRE LIEUTENANT GENERAL EN L'ARMÉE DE BRETAIGNE, ET AUX CAPPITAINES ESTANS AVECQUES LUY.

De par le Roy.

Cher et feal cousin et vous noz amez et feaulx, nous avons receu la lectre que vous nous avez escripte, ensemble celle du cappitaine Perrin; et au regard des diligences que vous faictes pour nous faire se service, si vous les povez trouver a point, nous vous en mercions et ne faisons nulle doubte que chascun n'en face son devoir. Au surplus nous avons ordonné a tous noz pansionnaires qu'i partent demain pour aller a vous, car il y en avoit icy une très belle bende ; et aussi pareillement nous avons escript au sʳ du Fou qu'il vous renvoye ses gens a toute diligence. Nous avons veu pareillement le nombre de l'artillerie qui vous a esté laissée, qui nous semble bon et raisonnable.

Les Bretons ont habandonné le Clos de Rais et l'ont rendu entre les mains de leur seigneur. Et au demourant vous estes là tant de gens de bien ensemble par quoy nous nous fions de tout en tout de nostre affaire de par delà a conduyre et en faire ainsy que vous le verrez, par le bon advis d'entre vous faisable ; et de toutes les choses neccessaires dont nous advertirez nous vous y donnerons la meilleure provision et la plus prompte que nous pourrons. Faictes nous souvent savoir de voz nouvelles et nous vous ferons savoir tout ce qu'il nous sourvendra.

Donné a Angiers le xxvᵐᵉ jour de juillet.

CHARLES

Parent.

---

175 — *CHARLES VIII*

Le Verger, mercredi 30 juillet.

A NOSTRE CHER ET FEAL COUSIN LE Sʳ DE LA TRIMOILLE, NOSTRE LIEUTENANT GENERAL EN L'ARMÉE DE BRETAIGNE, ET AUX CAPPITAINES ESTANS AVECQUES LUY.

De par le Roy.

Cher et feal cousin et vous nos amez et feaulx, hier environ huit heures du matin arriva icy ung chevaucheur de nostre escuirie, lequel venoit de là où vous estiez, qui nous a dit comme pour tout vray vous aviez deffait les Bretons et que nostre frere d'Orleans y avoit esté prins et le sʳ d'Elbret tué avecques plusieurs autres, dont fusmez très joieux. Mais de longtemps après n'en vint autres nouvelles jusques a ce que le paige de vous, nostre cousin, fust venu, qui arriva devers nous environ quatre heures après midy sans aucunes lectres ; toutesfois il nous en devisa assez bien. Et tantost après, par la poste, receusmes les lectres que entre vous tous nous escripviez, lesquelles nous resjouyrent fort, car par vozdictes lectres en feusmes plus amplement acertenez ; dont et du bon et grant service que nous y avez fait vous remercions trestous tant qu'il nous est possible, car le service n'est pas petit et savons certainement que par vostre bonne et grant conduyte la chose est ainsi advenue. Aussi vous povez estre asseurez que jamais ne le mectrons en obly mais a tousjours en aurons bonne souvenance.

Et au regart du cappitaine Jaques Galliot, dont par vosdictes lectres nous escripvez qu'il a esté blessé d'un coup de couleuvrine en la jambe, nous en sommes très desplaisans car nous y avons ung bon serviteur et nous desplairoit bien de le perdre. Au surplus vous ne nous avez point escript le nombre des autres prisonniers ne comme il va de tout le demourant ; toutesfois gardez vous bien que on n'en mecte ung seul a raençon ne que on n'en laisse point aller, mais les faictes bien tous garder.

Aujourduy nous despeschons de noz gens pour aller devers vous, par lesquelz vous ferons savoir de nostre intencion sur le tout bien au long.

Donné au Vergier le penultime jour de juillet, environ huit heures du matin.

CHARLES

Parent.

176 — *CHARLES VIII*

Le Verger, mercredi 30 juillet.

A NOSTRE CHER ET FEAL COUSIN LE S^r DE LA TRIMOILLE, NOSTRE LIEUTENANT EN L'ARMÉE DE BRETAIGNE, ET AUX CAPPITAINES ESTANS AVECQUES LUY.

De par le Roy.

Cher et feal cousin et vous noz amez et feaulx, nous envoyons par delà devers entre vous noz amez et feaulx conseilliers le s^r de Morvillier nostre chambellan, et Jaques de Silly cappitaine de nostre garde, tant pour amener nostre frere d'Orleans, le prince d'Orenge, Aymar de Prie, George d'Auxy, Walleran Goujat, Tynteville que autres telz que leur avons chargé. Si voulons et vous mandons très expressement que les croiez et faictes ce qu'ilz vous en diront de par nous comme pour nostre propre personne, sans y faire difficulté; et leur faictes bailler lesditz prisonniers, entre les mains de qui qu'ilz soient, et gardez comment que ce soit et toutes excusacions cessans qu'il n'y ait point de faulte. Et au surplus advisez ce que aura a faire nostre armée et en faictes selon que trouverez pour le mieulx, et par eulx nous en advertissez et nous faictes savoir bien au long de toutes nouvelles.

Donné au Vergier le penultime jour de juillet.

CHARLES

Parent.

177 — *CHARLES VIII*

Le Verger, mercredi 30 juillet.

A NOSTRE CHER ET FEAL COUSIN LE SIRE DE LA TRIMOILLE, NOSTRE LIEUTENANT EN L'ARMÉE DE BRETAIGNE, ET AUX CAPPITAINES ESTANS AVECQUES LUY.

De par le Roy.

Cher et feal cousin et vous noz amez et feaulx, Hance de Vaintretour, porteur de cestes, est venu icy devers nous et a amené xxvııj ou xxx Suysses, nous requerant que les voulsissions faire paier, ce qui ne s'est peu faire par deçà. A ceste cause les vous envoyons ; et pour ce advisez de les recueillir et faire paier, car ilz n'ont point apporté de certifficacion du maistre d'ostel Ymbert de Varey mais d'autres qu'il vous pourra monstrer ; et ordonnez au tresorier Primaudaye pour les faire paier.

Donné au Vergier le penultime jour de juillet.

CHARLES

Parent.

178 — MONS^r DE BEAUJEU

Le Verger, mercredi 30 juillet.

A MON COUSIN MONS^r DE LA TRIMOILLE, ET A MESS^{rs} LES CAPPITAINES ESTANS AVECQUES LUY.

Mon cousin et vous Messieurs, je me recommande a vous. Le Roy a aujourduy sceu les bonnes nouvelles que lui avez fait savoir, dont il a esté et est très joyeulx. Ledit seigneur vous envoye messire Raoul de Launay et le cappitaine Jacques de Silly pour adviser avecques vous ce qui sera affaire, et leur ay donné charge vous dire aucunes choses. Je vous prye que les vueillez croyre et adjouster foy a ce qu'ilz vous diront de ma part, et souvant me faire savoir des nouvelles et de ce qui surviendra par delà. Et a Dieu, Mon cousin et vous Messieurs, qui vous doint ce que plus desirez.

Escript au Vergier le penultime jour de juillet.

Vostre cousin,

PIERRE

179 — L'AMIRAL

Le Verger, mercredi 30 juillet.

A MONS^r DE LA TRIMOILLE.

Monsr de la Trimoille, je me recommande a vous tant comme je puis. Je ne vous escrips rien de par deçà parce que vous saurez toutes nouvelles par le cappitaine Raoul et Jacques de Silly, qui partent aujourduy pour aller devers vous et Messieurs qui sont par dellà. J'ay veu a ce matin le double des lectres que vous avez envoyées a Rennes [1]. Je vous asseure qu'ilz ne sont pas asseurs et qu'ilz vouldroient bien avoir donné à la compaignye ung cent mille frans et elle allast loger ailleurs. Je ne vous escrips plus pour ceste heure, car je suis mandé pour ung affaire que vous saurez quelque jour. Je vous dy a Dieu, mons^r de la Trimoille, a qui je prye qu'il vous doint tout ce que plus desirez.

Le Roy demande les noms des prisonniers. Si vous ne luy avez envoyé homme pour les luy apporter, envoyez les luy par la premiere poste qui viendra. Madame est encore malade ; les medecins disent qu'ilz la gueriront bien tost.

Escript au Vergier le xxxme jour de juillet.

Le tout vostre cousin,

LOYS DE GRAVILLE

[1] V. n° 218.

180 — *CHARLES VIII*

Angers, commencement d'aout.

A NOSTRE CHER ET FEAL COUSIN LE SIRE DE LA TRIMOILLE, NOSTRE LIEUTENANT EN L'ARMÉE DE BRETAIGNE, ET AUX CAPPITAINES ESTANS AVECQUES LUY.

De par le Roy.

Cher et feal cousin et vous noz amez et feaulx, vous savez comme nos gensdarmes qui estoient a Vannes quant la place fut prinse perdirent tout ce qu'ilz *avoient*, [1] en quoy ils eurent très grand dommaige. A ceste cause et que desirerions *qu'ilz* feussent relevez et recompensez de leurs pertes, nous vous prions et man*dons que* vous advisez de leur faire quelque bien, s'il est possible, sur le butin et sur les *prisonniers* qui ont esté prins a ceste deffaicte des Bretons, car ce sera bien faict de le *faire, et* en ce faisant vous nous ferez très grant plaisir.

Donné a Angiers ..... jour d'aoust.

CHARLES

Parent.

[1] Les italiques remplacent des parties déchirées.

181 — *CHARLES VIII*

Angers, mardi 5 aout.

A NOSTRE CHIER ET FEAL COUSIN LE S^r DE LA TREMOILLE, NOSTRE LIEUTENANT GENERAL EN L'ARMÉE QUE AVONS EN BRETAIGNE.

De par le Roy.

Chier et feal cousin, nostre chier et bien amé le s^r du Hommet nous a fait remonstrer que a la destrousse qui a esté derreniement faicte par vous et noz gens de guerre contre ceulx qui s'estoient eslevez contre nous ou pays de Bretaigne, le s^r de la Hunaudaye [1], son frere, a esté prins prisonnier tenant party a nous contraire; nous requerant que, consideré que ledit s^r de la Hunaudaye est dudit pays de Bretaigne et ne fut jamés cause desdictes esmocions, aussi qu'il n'eust osé desobeyr aux contrainctes qui luy ont esté faictes pour aller en la guerre, qu'il nous plaise, en faveur dudit s^r du Hommet, l'avoir pour recommandé envers vous et les cappitaines et gens de guerre de vostre compaignie et qui sont de par nous avec vous. Et pour ce que ledit s^r du Hommet nous a longuement servy et fait encores chascun jour, nous vous prions bien affectueusement que ledit s^r de la Hunauldaye, en faveur de nous, vous ayez pour recommandé et que le faciez bien traicter de sa personne et aussi touchant sa raençon le plus gracieusement que faire se pourra; et en ce le recommandez, de par nous, aux cappitaines et gens de guerre a qui faire se devra en maniere qu'il congnoisse nostre priere lui avoir servy. Et vous nous ferez en ce faisant bien agreable plaisir.

Donné a Angiers le cinquiesme jour d'aoust.

CHARLES

Robineau.

[1] V. n° 228.

182 — L'AMIRAL

Angers, mardi 5 aout.

A MONS^r DE LA TRIMOILLE.

Monsr de la Trimoille, je me recommande a vous tant comme je puis. J'ay receu deux paires de lectres que vous m'avez escriptes aujourduy, qu'il est mardy, et y a cinq jours entiers que je n'en euz pas une, ne le Roy aussi. Je ne sçay a quoy il a tenu. Vous m'en ferez savoir ce qu'il vous semblera, et le bailly de la Montaigne et Merlin vous en diront ce qu'il m'en semble. Au surplus il n'y a rien de nouveau par deçà, si non que mons^r le mareschal de Gyé m'a escript que le duc d'Autrische et les Almens se sont retirez devers Envers et sont bien taillez de ne faire pas grant fruyt ceste année. Je ne vous escrips plus pour ceste heure si non que je vous dy a Dieu, mons^r de la Trimoille, a qui je prye qu'il vous doint tout ce que plus desirez.

Escript a Angiers le vj^{mo}[1] jour d'aoust.   [1] Sic pour V.

Le tout vostre cousin,

LOYS DE GRAVILLE

183 — CHARLES VIII

Angers, mercredi 6 aout.

A NOSTRE CHER ET FEAL COUSIN LE SIRE DE LA TRIMOILLE, NOSTRE LIEUTENANT EN L'ARMÉE DE BRETAIGNE, ET AUX CAPPITAINES ESTANS AVECQUES LUY.

De par le Roy.

Cher et feal cousin et vous noz amez et feaulx, nous avons esté advertiz que aucuns de noz cappitaines et plusieurs gensdarmes et autres de nostre ost et armée mectent a rançon noz subjectz qui ont esté prins[1] pour après les en laisser aler, qui est chose bien estrange et que ne vouldrions pour riens souffrir. A ceste cause nous voulons et vous mandons très expressement que vous dites et defendez de par nous aux dessusditz cappitaines et a tous autres, que sur tant qu'ilz craingnent nous desobeir et desplaire, qu'ilz se gardent bien de delivrer et laisser aler de nosditz subgectz, a quelque rançon qu'ilz les aient mis, jusques a ce que premierement ilz nous en aient advertiz et que leur mandions de nostre plaisir et vouloir sur ce. Et qu'il n'y ait point de faulte, car pour riens nous ne le souffrions et nous en prendrions a ceulx qui les delivreroient. Et après que nous aurons esté advertiz de leurs noms, et [si] nous les voulions avoir de leurs mains pour en faire nostre vouloir, nous aurons tel regard au service qu'ilz nous ont fait a les prendre qu'ilz auront bien cause d'eulx contenter. Et aussi vous entendez bien que de les mectre a rançon sans nostre sceu ce ne seroit pas chose faisable, et ne fault pas que nul s'i actende.

Donné a Angiers le vj^{me} jour d'aoust.

CHARLES

Parent.

[1] V. n° 221.

184 — *CHARLES VIII*

Angers, mercredi 6 aout.

A NOSTRE CHER ET FEAL COUSIN LE S^r DE LA TRIMOILLE, NOSTRE LIEUTENANT GENERAL EN L'ARMÉE DE BRETAIGNE.

De par le Roy.

Cher et feal cousin, nous avons receu les lectres que par noz amez et feaulx conseilliers le s^r de Morvillier, nostre chambellan, le cappitaine Jaques de Silly et Pierre d'Aux bailly de la Montaigne [1], vostre lieutenant, nous avez escriptes touchant nostre frere d'Orleans, lequel ledit Pierre d'Aux nous a delivré et miz en noz mains ainsi que lui aviez chargé faire ; dont vous tenons quicte et voulons que en demourez deschargé partout où il appartiendra sans difficulté par ces presentes lesquelles, en tesmoing de ce, nous avons signées de nostre main.

A Angiers le vj^{me} jour d'aoust, l'an mil cccc quatre vings et huit.

CHARLES

Parent.

[1] V. n°s 228 et 232.

185 — *MONS^r DE BEAUJEU*

Angers, mercredi 6 aout.

A MON COUSIN MONS^r DE LA TRIMOILLE.

Mon cousin, je me recommande bien fort a vous. Par le bailly de la Montaigne, lequel s'en retourne par delà, ay sceu bien au long de voz nouvelles dont j'ay esté tres joieulx. Je luy ay donné charge vous dire aucunes choses ; je vous prie que le croyez de ce qu'il vous dira de par moy et souvent me faire savoir des nouvelles et de ce qui vous surviendra. Et a Dieu, mon cousin, qui vous doint ce que plus desirez.

Escript a Angiers le vj^{me} jour d'aoust.

Vostre cousin,

PIERRE

186 — *CHARLES VIII*

La Menitré, samedi 9 aout.

A NOSTRE CHER ET FEAL COUSIN LE S^r DE LA TRYMOULLE, NOSTRE LIEUTENANT EN L'ARMÉE DE BRETAIGNE, ET AUX AUTRES CAPPITAINES ESTANS AVECQUES LUY.

De par le Roy.

Cher et feal cousin et vous noz amez et feaulx, il y a ung jour ou deux que nous avons receu voz lectres, escriptes a Saint-Aubin le iiij^{me} jour de ce moys d'aoust, par lesquelles nous faictes savoir vostre partement et le lieu là où vous tirez et de la sommacion que avez faicte a ceulx de Rennes ; et nous semble que avez bien advisé de le prendre ainsi. Et au regard des vivres que demandez qui vous suyvent, nous en avons escript partout aux commissaires tellement que vous n'en aurez point de faulte ; mais en tant que touche de mectre des gens a Dol pour la seureté de vosditz vivres, il fault que cela viengne d'entre vous et que y donnez provision telle qu'elle vous semblera estre affaire par delà.

Touchant les paiemens tant de gensdarmes des ordonnances que des autres, nous en avons parlé a Angiers aux gens de noz finances et aux tresoriers des guerres et s'i fera toute dilligence possible en maniere que de brief ilz seront paiez, et desjà s'en est allé la pluspart devers vous. Aussi des lances et des autres choses que vous demandez par vostre memoire que Merlin nous a baillé, on vous en envoye et n'aurez faulte de riens que nous puissions. Nous vous avons fait envoier l'artillerye que demandiez et croyons que de ceste heure elle soit devers vous ; mais au regard des pyonniers nous n'y povons pourveoir d'icy et fault que que les faictes amasser par delà, car vous en finerez assez quant on y fera bonne dilligence.

En tant que touche les gensdarmes qui s'en estoient venuz par deçà, nous avons fait crier, sur peine de la hart, qu'ilz s'en retournent trestous en nostre ost, et si vous avons envoyé de noz pencionneres, et a mesure que les autres seront prez et qu'ilz viendront les vous envoyerons tous les jours ; et fault que les cappitaines facent savoir aux autres gensdarmes de leurs compaignies qui s'en sont allez sans congié qu'ilz s'en retournent incontinent a leurs enseignes ou autrement on mectra des gens en leurs places, car lesditz cappitaines doivent savoir où ils demeurent et où ilz sont allez mieux que nous ne faisons, et eulx mesmes en doivent respondre actendu qu'ilz y sont en personne.

Au regard de l'article que vous mectez en la fin de vosdictes lectres qu'il y a plusieurs gens de delà, tant de nostre frere d'Orleans que d'autres, qui s'en veulent venir rendre en nostre obeissance, escripvez nous les moyens comme ilz l'entendent et la maniere qu'ilz veullent venir et quelz personnages ce sont, car il y en a d'aucuns que nous vouldrions bien qui feussent par deçà et aussi beaucoup d'autres que nous aymerions mieulx de delà ; et quant vous nous en aurez adverty nous vous y ferons responce. Au surplus faictes nous savoir tousjours souvent de voz nouvelles et nous vous manderons des nostres.

Donné a la Menystré le ixme jour d'aoust.

CHARLES

Parent.

187 — *CHARLES VIII*

La Menitré, samedi 9 aout.

A NOSTRE CHER ET FEAL COUSIN LE SIRE DE LA TRIMOILLE, NOSTRE LIEUTENANT GENERAL EN L'ARMÉE DE BRETAIGNE, ET AUX CAPPITAINES ESTANS AVECQUES LUY.

De par le Roy.

Cher et feal cousin et vous noz amez et feaulx, nous avons presentement receu voz lectres faisans mencions de ce que nostre cousin de Rohan et entre vous avez fait touchant Dignan [1] ; qui est très bien venu a point, car il vault beaucoup mieulx qu'il soit ainsi que autrement, pour plusieurs raisons que vous entendez bien. Et vous mercions tousjours de la peine et diligence que vous prenez en noz affaires, vous prians que vueillez continuer et vous en aller faire vostre voiaige que savez en nous y servant ainsi que en vous nous avons nostre singuliere et entiere fiance. Au regard du paiement des gensdarmes, comme nous vous escripvons par noz autres lectres, nous en faisons faire toute la meilleure diligence qu'il est possible et n'y aura nulle faulte.

Donné a la Menystré le ixme jour d'aoust, a dix heures du soir.

CHARLES

Parent.

---

[1] Dinan avait capitulé le 7.

188 — L'cAMIRAL

Le Verger, mardi 12 aout.

A MONS^r DE LA TRIMOILLE.

Monsr de la Trimoille, je me recommande a vous tant comme je puis. J'ay tout maintenant receu une lectre de vous touchant Saint Malo, que vous dictes qui est une forte place : c'est chose bien veritable que c'est vrayement une des belles places du monde. Et au regard de la prandre par force s'il y a des gens dedans pour la deffendre seroit une chose très mal aiesée a faire, mais si n'y avoit que ceulx de la ville en les pourroit bien prandre de peur, non pas par autre maniere. Vous devez entendre qu'il s'entend bien par deçà ce que vous y povez faire, par quoy vous ne povez failliz a en estre quicte. Il est vray que nostre ambaxade de Bretaigne est revenue aujourduy, et croyons qu'il nous bailleront ladicte place, au moins la pluspart nous l'ont promis. Demain nous en saurons leur voulenté et puis après elle vous sera mandée incontinent; mais ne faictes point semblent d'avoir receu ceste lectre ne du contenu qui est dedans : vous en entendez assez la raison.

Vous dictes que vous m'avez escript depuis huit jours plus de six foyz : je vous advise qu'il y a plus de huit jours que je n'en eu lectre de vous, excepté une que je euz hier a quoy je vous ay respondu assez au long. Et si vous ay escript une demye dozaine de lectres a quoy je n'ay point eu de responce; et comme je vous ay fait savoir par la derreniere lectre que je vous ay escripte, il y a des preneurs entre vous et moy et entre moy et vous. Pour ce que j'ay ung peu de haste je ne vous escrips plus, si non que je vous dy a Dieu, mons^r de la Trimoille, a qui je pry qu'il vous doint tout ce que plus desirez.

Escript au Vergier le xij^{me} jour d'aoust.

Le tout vostre cousin,

LOYS DE GRAVILLE

189 — L'AMIRAL

Le Verger, jeudi 14 aout.

A MONS^r DE LA TRIMOILLE.

Monsr de la Trimoille, je me recommande a vous tant comme je puis. Le Roy vous escript unes lectres touchant les ambaxadeurs de Bretaigne qui sont icy, lesquelz ont requis ledit seigneur, de par le duc, quatre jours d'abstinance de courre les bonnes gens du plat pays ; ce que le Roy leur a accordé a commancer de l'eure que vous aurez les lectres qu'il vous en escript. Il me semble que vous leur devez faire tenir ses quatre jours ; et au regard de la place, il me semble pareillement que vous devez donnez a congnoistre a ceulx de la place qu'il vous est deffendu de plus ne les presser, et faire au demourant la meilleure contenance que vous pourrez, car pour tout le parlement qu'ilz ont fait depuis quinze jours je n'ay eu si bonne esperance en leur parolle que j'ay eu pour le present ; et croy, pour abreger, qu'il se fera quelque chose a ceste foiz et la conclusion faicte incontinent vous en advertiray.

Monsr de la Trimoille, je ne vous escrips plus si non que je vous dy a Dieu, a qui je prye qu'il vous doint tout ce que plus desirez.

Escript au Vergier le xiiij^{me} jour d'aoust.

Je croy qui bailleront la place là où vous estes [1].

Le tout vostre cousin,

LOYS DE GRAVILLE

[1] Autographe.

190 — L'AMIRAL

Le Verger, dimanche 17 aout.

A MONS^r DE LA TRIMOILLE.

Monsr de la Trimoille, je me recommande a vous tant comme je puis. J'ay receu depuis quatre jours deux paires de lectres de vous, dont les unes principallement ne m'ont semblé gueres bonnes; et si je vous en escripvoye tout ce que j'en pense je mectroye trop longuement a faire mes lectres, toutesfoiz si ne me passeroige point que je ne vous respondisse par escript a ung mot qui y est. C'est en effect que vous mectez en vostredicte lectre, et me priez, que je vous monstre par effect que je vous veulx bien faire plaisir ; et sembleroit que vous n'eussiez congneu jusques icy en moy que parolle sans effect, qui seroit la vraye condicion d'un trompeur.

Je ne sçay comment vous entendez cela, mais je veil bien que vous saichez que je vous ay beaucoup plus monstré d'effect que de parolles. Et sy vous me pensiez ung tel marchant je vous prie faictes le moy savoir de bonne heure, car je vous asseure qu'il n'y a homme en France qui mains aymast ung amy souppessonneux sans raison que je feroye ; et pour abreger, je m'en suis passé jusques icy et ay esperance de m'en passer tant que je vive, car l'acointance n'en peut estre que mauvaise au long aller.

Vous mectez en ung autre endroit que l'en vous a dict que je vous ayme mieulx pauvre que riche. Par ma foy je ne sais qu'il le vous a dit mais je ne le pensé oncques, car je ne pourroye entendre que vostre pauvreté me peust en rien ayder ne que vostre richesse me peust faire dommaige. Monsr de la Trimoille, je vous diray quelque jour le surplus ; mais je foiz veu a Dieu que je ne fu, passé a ung an, si despit de chose qu'il me advensist.

Au demourant Chaserac et ung de mes gens s'en partent tout

maintenant pour aller devers vous, qui vous diront des nouvelles de par deçà ; par quoy je me passe de vous en escripre et vous dy a Dieu icy endroit, mons^r de la Trimoille, a qui je prye qu'il vous doint tout ce que plus desirez.

Escript au Vergier le xvij^{me} jour d'aoust.

Le tout vostre cousin,

LOYS DE GRAVILLE

---

191 — L'ARCHEVÊQUE DE BORDEAUX

Le Verger, mardi 19 aout.

A MONS^r MONSEIGNEUR DE LA TRIMOLHE.

Monsr, je me recommande a vostre bonne grace tant comme je puis. J'ay sceu que ung gensdarme, nommé Largues, est allé sommer de par vous une petite place nommée le Plessiz Bertrand, où estoit ung mien nepveu a qui la place appartient, que lui respondit que de la place il en feroit a vostre bon plaisir maiz que sa personne, ses gens et ses biens fussent en seurté. Monsr, ledit Largues escripvit une composicion de sa main dont mondit nepveu se contenta. Par après lui demanda ung de ses gens pour avoir une sauvegarde de vous contenant le contenu en ladicte composicion, ce que mondit nepveu fist ; et le lendemain ledit Largues vint retourner devant la place disant qu'il avoit ladicte sauvegarde de vous et demanda ouverture, ce que mon nepveu lui fist, et incontinent lui dist qu'il le tenoit prisonnier du Roy et pilha ladicte place.

Monsr, nous sommes touz voz serviteurs et voz amys. S'il vous plaist vous ne soubstiendrez une telle tromperie, qui est telle que je vous escriptz, car j'ay veu homme qui estoit en la compaignie dudit Largues qui m'a certifié de toutes ces choses, desquelles je vous prie de rechief d'en faire la raison tant des biens que aussi de la personne de mondit nepveu. Et s'il est service ne plaisir, Monsr, que je puisse, je vous supplie qu'il vous plaise de ne m'esparnier, car vous n'avez frere ne amy qui de meilleur cueur le voulsist faire que moy. Ce scet Nostre Seigneur qui, Monsr, vous doint très bonne vie et longue.

Escript au Vergier le xixme jour d'aoust.

Vostre serviteur et pouvre parent,

L'ARCEVESQUE DE BORDEAUX.

192 — *CHARLES VIII*

Sablé, jeudi 21 aout.

De par le Roy [1].

[1] Texte de Dom Morice.

Cher et féal cousin, nostre amé et féal conseiller l'archevesque de Bordeaux nous a dit que Jean de Chasteaubrient, lequel a épousé une de ses sœurs, luy a escrit que puis naguères ung nommé Largues, homme d'armes de la compagnie du vicomte d'Aunay, sous ombre d'une seureté qu'il disoit avoir de nous ou de vous, a pillé le Plessis-Bertrand et pris prisonnier son neveu du Glesquin et les autres gens qui estoient dedans, ainsi que pourrez voir plus au long par lesdites lettres que vous envoyons cy dedans encloses. Et pour ce que ce sont choses très mal faites et que pour rien ne voudrions souffrir, parlez en audit vicomte d'Aunay et advisez ensemble d'y donner incontinent la provision telle qu'il appartient, et le tout faites rendre et restituer et pareillement lesdites personnes; car vous savez les services que ledit archevesque de Bordeaux et ses parents nous ont faits et font actuellement, et si entendez assez que ce ne seroit bien fait de les mal traiter en nous bien servant. Et au surplus ayez les faits et affaires des parents dudit archevesque de Bordeaux pour recommandés en ce que pourrez faire pour eux.

Donné à Sablé le xxj^{me} jour d'aoust.

Signé : CHARLES. *Et plus bas* : Parent.

Et sur le dos : A nostre cher et féal cousin le sire de la Trimoille, nostre lieutenant général en l'armée de Bretagne.

---

193 — *CHARLES VIII*

La Roche-Talbot, dimanche 24 aout.

A NOSTRE CHER ET FEAL COUSIN LE SIRE DE LA TRIMOILLE ET A NOS AMEZ ET FEAULX CONSEILLERS LES CAPPITAINES ESTANS AVECQUES LUY.

De par le Roy.

Cher et feal cousin et vous noz amez et feaulx, nous avons tout a ceste heure receu une lectre de vous qui contient vostre deslogement de Saint Malo et le chemin que vous avez esperance de tirer pour toujours nous faire service, dont de vostre bonne voulenté vous mercyons de plus en plus.

Vous mectez en vostre lectre que, là où vous avez receu les lectres de nous, vous prenez une conclusion pour departir noz gens de pié en actendant se que vous dira de par nous le cappitaine Raoul de Lannoy. Il nous semble que vous avez très bien advisé; mais il est besoing d'une chose : c'est que jusques a demain l'arcevesque de Bordeaulx et autres, qui vont de par nous devers le duc, ne seront a Nantes ; et doubtant que noz subgectz qui sont là n'empeschassent l'appoinctement ainsi conclu que vous pourrez savoir par le s^r de Morvillier, qui est en effect qu'ilz n'y sont gueres avant comprins, eulx saichans nostre armée departie pourroient encore brouiller quelque chose.

Nostre advis est que, pour d'icy a mercredi ou a jeudi, vous faciez vivre voz gens sans en faire grant departement ne tournez de tous poins le doz a la ville de Rennes en actendent de noz nouvelles. Affin que nous ne fussions point empeschez de rassembler ceulx qui seroient departiz, vous passez le temps le mieulx et le plus doulcement que vous pourrez jusques ad ce que vous ayés de noz nouvelles; et tout incontinent que nosditz ambaxadeurs nous auront fait savoir l'arrest de la conclusion, vous en serez advertiz a toute dilligence. Mais ce temps pendant faictes voz departemens, tant de commissaires que de prevostz, pour conduyre voz gens de pié, qui n'y ait si non a faire le commandement quant noz nouvelles vous en viendront; et faictes le tout a la maindre charge du peuple que faire se pourra. Et au demourant faictes nous souvant savoir de voz nouvelles et nous vous ferons savoir des nostres.

Donné a la Roche Talbot le xxiiij^{me} jour d'aoust.

CHARLES

De Baugé.

194. — L'AMIRAL

La Roche-Talbot, jeudi 28 aout.

A MONS^r DE LA TRIMOILLE.

Monsr de la Trimoille, je me recommande a vous tant comme je puis. J'ay receu la lectre que vous m'avez escripte qui contient que par la composicion de Saint Malo [1] les biens qui estoient aux navires demeurent a la voulenté du Roy, ceulx qui estoient aux estrangiers; et que non obstant cela de mes gens ont aresté lesditz biens disans qu'ilz m'apartiennent, ce que vous trouvez bien estrange veu que a l'eure de la composicion lesditz biens n'estoient encores soubz l'admiraulté. A quoy je vous respons que quelque

[1] V. n° 220.

forfaiture ne quelque bris qui se face en la mer, de l'eure qu'il est acquis au Roy il est mien et n'y a lieutenant du Roy qui jamais y peust rien demander. Et par toutes les composicions qui furent faictes en Normendie, là où l'admiral[1] n'estoit pas lieutenant ne en personne avec, excepté a Cherbourge là où il mourut, jamais homme n'y print riens que luy ; ou quant je l'eusse voulu demander au Roy, il ne le m'eust pas reffuzé.

Mais affin que vous entendez de ma voulenté, je n'en vueil riens et le vous donne et aux cappitaines de bon cueur, et y eust il xx mil escus[2]; et l'ay escript a mes gens de l'eure qu'ilz le m'ont fait savoir, car je n'ay point acoustumé de prandre mon prouffit de si près, mais je vous prye que mon cousin[3] ne ses biens ne soient point ainsi pillez ne destruitz si la raison ne le peut porter.

Monsr de la Trimoille, je ne vous escrips plus si non que je prye a Dieu qu'il vous doint tout ce que plus desirez.

Escript a la Roche Tallebot le xxvij^{me} jour d'aoust.

Le tout vostre cousin,

LOYS DE GRAVILLE

[1] Prégent de Coëtivy.

[2] V. n° 228.

[3] L'évêque de Saint-Malo.

---

195 — *CHARLES VIII*

La Roche-Talbot, dimanche 31 aout.

A NOSTRE CHER ET FEAL COUSIN LE SIRE DE LA TRIMOILLE, NOSTRE LIEUTENANT GENERAL EN L'ARMÉE DE BRETAIGNE, ET AUX CAPITAINES ESTANS AVEC LUY.

De par le Roy.

Cher et feal cousin et vous noz amez et feaulx, nous avons esté advertiz, aussi nostre cousin l'arcevesque de Reims evesque de Saint Malo nous a dit, que les habitans de la ville et place de

Saint Malo se pleignent très fort [1], et luy ont escript, disans que aucuns commissaires et gens que y avez laissez leur font plusieurs oppressions et choses mal faictes, et qui plus est les vueillent contraindre a fournir et bailler quelque somme d'argent ; qui nous semble bien estrange, car par ce moïen ilz se pourront malcontenter dont il adviendroit quelque inconvenient.

A ceste cause et que, ainsi que jà par plusieurs foiz vous avons escript, desirons de nostre povoir qu'ilz soient aussi bien et favorablement traictez que autre ville de nostre royaume et obeissance, pour beaucoup de raisons que entendez assez, nous vous prions et mandons que, incontinant ces lectres veues, vous envoyez audit Saint Malo quelque personnaige de ceulx qui sont avec vous par delà, et escripvez et mandez bien expressement ausditz commissaires et tous autres que besoing sera qu'ilz se retirent de ladicte ville et cessent d'y plus besoigner ; car on nous a dit que eulx et aucuns gensdarmes ont fait des rançonnements et prins les biens et marchandises d'aucuns dudit Saint Malo et avec ce leur tiennent très mauvais et rudes termes, dont ne sommes pas contens.

Et pour ce pourvoiez y ainsi qu'il appartient, car nous sommes deliberez envoyer de noz gens là et ailliers aux autres places que nous tenons en Bretaigne, affin que riens ne leur soit fait par quoy ilz aient cause d'eulx malcontenter ; car leur malcontentement nous pourroit trop prejudicier pour le temps advenir, et en faisant le contraire ce ne seroit pas la maniere de les entretenir en doulceur et amour soubz nous comme de tout nostre povoir desirons faire. Et nous donnons merveilles que ne l'avez autrement entendu et avons escript aux commissaires et aux capitaines estans audit Saint Malo qu'ilz cessent le tout jusques a ce que autrement en soit ordonné, et ne serions pas content qu'il y eust faulte.

Donné a la Roche Talbot le derrenier jour d'aoust.

CHARLES

Parent.

[1] V. n° 226.

196 — *CHARLES VIII*

La Roche-Talbot, dimanche 31 aout.

De par le Roy[1].

[1] Texte de Dom Morice.

Cher et féal cousin et vous nos amés et féaulx, plusieurs capitaines et gendarmes se sont plaints à nous de la manière qui a esté tenue jusques icy touchant les prisonniers[2], morts, butin et toutes autres choses qui y doivent estre mises, tant de ce qui fut pris et gagné à la bataille de Saint Aubin que de tout ce qui depuis a esté fait à Saint Malo, nous requérans y donner provision.

[2] V. n°° 221 et 228.

A ceste cause avons ordonné que le tout sera mis et arresté en nos mains, quelque part qu'il y en ait, ensemble les deniers qui jà en sont venus et peuvent venir ; et pareillement que s'il y a desdits prisonniers et biens en la maison d'aucuns qui ne soient suffisans pour les garder, qu'on les mette et baille en autre main seure qui en puisse respondre. Et de ce, à la requeste des dessusdits, avons commandé nos lettres et mandements patents, sur peine de perdre le droit que chascun de ceux qui les tiennent y prétendent et peuvent avoir et autres grosses peines à nous à appliquer, jusqu'à ce que par nous autrement en soit appointé ; dont vous avertissons afin de le faire assavoir en nostre ost et partout ailleurs où besoin sera. Et pour ce donnez y ordre en manière que ce que en avons ordonné et appointé soit tenu et gardé, car s'il y a aucuns qui soient trouvés faisans le contraire nous n'en serons pas contens et voulons, comment que ce soit, qu'il n'y ait point de faute.

Donné à la Roche-Talbot le derrain jour d'aoust.

Signé : CHARLES. *Et plus bas :* Parent.

Et sur le dos : A nostre cher et féal cousin le sire de la Trimoille, nostre lieutenant général en l'armée de Bretagne, et aux capitaines estans avecques luy.

197. — *CHARLES VIII*

La Roche-Talbot, dimanche 31 aout.

A NOSTRE CHIER ET FEAL COUSIN LE S^r DE LA TREMOILLE.

De par le Roy.

Cher et feal cousin, nous avons receu voz lectres touchant les francs archers qui sont a Fougieres. Vous saurez dedens deux ou trois jours de noz nouvelles du nombre que entendons qui y demourera, car nous ne voulons pas qu'il y en demeure si grant nombre qu'il y en a. Et au regard de la pillerye que dictes qu'ilz feront en ladicte ville de Fougieres, faictes vous en bien donner garde et y donnez provision; car tenez vous seur que nous n'en seryons pas contens et en feryons faire telle et si griefve pugnicion, tant des cappitaines que desditz francs archers, a qui qu'ilz soient ne en quelque lieu qu'ilz demeurent en nostre royaume, qu'il en seroit memoire perpetuel et exemple a tous autres.

Donné a la Roche Talbot le derrenier jour d'aoust.

       CHARLES

          Robineau.

198 — CHARLES VIII

La Roche-Talbot, mercredi 3 septembre.

A NOSTRE CHER ET FEAL COUSIN LE S^r DE LA TRIMOILLE, NOSTRE LIEUTENANT GENERAL EN L'ARMÉE DE BRETAIGNE, ET AUX CAPPITAINES ESTANS AVECQUES LUY.

De par le Roy.

Cher et feal cousin et vous noz amez et feaulx, derrenierement, nous estans a Angiers, nous asseurasmes et promymes au s^r de Coesquin, grant maistre d'ostel de Bretaigne, qu'il ne perdroit aucune chose de ses biens et demoureroit en seureté de sa personne; mais nous avons sceu que sesditz biens ont esté prins par noz gens, dont ne sommes contens. A ceste cause, et que pour riens ne vouldrions faillir a nostredicte promesse, nous voulons et vous mandons très expressement que vous faictes tout rendre audit grant maistre en maniere qu'il ne perde riens. Et au surplus croiez, nostre cher et feal cousin, le sire de Curton et le s^r de Morvillier de ce qu'ilz vous en diront de par nous et gardez, comment que ce soit et toutes excusations cessans, qu'il n'y ait point de faulte.

Donné à la Roche Talbot le iij^{me} jour de septembre.

CHARLES

Parent.

199 — *CHARLES VIII*

Le Mans, samedi 6 septembre.

De par le Roy [1].

    Cher et féal cousin et vous noz amés et feaulx, hier arriva icy devers nous Antoine de Guines, lequel avons envoyé au Liége, et avec luy un messager par qui messires Evrard et Robert de la Marche [2], aussi ceux de la cité de Liége, nous ont escrit que quelque nombre d'Allemans se sont joints avec l'évesque de Liége, le tout par l'ordonnance et commandement du duc d'Autriche, pour essayer à reprendre ladite ville et grever et faire la guerre en toute la lisière de Réthelois ; et dit l'on encore qu'ils veulent tirer vers Luxembourg. Et pour ce que cela est voisin de la duché de Bourgogne et que pour ceste heure le pays est très despourveu de gendarmes, donnez ordre aux commissaires qui conduisent les gendarmes que nous avons tirés de ces lieux là et aux capitaines qui en sont venus qu'ils s'en retournent le plus diligemment que faire se pourra ; car si le pays demouroit longuement aussi mal pourveu qu'il est il se pourroit faire quelque chose qui ne seroit pas à nostre advantage.

    Faites aussi diligenter tous les autres gendarmes. Que chascun soit en sa garnison le plus tost que faire se pourra et que chascun se gouverne si bien par les champs que nous n'en ayons point de plainte ; car s'il se faisoit autrement nous ne serions pas contens ni des capitaines et commissaires ni aussi des gendarmes. Au regard du fait des Bretons dont nous avez escrit, nous y tiendrons la raison tellement que chascun s'en devra contenter.

    Donné au Mans le vj^{me} jour de septembre.

    Signé : CHARLES. *Et plus bas :* Parent.

Et sur le dos : A nostre cher et féal cousin le sire de la Trimoille, nostre lieutenant en nostre armée de Bretagne, et aux capitaines estans avecques luy.

[1] Texte de Dom Morice.

[2] La Marck.

200 — *CHARLES VIII*

Rouen, lundi 17 novembre.

A MON COUSIN LE S^r DE LA TRIMOILLE.

Mon cousin, j'ay receu les lectres que vous m'avez escriptes par ce porteur, par lesquelles vous me recommandez les pertes de voz subgectz et voz despences de ceste année [1]; et mectez en la fin de vostre lectre que vous feussiez venu au terme que vous m'aviez promis mais que vous avez esté ung peu malade, qui a esté cause de n'estre venu audit jour.

Et pour vous respondre a la premiere article, je sçay bien que vous avez fait des despences et vosditz subgectz des pertes; mais aussi avez vous eu de l'onneur largement, qui est demy recompense de la mise que vous y avez faicte. Toutesfois je parfourniray le demourant en maniere que voz enffans ne se sentiront point de ce dommaige.

Mais au regard de l'excusation de vostre venue, je ne la tiens bonne, raisonnable ne prouffitable pour vous, car il me souvient très bien du marché que vous feistes avec moy, lequel est par escript et les pleiges vivans que je foiz bons païeurs et feray de la somme de quoy ilz me sont tenuz. Pour laquelle depuis vostre partement je feiz regarder par mon conseil si elle estoit souffisante, lequel la trouva trop petite de la moictié et par l'oppinion de tous fut doublée; et ne faictes nulle doubte que pour le jourduy vosditz pleiges n'en doivent une seulle maille ny ne feront d'icy en avant plus hault de xxiiij heures.

Je vous advise de la justice que je tiens en cest affaire affin que vous y pourvoyez dilligemment; et adieu mon cousin.

Escript a Rouen le xvij^{me} jour de novembre.

CHARLES

Parent.

[1] V. n° 217.

LETTRES
ET
PIÈCES DIVERSES

---

201 — *LETTRES-PATENTES*
QUI NOMMENT LOUIS DE LA TRÉMOILLE LIEUTENANT-GÉNÉRAL DE L'ARMÉE DU ROI EN BRETAGNE [1].

[1] Texte de l'Histoire de la maison de la Trémoille.

Les Montils-lès-Tours, mardi 11 mars 1487, vieux style.

Charles par la grâce de Dieu roi de France, à tous ceux qui ces présentes lettres verront, salut.

Comme pour résister aux entreprises que le duc de Bretagne et autres seigneurs de notre sang, nos rebelles et désobéissans sujets, se sont efforcés et efforcent faire chacun jour en nous menant la guerre, et aussi à nos bons et loyaux sujets, pour laquelle cause ayons envoyé ès marches dudit [duc de] Bretagne partie de notre armée, afin de y résister et pourvoir, et pour ce faire, et afin que bon ordre soit tenu en notre armée, soit besoin et nécessaire commettre et ordonner aucun grand et notable personnage pour notre lieutenant-général en icelle armée et en qui ayons fiance ;

Savoir faisons que nous, ce considéré et pour la bonne et entière confiance que nous avons de la personne de notre cher et amé cousin Louis s^{gr} de la Trémoille, comte de Benon, vicomte de Thouars, et de ses grandes noblesse, vaillance, suffisance, loyauté, prud'homie et bonne diligence, icelui pour ces causes, et de l'avis et délibération d'aucuns des princes et seigneurs de notre sang et lignage et gens de notre conseil étans lès nous, et pour aucunes considérations à ce nous mouvans, avons commis, ordonné, établi et par ces présentes commettons, ordonnons et établissons notre lieutenant-général en notre armée et marche de Bretagne. Et lui avons donné et donnons plein pouvoir et autorité de faire marcher notredite armée ès lieux, villes, places ainsi qu'il verra être à faire pour notre service, icelle renforcée de tel nombre de gens de guerre, tant de cheval que de pied, en bon ordre et police, à la moindre charge de notre peuple que faire se pourra; de réduire et mettre en notre obéissance, par les moyens que possible sera, toutes villes, places, châteaux à nous désobéissans, les faire sommer d'eux rendre et mettre sous notre obéissance; icelles faire assièger, composer et prendre à mercy; faire abattre et démolir telles desdites villes, places et chateaux qu'il verra être à faire et qui nous pourroient porter nuisance et grevance; et avec ce de recevoir à serment les nobles et autres habitans dudit pays de Bretagne qui se voudroient retirer et prendre notre parti, les prendre et mettre sous notre sûreté, protection et sauvegarde spéciales, leur quitter, pardonner, abolir tous crimes, offenses et maléfices qu'ils pourroient avoir commis; de pourvoir à la sûreté et garde desdites villes et places et aux offices d'icelles de personnes à nous sûres et stables; de bailler sûreté et saufconduits à ceux de parti à nous contraire, afin de les faire attraire et tirer à notre service, de leur octroyer toutes et chacunes les provisions en raison et justice qui leur sont nécessaires; avec ce de faire faire les montres et revues de tous nos gens de guerre, iceux faire payer de leurs gages et soldes; aussi de faire corriger et punir tous les cas et maléfices, faire administrer raison et justice à tous ceux qui le requerroient et touchant les matières qui dépendent du fait de la dite guerre; et généralement de faire et besogner ès choses dessusdites, leurs circonstances et dépendances, tout ainsi que nous ferions et faire pourrions si présent en notre propre personne y étions, et d'en bailler et faire expédier sous scel toutes les lettres dont octroi et provisions à cette cause seront nécessaires : promettant, en bonne foi et parole de Roi, les avoir pour agréables, tenir fermes et stables à toujours et d'en bailler lettres et confirmation telles que au cas appartiendra et que requis en serons.

Si donnons en mandement par ces mêmes présentes à tous baillis, sénéchaux, capitaines, chefs et conducteurs de gens de guerre et ceux de leur charge étant en notre service, gouverneurs, maires, échevins et officiers justiciers de villes, cités, châteaux, forteresses, ponts, ports, passages, juridictions et détroits, et à tous nos justiciers, officiers et sujets, que notredit cousin ils reçoivent comme notre lieutenant-général en icelle armée de Bretagne et lui obéissent et entendent tout ainsi qu'ils feroient à notre propre personne et fassent ce qu'il leur ordonnera et enjoindra de par nous, le reçoivent èsdites villes, places avec tels de nos gens de guerre qu'il voudra et ordonnera, lui en fassent ouverture sans aucune difficulté; et afin que on ne puisse prétendre de ce cause d'ignorance, fassent, si métier est, publier l'effet et contenu de cesdites présentes par tous les lieux où besoin sera.

En témoin de ce, nous avons fait mettre notre scel à cesdites présentes.

Donné aux Montils-lès-Tours le onzième jour de mars, l'an de grace mil quatre cents quatre vingt sept et de notre règne le cinquième.

Sur le repli : par le Roi, les comtes d'Angoulême, de Beaujeu et de Bresse, l'archevêque de Bordeaux, l'Amiral, les seigneurs du Fou, de l'Isle, de la Pellequenant et de Grimault et plusieurs autres présens.

Signé : PARENT.

Et scellé.

202 — *LE PRINCE D'ORANGE*

Mois de mars?

A MON COUSIN MONS^r DU PONT.

Mon cousin, vous savez l'assemblée qui est faicte par deçà pour remectre les subjectz et maison du duc en son obeissance. Et pour ce que vous estes ung des principaulx de sa duchié, je vous vouldroye prier de vous rendre, et aussi vostre maison, en la main du duc; et si vous le faictes ainsi il ne vous en ira que de mieulx, et se vous le faictes autrement il vous en pourra advenir dommaige dont il me desplaira. Le duc m'a donner puissance de recevoir ceulx qui vouldront venir et leur pardonner, aussi puissance de les pugnir faisant le contraire; et pour ce advisez en vostre fait. Et a tant a Dieu, mon cousin, qui vous doint ce que desirez.

Mon cousin, je vous prie croire Monsr le Grant [1] de ce qui vous dira.

Le tout vostre cousin,

J. DE CHALON

[1] Le grand-écuyer du duc de Bretagne. V. n° 222.

---

203 — *ORDRE DU ROI SUR LES MONNAIES*

Vers le 10 avril.

Touchant le fait des Monnoies, nous entendons que nostre ordonnance ait lieu, laquelle est avantageuse et prouffitable a ung chascun et principallement a nos gens de guerre, a ce que d'ores en avant ilz ne soient paiez que en bon paiement. Et par ladicte ordonnance le xj^{AIN} est mis a xij deniers et le xij^{AIN} a xiij deniers, qui est pour eviter et dechasser toutes autres mauvaises monnoies qui ne vallent pas l'équipolent la moictié des nostres.

Laquelle ordonnance entendons estre entretenue et d'icelle vous envoyons le double.

---

204 — *CAPITULATION DE CHATEAUBRIANT*

Mercredi, 23 avril.

Loys[1] seigneur de la Trémoille, conte de Guynes et de Benon, lieutenant-général du Roy, avons donné aux capitaines, gens de guerre et autres estans à présent dans la ville et chastel de Chasteaubriant ce que s'ensuit.

[1] Texte de Dom Morice.

Premièrement qu'ils mettront lesdites ville et chastel entre nos mains pour le Roy; qu'ils feront rendre à plein et à délivre, quittes de toute rançon ou promesse, le sire de Champeroux et tous autres qui furent pris et retenus prisonniers lorsque la ville de Vannes fut dernièrement mise entre les mains du duc ou de mons^{gr} d'Orléans. Et de ce sera baillé en ostage tels personnages qu'adviserons, jusqu'au nombre de dix personnages, qui demeureront prisonniers jusqu'a ce que ledit s^r de Champeroux et autres ainsi détenus soient rendus; et jureront lesdits capitaines et gens de guerre de les faire délivrer.

Et moyennant ce, pour monstrer la bonté et clémence du Roy et sa grande miséricorde, nous avons octroyé à tous lesdits capitaines, gens de guerre et autres, de quelque estat qu'ils soient, estans èsdictes ville et chastel de Chasteaubrient qu'ils s'en voisent leurs biens et bagues sauves, et les ferons conduire en seureté par Jacques de Grassay et Pierre du Moulin, sauf que les ostages dessusdits demeureront prisonniers jusqu'à ce que Jehan sire de Champeroux et autres soient mis à pleine délivrance, ce qu'ils seront tenus faire dans quinze jours prochains venans; et iceux ainsi délivrés, promettons rendre et mettre à pleine délivrance lesdits ostages.

Plus les habitans de la ville, faubourgs, terre et seigneurie de Chasteaubrient ne seront aucunement pillés et ne leur sera aucune chose prise ne ostée de leurs biens; et ceux qui voudront faire service au Roy demeureront seurement en leurs biens, maisons et héritages.

Item toutes les bagues et biens, tant or que argent, lettres et autres choses de Madame de Laval [1] qui sont èsdite ville et chastel luy seront délivrées [quittes] de tous empeschemens, et les aura pour en faire à son plaisir.

Donné devant Chasteaubrient le xxiij⁰ avril MCCCCLXXXVIIj.

Signé : L. DE LA TREMOILLE, lieutenant général du Roy.

Et plus bas : Primaudaye.

[1] L'aînée.

---

205 — *MADAME DE LAVAL, L'AINÉE*

Nantes, dimanche 27 avril.

A MONSʳ DE LA TRIMOILLE, LIEUTENANT GENERAL DU ROY.

Monsʳ, je me recommande a vous tant de bon cueur que je puis. J'ay veu ce que m'avez escript touchant des lectres que j'ay a Chasteaubrient, de quoy je vous mercie et vous prie qu'il vous plaise donner seurté a de mes gens a ce que je puisse les y envoier pour les querir. Je y ay d'autres de mes biens; je vous prie, Monsʳ, y avoir mon afaire pour recommandé comme de vostre parente. Et si chose vous plaist que puisse, je l'acompliroy de bon cueur ; priant Dieu qui vous doint l'acomplissement de voz desirs.

Escript a Nantes le xxvij^me jour d'avril.

La toute vostre cousine,

FRANÇOYSE DE DINAN

206 — MADAME DE LAVAL, L'AINÉE

Nantes, lundi 28 avril.

A MONS^r DE LA TRIMOILLE, LIEUTENANT GENERAL DU ROY.

Monsr, je me recommande a vous tant de bon cueur que je puis. J'ay receu le saufconduit qu'il vous a pleu m'envoier pour recouvrer mes lectres et autres bien que j'ay a Chasteaubriant, ainsi que la composicion faicte par vous le porte. Je vous prie, Monsr, y avoir mon fait pour recommandé comme pour vostre parente et que vouldriez que vos amys feissent pour vous en pareil cas. Monsr, si chose vous plaist que pour vous puisse, je l'acompliroy de bon cueur; priant Dieu qui vous doint l'acomplissement de voz desirs.

Escript a Nantes le xxviij^{me} jour d'avril.

La toute vostre cousine,

FRANÇOYSE DE DINAN

---

207 — LE SIRE DE LA TRÉMOILLE

Chateaubriant, jeudi 1er mai.

AU ROY MON SOUVERAIN SEIGNEUR [1].

[1] En original à la Bibliothèque Nationale.

Sire, maistre Jehan de Reilhac est venu devers moy pour le fait des vivres de la charge d'Orleans, et a esté sur les lieux d'icy autour où lesditz d'Orleans avoient fait descendre lesditz vivres, pour visiter quelz vivres il y a, tant blez, farines, avoynes et autres, et savoir s'il n'y a quelque faulte; et de tout m'a rapportée la declaracion, et s'en y est trouvé bonne quantité.

Sire, jusques cy lesditz d'Orleans ont très bien fait leur devoir, comme j'ay esté adverti par le prevost des mareschaulx et autres qui le scevent.

Et au seurplus, Sire, par ledit de Reilhac pourrez, se c'est vostre plaisir, savoir comme aujourduy j'ay fait assembler aucuns en ce congnoissans pour savoir quelle creue de vivres est neccessaire pour vostre armée ; et sur ce a esté fait ung adviz qu'il vous porte, et lequel il vous plaira faire veoir, et commander lectres adressanz aux commissaires et villes affin de acomplir en toute diligence le contenu, ainsi que j'ay chargié ledit de Reilhac vous dire plus a plain.

Ledit de Reilhac m'a requis que vous voulsisse escripre en sa faveur, a ce que vostre plaisir soit de faire veoir en conseil ung placet qui luy touche pour ung procès et s'il est raisonnable le luy octroyer ; et pour ce qu'il vous a servy et prent peyne de vous bien servir, se s'est vostre plaisir, et je vous en supplie, l'aurez pour recommandé.

Sire, je prie a Dieu qui vous doint très bonne vie et longue.

Escript a Chasteaubriant le premier jour de may.

Vostre très humble et très obeissant subgect et serviteur,

L. DE LA TREMOILLE

208 — *LE SIRE DE LA TRÉMOILLE ET SES CAPITAINES*

Châteaubriant jeudi 8 mai.

AU ROY NOSTRE SOUVERAIN SEIGNEUR [1].

[1] En original à la Bibliothèque Nationale.

Sire, nous avons receu les lectres qui vous a pleu nous escripre; et tant que touche la Guyerche, l'on est après pour en faire ainsi qui vous a pleu l'ordonner.

Sire, touchant Dol, nous avons parlé a mons^r le viconte d'Aunays qui est tousjours en deliberacion de y aller, en luy fournissant ce qu'il demande. Aussi avons parlé à mons^r d'Arzerac et au frère du cappitaine Meritin, qui est son lieutenant, qui y font de grans difficultez. Et vous supplient que vostre plesir soit ne les y envoyer point, car la plus grant part de leurs gensdarmes, comme ilz dyent, n'y veullent aller; et dient que ne vous y saroyent faire service ne leur honneur pour ce que la place n'est point tenable, et avecques ce il n'y a nulz vivres sy non au jour la journée.

Sire, mondit s^r le viconte, voyant le different, nous a dit, si c'est vostre bon plesir, luy parfournir sa compaignie jusques a cent hommes d'armes dont il ayt la charge avecques ceulx qui y sont de present, et luy bailler sept ou huit cens hommes de pié autres que ceulx qui y sont; car il dict qu'il n'y a remede de les tenir qu'ilz ne s'en aillent en leurs maisons pour ce qu'ilz sont près de leur pays. Sire, sur le tout en ordonnerez et manderez vostre bon plesir; et s'en va ledict viconte devers vous et n'y a eu remede de l'en garder.

Sire, touchant la demoliction de ceste place, l'on y a bouté francs archers et pyonniers et y a esté fait et fait l'on la plus grant diligence qu'il est possible. Nous rethirerons des gensdarmes de par delà le plus que nous pourrons, ainsi qu'il vous a pleu nous escripre; et des lacays nous n'en prenderons point, et des gensdarmes qui seront trouvez en armes en sera fait ce qui vous a pleu nous mander.

Sire, il nous semble, si s'est vostre plesir, qui n'y aroit que bien de nous envoyer l'artillerie et qu'elle soit vendredi ou samedi a Saulmur ou au Pons de Sée, et vous envoyons le memoire que le maistre de l'artillerie et mons^r Dupin nous ont baillé qui nous est neccessaire d'avoir. Sire, touchant le siege de Fougieres, nous y ferons comme il vous a pleu nous mander, et esperons partir d'icy samedi ou lundi bien matin, et y ferons bonne diligence de vous y bien servir au myeulx que nous pourrons. Sire, nous pryons a Dieu et a Nostre Dame qui vous doint très bonne vie et longue.

Escript a Chasteaubriant le vij^{me} jour de may, a six heures du matin.

Voz très humbles et très obeissans subgectz et serviteurs,

L. DE LA TREMOILLE;
CHABANNES; ROBBERT DE BALSAC;
GUICHART DALBON; G. DE MONFAUCON.

209 — MADAME DE LAVAL, LA JEUNE

Laval, lundi 12 mai.

A MON COUSIN MONS^r DE LA TRIMOULLE.

Mon cousin, je me recommande a vous tant comme je puis. Mon cousin, j'ay sceu par Jehan Duboys qu'avez fait beaucoup de plaisir aux gens de monseigneur mon mary et de moy qui estoient allez a Chasteaubriant pour recouvrer les lectres et meubles de feu monseigneur de Laval, a qui Dieu pardoint, de quoy je vous mercye. Et pour ce, mon cousin, que j'ay esté advertie qu'il en a esté mené par d'aucuns gens de guerre a Chasteaugontier et Angers, tant livres que autres biens, je vous prie, mon cousin, que donnez commission de les retirer en maniere que on les puisse avoir, et vous ferez plaisir a mondit seigneur et a moy; et s'il est aucune chose en quoy je me puisse employer pour vous, je le feray de bon cueur. Et a Dieu, mon cousin, qui vous doint ce que desirez.

Escript a Laval ce xij^me jour de may.

Vostre bonne cousine,

KATERINE [1]

[1] D'Alençon.

210 — LE SIRE DE LA TRÉMOILLE ET SES CAPITAINES

Faubourgs d'Ancenis, vendredi 16 mai.

AU ROY NOSTRE SOUVERAIN SEIGNEUR [1].

[1] En original à la Bibliothèque Nationale.

Sire, derrenierement vous avons escript comme estions arivez en ceste ville ; et depuis toute la diligence qu'il a esté possible de faire, tant de faire tirer l'artillerie que d'approuches, nous avons fait, et pour ung jour en a esté fait ce qu'il s'en peut faire et tant qu'on les a mis en si grant sugection qu'ilz n'osent plus tirer comme ilz avoient accoustumé. Sire, moy de la Tremoille, pour ce que j'avoye quelque congnoissance avec mons[r] d'Audon [2], je y envoyé hier le bailly de la Montaigne, messire Pierre d'Aux, le sommer et praticquer ; et aujourduy doit envoyer icy deux de ses gens pour faire response, et me semble qu'il a bonne voulenté de vous faire service.

[2] Oudon.

Sire, des galiotes que vous avions escript l'en a fait si bon guet sur l'eaue et tiré artillerie qu'ilz s'en sont retournez de Audon ; et ne sçavons s'ilz sen sont allez de paour ou pour mieulx leur equipper et retourner, par quoy, Sire, est neccessaire, si c'est vostre plaisir, nous envoyer force basteaulx : car le principal de ceste besongne est de les garder de entrer, a quoy nous mectrons toute la peine que nous pourrons de les en garder.

Sire, si c'est vostre plaisir vous nous ferez venir grant force foings et avoynes, car cest la chose qui soit de quoy nous avons plus grant neccessité. Sire, nous prions Nostre Seigneur qui vous doint très bonne vie et longue.

Escript des faulxbourgs d'Ancenis le xvj[me] jour de may, a x heures au matin.

Voz très humbles et très obeissans subgectz et serviteurs,

L. DE LA TREMOILLE ;

CHABANNES ; G. DE MONFAUCON ;

ROBBERT DE BALSAC ; GUICHART DALBON.

211 — SAUF-CONDUIT POUR LES AMBASSADEURS DU ROI.

Mardi 20 mai.

MEMOIRE POUR BAILLER A MONTJOYE[1] POUR OBTENIR UN SAUCONDUYT.

[1] Roi d'armes de France.

Memoire de obtenir du duc bon et loyal saufconduit pour monsr l'arcevesque de Bordeaulx, conseiller du Roy nostre sire, et pour messire Raoul de Launay, chevalier, sgr de Morvillier, aussi conseiller et chambellan du Roy nostredit sire, ouquel soient contenues pour leur seureté toutes les clauses neccessaires et acoustumées ; et mesmement que s'il y avoit infraction icelle ne prejudiciera que a l'infracteur seullement.

Plus que ledit saufconduit contiengne jusques au nombre de cinquante hommes et autant de chevaulx ou au dessoubz ; et qu'il y en ait ung dupplicata, car peut estre que les ungs yront par eaue et les autres par terre.

Et qu'ilz durent xv jours ou autre plus long temps tel que le duc advisera, et qu'ilz soient envoyez a Ancenys a monsr de la Trimoille, pour les bailler aux dessusditz ambassadeurs en passant par ledit lieu d'Ancenys ; et qu'ilz y soient le plus dilligemment que faire se pourra, car mesditz sgrs les ambaxadeurs partent ce jourduy xxme jour de may pour eulx en aller a Nantes, auquel lieu ilz esperent trouver les seigneurs assemblez.

Et que le duc envoye ung de ses officiers d'armes pour venir guider mesditz sgrs les ambaxadeurs.

212 — REMISE DES OTAGES DE CHATEAUBRIANT ET D'ANCENIS EN ÉCHANGE DE CEUX DE VANNES

Ancenis, lundi 26 mai.

PROMESSE DU S^{gr} DE LA TREMOILLE ET DE SES OFFICIERS DE RENDRE LES OTAGES AU DUC DE BRETAGNE [1].

[1] Sic, au dos de l'original.

Loys seigneur de la Trimoille, conte de Guynes et de Benon, viconte de Thouars, prince de Talmont, baron de Craon et de Sully, seigneur des Isles de Ré et Marens, lieutenant general du Roy ès païs et marches de Bretaigne; Anthoine de Chabannes chev^r, s^{gr} de Charluz; Jacques Galliot chev^r, s^{gr} de la Roche; Glaude de Montfaulcon chev^r, seneschal de Carcassonne; Guychart de Dablon [2] chev^r, s^{gr} de Saint André; Robert de Balsac seneschal d'Agenays; Anthoine de Bessé baillif de Digeon, cappitaine general des Souyces; Steph cappitaine desditz Souyces; Paillart de Ruffé [3] chev^r; Glaude de la Chastre; Jacques de Silly; Adryan de Lospital; Phelippe du Moulin; Julien Bourgneuf lieutenant du bastard de Bourgoigne; Philebert de Clermont lieutenant du gouverneur de Bourgoigne; Chans [4] Navarre lieutenant du s^{gr} de Rohan; Loys Regnart lieutenant du s^{gr} de Chasteauguyon;

[2] Sic pour d'*Albon*
[3] Sic pour d'*Urfé*.
[4] Sic pour *Sanche*.

Promectons en bonne foy de rendre a hault et puissant prince le duc de Bretaigne tous les octaigers tenans son party detenuz tant de la prinse de Chasteaubriend que de celle d'Ancenis, a Nantes ou ailleurs ou païs de Bretaigne en seureté; c'est assavoir: Oudet de Rié, Lornay, Robinet de Franmezelles, Georges de Sully, Jehan D'Asigny, Morteraye, le s^{gr} de Veues, le s^{gr} de Saint Jouan, le cappitaine Lannylyau, Jouachin de Mareil, Menart et Perot de Leston;

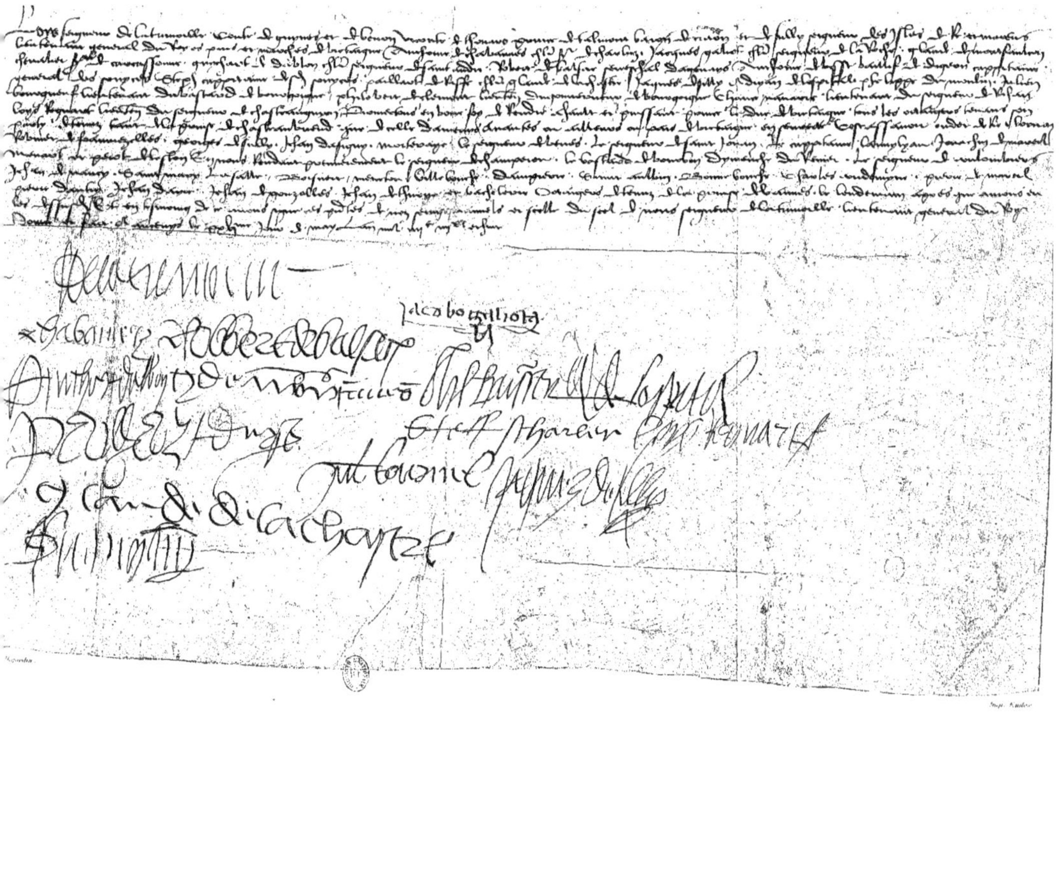

En nous rendant : premièrement le s^gr de Champerou, le bastard de Bourbon, Dymanche du Renier, le s^gr de Coulombiers, Jehan de Nancy, Saint Marx la Salle, Boisvert, Menetou, Villebouche, Dampierre, Saint Aulbin, Bonnebouche, Charles Condemyne, Pierre de Mareil, Pierre d'Autry, Jehan D'Ayre, Jehan de Gouzolles, Jehan de Thurye et Bachelerie, octaigers detenuz de la prinse de Vannes, le lendemain après que aurons eu les dessusditz.

Et en tesmoing de ce avons signé ces presentes de noz seings manuels et seellé du seel [1] de nous s^gr de la Trimoille, lieutenant general du Roy.

Donné et fait a Ancenys le xxvj^me jour de may, l'an mil iiij^c iiij^xx et huit.

[1] Le sceau et sa double queue de parchemin n'existent plus.

L. DE LA TREMOILLE,

CHABANNES, JACOBO GALLIOTA,
G. DE MONFAUCON, GUICHARD DALBON,
ROBBERT DE BALSAC, AN. DE BAISSEY,
STEFF CHARLER, PAILLART DURFÉ,
GLAUDE DE LA CHASTRE, JAQUES DE SILLY,
A. DE LOSPITAL, P. DU MOULIN,
JUL. BOURNEF, LOYS REGNART.

213 — *HENRI VII ROI D'ANGLETERRE*

Windsor, mardi 27 mai.

[1] Copie annexée à la lettre 117.

Très hault [1], très excellent et très puissant prince, très chier et très amé cousin, nous croyons que estes bien souvenant que par ung des chevaucheurs de vostre escuierie, nommé Michelet, qui naguieres a esté devers nous, vous avons escript a cause du bruit qui estoit par dellà et certiffié que aulcuns de noz subgectz n'estoient allez en Bretaigne ; et cela estoit verité, car nous avons fait defendre sur peine de la vie que nul n'y allast.

Toutesfoiz nous avons a ceste heure esté adverty que les ambaxadeurs de Bretaigne qui derrenierement sont venuz par deçà, en intencion d'avoir ayde et secours de nous, voyans qu'ilz ne pouvoient obtenir leur intencion ne sur ce avoir aucun confort, se sont tirez en l'isle de Wict devers sire Edouart de Wideville chev^r, soy disant s^r de Scalles, qui illecques faisoit sa residence et là où de longtemps avoit charge de par nous pour la garde d'icelle ; et par leurs subtilz moïens et praticques l'ont tellement enhorté et seduit que, a nostre très grant desplaisir, il s'en est allé avec eulx en Bretaigne et a trouvé moïen de mener avec luy jusques au nombre d'environ troys cens hommes, dont il a tiré la pluspart d'iceulx hors des franchises où ilz avoient esté plusieurs années par leurs delitz et malefices, desquelz la pluspart sont allez sans harnoiz et habillement de guerre. Et s'est fait l'amas d'icelles gens audit ysle, qui est tout environnée de mer, si très secretement et hastivement que oncques n'en avons peu avoir congnoissance sinon jusques après leur departement.

Il est bien certain que ledit sire Edouard nous avoit a plusieurs foiz demandé congié pour y aller, et jamaiz ne luy avions voulu consentir mais luy avions expressement defendu qu'il n'y allast sur tant qu'il doubtoit encourir nostre indignacion, et n'eussions jamaiz cuydé qu'il eust ozé enfraindre nostre commandement. Il y avoit aussi ung jeune chevalier, frere du conte d'Arondel, qui faisoit son appareil pour y aller après ledit sire Edouart, maiz incontinant que l'avons sceu nous l'avons fait arrester avec son navire et tous ceulx de sa compaignie.

Et pour ce, très hault, très excellent, très puissant prince, très chier et très amé cousin, que sommes certains que ces choses viendront a vostre congnoissance et que ne savons comment ne en quelle façon les pourriez prendre ne interpreter, car touchant telles matieres se font souvant plusieurs rapportz, nous vous advertissons voulentiers de la verité, vous prians bien a certes que touchant ceste chose ne vueillez prendre aucune suspicion ne ymaginacion qu'il y ait de nostre coulpe; car nous vous certiffions sur nostre honneur que ce a esté fait sans nostre sceu et consentement et contre nostre prohibicion et defense, et en sommes autant desplaisans que de chose qui nous soit advenue depuis que sommes en ce royaume. Car pour riens qui soit ne vouldrions permectre aucune chose estre faicte en vostre prejudice ou desplaisir; et croiez de certain que, avant qui soit long temps, l'on congnoistra par effect ledit sire Edouart et les siens non avoir esté bien conseillez d'avoir fait une telle et si folle entreprinse.

Et afin que de ces choses et de nostre intention sur ce soiez plainement et entierement adverty, nous envoions a present devers vous nostre roy d'armes Gartiere[1], par lequel pourrez savoir la vraye verité, vous priant le vouloir croire et adjouster foy a ce qu'il vous dira et par luy nous faire savoir de voz bonnes nouvelles; avec s'il est chose que desirez que faire puissons et nous l'acomplirons de très bon cueur, aydant le benoist filz de Dieu qui, très hault, très excellent, très puissant prince, très chier et très amé cousin, vous ait en sa saincte garde et doint l'entier acomplissement de voz bons desirs.

Escript en nostre chasteau de Windesore le xxvij^{me} jour de may.

    Vostre bon cousin,

      HENRY

   Et signé : Fryon.

Et dessus la lectre : A très hault, très excellent, très puissant prince nostre très chier et très amé cousin le roy Charles de France.

[1] Jarretière.

214. — TRANSPORT DES VIVRES

Vers le 5 juin.

POUR L'ORDRE DES VYVRES AU PARTY D'ANSENIS.

Pour l'ordre des vivres au partement que l'armée fera d'Ancenis, est besoing de pourveoir a ce qu'il s'ensuit.

Premierement sera besoing d'avoir deux cens charroiz chargez de vivres qui partiront quant et l'armée, et oultre sera ordonné que chascun preigne des vivres pour deux ou trois jours. Et sera pourveu par mess^{rs} les prevostz comme a faire venir les vivres par eaue, en maniere qu'il en y puisse avoir souffisamment pour ce que dit est au partement d'icy.

Et au regard du charroy, il sera prins par commission de mons^{gr} de la Trimoille, c'est assavoir [sur] les plus prouchaines parroisses et chastellenies de delà Loire la quantité de cent charroiz; et sera regardé le nom des paroisses et chastellenies. Et le reste, montant autres cent charroiz, se prandra par semblable commission ès chastellenies et parroisses [de] Chantossé, Candé, le Louroux Beconnois, Saint George sur Loire, le Petit Paris, Saint Germain et autres parroisses le long de Loire a cinq ou six lieues d'icy et tirent delà Candé.

Plus est besoing quil y ait a Craon, sans y faillir, le [1] jour de [2]   la quantité de deux cens pippes de vin et quatre cens pippes de farine, et continuer l'advitallement de ladicte armée en façon qu'elle n'en ait aucune neccessité.

Et pour mieulx advertir le Roy, luy seront envoyez ces presens articles et sera escript aux commissaires qui sont a Angiers qu'il face celle dilligence de les envoyer et dresser le charroy d'entre Angiers et ledit Craon en maniere qu'il n'y ait faulte. Et oultre sera escript au Roy qu'il face solliciter lesditz commissaires de ainsi le faire; et au seurplus que ledit seigneur envoye commissaires exprès audit lieu de Craon pour recevoir lesditz vivres et dresser le charroy de là jusques a l'armée.

[1] En blanc.
[2] Item.

Plus sera escript audit seigneur et ausditz commissaires qu'ilz facent envoyer a Chasteaugontier le plus grant nombre de vivres que faire ce pourra, et mander a Jacotin le Mercier qu'il aille là s'il ny est; et s'il y est qu'il n'en bouge, pour recevoir lesditz vivres [et] faire dresser le charroy pour mener iceulx vivres jusques a ladicte armée.

Item, et pour continuer l'advitaillement, est besoing et chose neccessaire avoir le nombre de LX charroys de chevaulx, car le charroy de beufz ne fait nulle diligence et n'y pourroit fournir.

---

215 — AMBASSADE DE BRETAGNE

Jeudi 5 juin.

ENSUIT LES NOMS DE CEULX QUI VIENNENT DE BRETAIGNE.

Premierement Monsr de Dunoys;
Monsr de Comminge;
Le viconte de Coetmen;
Le s^r de Couaquet, grand maistre;
L'archediacre de Painthevre;
Loys de la Haye;
Rolland de Breil, seneschal de Rennes;
Rolland de Goyon;
Pierre Pouart, official de Nantes;
Le chancelier d'Orleans;
Gilbert Bertrand;
Jehan Boutet;
Guillaume Bohyer, s^r du Motay, maistre d'ostel de mons^r le mareschal de Ryeux;
Guillaume de Souplainville;
Regnault de Saint Chaman et Geoffray de Saint Martin, serviteurs du s^{gr} d'Albret.

216 — *TRÈVE ENTRE LE ROI ET LE DUC*

Angers, jeudi 19 juin.

Le Roy, pour parvenir au traictié de paix et a la requeste du duc, a octroyé et accordé jusques a jeudi prouchain pour tout le jour qui sera xxvj^{me} jour de ce present moys de juing, ledit jour includ, abstinence de guerre telle et semblable que celle que derrenierement l'evesque de Bourdeaulx et Raoul de Launay, chev^r, ambaxadeurs du Roy et ayans povoir de luy a ce faire, conclurent a Nantes avecques ledit duc; sauf et reservé toutesfois que le camp, ost et armée du Roy estant en Bretaigne pourra loger et desloger sur les païs et lieux qu'il y tient et y prendre des vivres, sans passer le chemin qui va de Laval a Victré ne faire quelque exploict de guerre.

Et ne se pourront, de la part dudit duc, mener artillerie ou autres choses servans ou fait de guerre, ne faire advitaillement ou mener vivres ès places de frontiere, si non et par la maniere qu'on les souloit ordinairement mener aux jours des marchez anciens et acoustumez avant le commancement des presentes divisions.

Et pour ce que par ceulx de Fougeres ladicte abstinence de quinze jours n'a esté tenue, le duc ordonnera au viconte de Coetmen, qui en est cappitaine, de s'enquerir des infractions qui se trouveront avoir esté faictes, pour en faire la repparacion et donner telle provision pour ceste abstinence presente qu'il ne se y face infraction.

Pour la conservacion de laquelle le Roy ordonne les personnaiges denommez en la dessusdicte abstinence de xv jours passez, et le duc pareillement ceulx qui estoient ordonnez de par luy; et incontinant ladicte abstinence publié a Nantes, le Roy la fera crier en sondit ost, par toutes les villes et places des frontieres de son obeissance, et le duc semblablement.

Fait a Angiers le xixme jour de juing, l'an mil cccc quatre vingts et huit.

Ainsi signé CHARLES

Et Parent.

217 — LE S^r DE SAINT-MARTIN [1]

L'Ile-Bouchard, lundi 30 juin.

A MONS^r DE CHAVAIGNES.

[1] Maître d'hôtel de M. de la Trémoille.

Monsr de Chavaignez, je me recommande a vous tant de bon cuer comme je puis. J'ay veu les lectres que m'avez escriptes et oy ce que mons^r de la Riviere [2] m'a dit et de tout en ay parlé a Madamoiselle [3], qui expressement m'avoit envoyé a Poitiers porter une bague pour cuyder trouver argent a perte de finances, et vous asseure sur mon ame que ung seul blanc n'ay sceu finer.

[2] Adam de Ravenel.

[3] Gabrielle de Bourbon.

Vous sçavez la grant mise que Monseigneur fait là où il est, car depuis qu'il est là Madamoiselle lui a envoyé plus de quatre mil frans, oultre sa pension et estat de sa maison, et si ne fust cela on vous eust tenu promesse. Toutesfoiz quand il viendroit a vostre grant affaire et ne le peussez plus endurer, il seroit bon soy aider de la vesselle que avez, et touchant la perte des monnoyes on vous y estera comme de raison ; et quant je sauré que serés en vostre maison de Chavaignez, je vous yré veoyr pour vous en parler plus amplement et vous dire le desplaisir que Madamoiselle a de vous faillir de promesse. Priant Nostre Seigneur, mons^r de Chavaignez, qu'il vous doint ce que desirez.

Escript a l'Isle Bouchart le darnier jour de juign.

Le tout vostre frere,

P. DE SALLEIGNAC

Au bas de l'original M. de Chavaignes a écrit :

Pro parte de la presente, j'ay vendu ladicte vesselle d'argent poisant xxviij marcs v onces ; qui au pris de xi livres tournois chascun marc vallent la somme de iij^c xij livres xvij solz vj deniers.

218 — *LE SIRE DE LA TREMOILLE*

Saint-Aubin du Cormier, mardi 29 juillet.

[1] Texte de Dom Morice.

Chers et bien amés [1], vous avez peu voir la mauvaise querelle que vous soutenez contre le Roy, car à la journée d'hier, qui estoit lundy, furent rencontrez vos gens et tous morts et desconfits en bataille. Et pour ce que vous avez esté plusieurs fois advertis de la cause pourquoi le Roi fait la guerre en Bretagne et sçavez aussi comme le Roi a fait sommer le Duc plusieurs fois de lui rendre tous ses sujets rebelles et désobéissans estans en son duché, dont il a toujours esté refusant; et pour mieux clarifier vostre mauvais vouloir et désobéissance, avez recueilli et mis les Anglois en vostre pays, contre la volonté du Roi, et les gens du duc d'Autriche, les Espaigneux et autres estrangers pour faire la guerre à lui et à son royaume.

Et pour mettre à fin son intention, pour plus grande seureté il veut avoir l'obéissance de vostre ville de Rennes, de la quelle, comme son lieutenant-général en ceste armée, vous en requérons et sommons de la mettre entre ses mains; et au cas que de ce faire vous estes refusans, nous vous signifions de partir incontinent avec toute la puissance qui est ici pour aller devant vostre ville, et y sera faite telle punition qu'il en sera mémoire et exemple à tous autres. Et si faites l'obéissance telle que requérons et que devez faire, nous vous asseurons et promettons que le Roi vous traitera de façon et maniere que vous aurez cause d'être bien contens, et aussi bien et mieux que n'avez esté par ci devant; et incontinent nous faites savoir promptement response.

Et aussi vous mandons que demain, que approcherons de vostre ville, vous faites venir et amener des vivres à l'ost; et seront bien traitez ceux qui les ameneront et bien poyez. Et adieu.

Escrit à Saint-Aubin du Cormier, le 29ᵉ jour de juillet.

Signé : DE LA TRIMOULLE

Et au dos est écrit : A nos chers et bien amés les gens d'église, nobles, bourgeois, manans et habitans de la ville et cité de Rennes.

219 — NICOLAS LABBÉ

Aubigny, vendredi 1ᵉʳ aout.

A MON TRÈS HONNORÉ ET REDOUBTÉ SEIGNEUR MONS^{gr} DE LA TRYMOULLE, LIEUTENANT GENERAL DU ROY NOSTRE SEIGNEUR.

Mon très honnoré et redoubté seigneur, je me recommande humblement a vostre bonne grace, en vous suppliant qu'il vous plaize sçavoir que j'ay tenu la frontiere a Normandie avec beaucoup de compaignons de guerre ; et depuis que vous avez gaignyer la journée, je m'en suys allé courir en pays et suys arrivé a une plasse nommée Aubigny, là où ce souloient tenir des Bretons, en laquelle place je me suys bouté et les compaignons avec moy. Et depuis il est venu bien trante chevaulx de la compaignye de Meritain et avons fait entreprize d'aler a une place nommée Hedé, et tant par menasse que par autres moyens nous avons gecter lesditz Bretons hors, eulx cuidant que l'armée marchast ilec, et là ce sont mys lesditz gens de guerre dedans.

Et quant j'ay veu que nous estions dedans cestedicte place, je m'en suys sortys dehors et m'en suys aller en une autre place nommée Montmurant, en laquelle il y a environ soixante ou quatrevings Bretons dedans, lesquelz ce sont renduz a moy. Et pour ce, mon très honnoré seigneur, je vous supplie qu'il vous plaize moy rescripre ce c'est vostre plaisir que je tiengne ledit Aubigny et Montmurant, ou quelle choze j'ay affaire. Et actant, mon très honnoré seigneur, priant a Dieu qu'il vous doint bonne vie et longue.

Escript au chasteau d'Aubigny, ce premier jour d'aoust.

Vostre humble et obeissant serviteur,

NYCOLLAS LABBÉ

220 — *CAPITULATION DE SAINT-MALO*

Jeudi 14 aout.

LA COMPOSICION FAICTE DE LA VILLE DE SAINT MALO.

Comme les gens d'eglise, nobles, bourgeoys, gens de justice, manans et habitans de la ville de Saint Malo ayent envoyé devers mons^{gr} de la Tremoille requerir qu'il vousist donner sauf conduyt pour certains personnaiges de ladicte ville a venir parlamenter avec luy touchant les affaires de ladicte ville, laquelle ledit s^{gr} tenoit assiegée tandant a la mectre et reduyre, a puissance d'armes, en l'obeissance du Roy et a son plaisir et vouloir, lequel sauf conduyt ledit s^{gr} de la Tremoille leur a octrié ;

Et sur iceluy sont ce jourduy, xiiij^{me} jour d'aoust, venuz huyt personnaiges dont les noms s'ensuyvent, c'est a savoir : missire Estienne Millon abbé de Saint Jagu, maistre Jehan Robin chanoine dudit Saint Malo, Berthelot Lemée, Jehan May, Alain Guillaume, Pierres des Granges, Jourdan Maingart et Jehan de Beaubouays, lesditz May, Lemée, Maingard, des Granges et de Beaubouays ayans procuracion et povair especial, quant a ce, de touz ceulx de ladicte ville ; et avecques eulx a esté pourparlé de la matiere, et sur ce ont esté faictz et acordez les pointz et articles qui s'ensuyvent :

Premierement lesditz de Saint Malo ne yront ne envoyront aucunement devers le duc, ainsi qu'ilz avoint requis, pour luy faire savoir l'approuche qui leur est faicte par l'armée du Roy, ad ce qu'il leur mandast ce qu'ilz avoint affaire.

Et pour obvier a l'effussion de sang humain, brulement et destruction des habitans de ladicte ville et cité dudit Saint Malo, que a la prinse d'icelle par force et assault feust peu avenir, ainsi que estoit vroysemblable a doubter, lesditz gens de l'eglise, nobles, gens de justice, bourgeoys, manans et habitans de ladicte ville de Saint Malo bailleront et mectront eulx et ladicte ville en l'obeissance du Roy, et dès a present mectront icelle ville et cité ès mains de mondit s^{gr} de la Tremoille pour le Roy nostredit seigneur, a en faire son bon plaisir.

Plus que des previleges, franchises et libertés qu'ilz dyent avoir eu des roys et princes, et dont ilz ont jouy de tout temps et d'anciennecté et ont requis leur estre conservez et entretenuz, il leur a esté accordé qu'ilz bailleront a mondit s^{gr} de la Tremoille le contenu d'icelx par escript; et cieulx qui seront raisonnables leur seront confermez et entretenuz et en jouyront ainsi qu'ilz ont fait d'ancienneté.

Et avec ce leur a esté acordé que les biens et personnes de cieulx de ladicte ville et de cieulx de l'archydiaconé de Dynan et de quatre lieues a l'environ de ladicte ville de Saint Malo, qui se estoint et se sont retirez dans icelle et y sont a present, seront et demourront en bonne seurté soubz l'obeissance du Roy; et pourront aller, marchander, frequenter et demourez en touz et chascuns les lieux, pays et obeissance du Roy seurement et sauvement comme ses aultres subgetz, moyennant qu'ilz ayderont a deffrayez les despans et fraiz qui ont esté faictz par leur deffaulte [1]. [1] V. n° 225.

Et au regart des biens qui sont en ladicte ville et ès navires estans a present devant icelle, appartenans a aultres personnes que les dessusditz estans d'aultres villes et lieux que dudit Saint Malo, seront et demourront a la volenté du Roy et de mondit s^{gr} de la Tremouille, reservé cieulx qui sont et appartiennent a cieulx de Dynan, Fougieres, Victré, Dol, Saint Aubin et autres pays et lieux de Bretaigne qui de present sont en l'obeissance du Roy tant seullement.

Et au regart de touz les estrangiers gens de guerre, de quelque pays ou nacion qu'ilz soient d'ailleurs que de la ville de Saint Malo et archediaconé de Dynan ou de quatre lieux a l'environ de ladicte ville et cité, qui de present sont en icelle, ilz s'en yront leurs vies et personnes saulves où bon leur semblera; et leur sera baillé sauf conduyt valable pour eulx en aller en leur simple habillement et sans quelconques harnoys ou bastons de guerre, ne emporter pacquestz, bagues ne quelzconques autres choses fors leur robe, pourpoint, chausses, soulliers, bonnet et chapeau seulement, avec ce qu'ilz auront d'argent en leur bourse; et le sourplus de leurs biens a la volenté du Roy et de mondit s^gr de la Tremouille, sauff que cieulx de la ville pourront achater leurs bastons et habillemens de guerre se bon leur semble.

Et pour ce que Jacques le Moyne s'est venu mectre dedans la place pour la tenir contre le Roy et a dit et proferé aucunes parolles mal sonnantes sans ce qu'il eust cause de ce dire, il s'en yra en pourpoint, ung baston blanc ou poing, nue teste, en signe de humilité[1], et ses biens a la volenté du Roy et de mondit s^gr de la Tremouille.

Plus que cieulx de la ville feront randre, francs et quictes de toutes rançons et autres fraiz, tous prisonniers du party du Roy qui estoient prisonniers en ladicte ville a l'eure que l'armée arriva devant.

Plus que toute l'artillerie qui est en ladicte ville sera et demourra au vouloir du Roy.

Item est reservé a Cadorac l'action qui peult avoir en justice a l'encontre de [2] de la Croix, dit Corbin ; toutesfoiz il ne la pourra traicter que affin civile.

Plus que tous le biens, navires, armes, moustures et aultres choses quelxconques du feu seigneur de Scalles[3] estans de present en ladicte ville et ou port et rade d'icelle, sont et demourront a la volenté de mondit s^gr de la Tremouille.

Plus a esté acordé que tous cieulx de ladicte ville de Saint Malo qui de present sont absens, en quelconque lieu et partie que se soit, pourront retourner et venir faire serment au Roy ou a mondit s^gr de la Tremouille dedans xv jours prouchains venans ; et en se faisant, pourront demourez avecques leurs biens en ladicte ville et ailleurs ou party du Roy, comme ses aultres subgetz.

Item que moyennant les choses dessusdictes, et que lesditz de Saint Malo feront serment au Roy, ilz seront et demourront en la bonne grace du Roy nostredit seigneur.

Fait devant Saint Malo le xiij^me jour d'aougst, l'an mil cccc iiij^xx viij.

Ainsi signé : DE LA TREMOUILLE

Et ou bas : Primaudoye.

---

[1] V. n° 222.

[2] En blanc.

[3] Tué à Saint-Aubin.

221 — ODET DE CHAZERAC, Sʳ DU RIZ

Saint-Malo, dimanche 17 aout ?

A MONSEIGNEUR [1].

[1] M. de la Trémoille.

Mon très doubté seigneur, j'é sceu a ceste heure par ung de mes gens que avés bailhé le filz de monsʳ de Beaufort, qui est vostre prisonnier, a Loys de Lopital. Monsᵍʳ, j'é la foy dudit prisonnier : pour ce vous supplie tant et sy très humblement comme je puis, que sy vous plaist le prandre pour vous, que vostre bon plaisir soit le me lesser en garde jusques ad ce que je soye devers vous ; et me samble que c'est ausy bien raison que je l'aye que Loys de Lopital, combien que de tout en pouvés faire vostre bon plaisir. Mon très redoubté seigneur, je prie a Dieu qu'il vous doint très bonne vie et longue.

Escript a Saint Malo, ce dimanche.

Vostre très humble et très obeissant serviteur,

CHAZERAC

222 — *LES HABITANTS DE TREGUIER, GUINGAMP ET LANNION*

Guingamp, mercredi 20 aout.

A TRÈS REDOUBTÉ SEIGNEUR MONS^{gr} DE ROHAN.

Très redoubté seigneur, a vostre bonne grace très humblement nous recommandons. Le jour d'yer arriva en ceste ville Guingamp le poursuyvant, quel avions envoyé devers vous ; et a sa descente de cheval fut par Jacques le Moyne, grant escuier de Bretaigne, quel lundi au soir estoit arrivé en cestedicte ville, prins du corps : luy arrache son esmail et luy oste les lectres et saufconduiz que par luy nous aviez envoyez. Et ce matin s'en est party ledit escuier et a emporté ledit esmail, lectres et sauconduiz sans les nous avoir auchunement communiqués, par où ne povons sçavoir l'effect d'iceulx. Dont suymes grandement desplaisantz et courroucez ; et a celle cause envoyons devers vous Hervé de Boeseon, porteur de cestes, en vous suppliant, très doubté seigneur, que vostre bon plaisir soit de le croire de ce qu'il vous dira de par nous, et par luy nous faire sçavoir votz bons aggreables plaisirs pour les acomplir o l'ayde de Nostre Seigneur qui, très doubté seigneur, vous ayt en sa saincte garde.

Escript a Guingamp ce mercredi xxme jour d'aougst.

Voz très humbles serviteurs les gens de Lantreguer, Guingamp et Lannyon,

PIERRES HELYAS

223 — *LE ROI D'YVETOT*

Dinan, jeudi 21 aout.

A MON TRÈS HONORÉ ET DOUBTÉ SEIGNEUR MONS^r DE LA TRYMOILLE, LIEUTENANT DU ROY.

Mons^gr, je me recommande tousjours très humblement a vostre bonne grace. J'ay receu les lectres qui vous a pleu m'escripre ad ce matyn, et se porteur ha bien monstré qu'il estoyt prince de Veillz d'avoir eveillé si matyn ung roy; toutesfoiz vous sçavez qu'il est dymyneutif de non de roy, car il n'est que duc. Mons^gr, j'ay fait tout incontinent ce que vous a pleu m'escripre et feray tourjous ce que vous plaira me commander. Mons^gr, en tant que touche mon pouvre quas, j'ay tourjous ma parfaicte fyance en vous, et vous plaise croyre se pourteur d'aulcunes chouses que je luy ay dictes.

Mons^gr, je pry a Dieu qui vous doint très bonne vie et lonsgue et perceverés en voustre vertueux commancement.

Escript a Dignan se jeudi xxj^me jour d'ahoust.

Vostre très humble et obeissant serviteur,

LE ROY DIVETOT

224 — JEAN PRIMAUDAYE

Saint-Malo, samedi 23 aout.

A MON TRÈS REDOUBTÉ SEIGNEUR MONS^{gr} DE LA TREMOILLE, LIEU-
TENANT GENERAL DU ROY ÈS MARCHES ET PAYS DE BRETAIGNE.

Mons^{gr}, le plus humblement que je puis me recommande a vostre bonne grace. Mons^{gr}, le viconte d'Aunay vous a prié qu'il vous plust donner a m^e Guillaume Pique l'office de procureur du Roy ès dioceses de Dol et de Saint Mallo. C'est ung homme qui le saura très bien faire pour le prouffit du Roy, et desjà a trouvé beaucoup de tiltres qui servent au Roy des droiz qu'il a en la duchié de Bretaigne [1] et en ceste ville de Saint Maslo, pourquoy je vous supplie qu'il vous plaise la luy donner. Il est parent de mons^r le changeur, m^e Pierre Parent, qui vous en mercira humblement si vous luy faictes ce bien ; aussi, Mons^{gr}, le viconte d'Aunay m'a chargé qu'il vous en prie bien fort et qu'il sera bien tenu a vous si le fetes. En priant Dieu, Mons^{gr}, qui vous doint très bonne vie et longue.

Escript a Saint Maslo le xxiij^{me} jour d'aoust.

Vostre humble subget et serviteur,

PRIMAUDAYE

[1] V. n° 232.

225 — *QUITTANCE DÉLIVRÉE AUX HABITANS DE SAINT-MALO*

Chateauneuf, jeudi 24 aout.

Loys sire de la Tremoille, conte de Guynes et de Benon, viconte de Thoars, prince de Talmont, baron de Craon et de Sully, s^{gr} des Isles de Ré et Marens, lieutenant general du Roy ès païs et marches de Bretaigne, certiffions que les gens de l'eglise, nobles, bourgeois, manans et habitans de la ville de Saint Malo ont finé et compousé avec nous, par l'advis et deliberacion des cappitaines estans icy pour le Roy, a certaine somme qu'ilz estoient tenuz payer et fournir par la composicion de ladicte ville, pour aider a deffraier les fraiz et despences qui ont esté faiz par leur deffault, ainsi que contenu est en ladicte composicion. Laquelle somme a quoy ilz ont ainsi finé et compousé ilz ont payée et baillée content; et d'icelle nous tenons pour content et bien payé et les en avons quicté et quictons par ces presentes, que nous avons signées de nostre main.

Donné a Chasteauneuf le xxiiij^{me} jour d'aoust, l'an mil cccc iiii^{xx} et huit.

226 — LE VICOMTE DE ROHAN

Dinan, lundi 25 aout?

A MONS^r MON COUSIN MONS^r DE LA TRIMOUILLE, LIEUTENANT
GENERAL DU ROY.

Monsr mon cousin, je me recommande a vous. Les commissaires que vous avez ordonnez dedans Saint Malo ont prins et oupvert aucuns coffres apartenans a madame du Besson, laquelle est en ceste ville et est de la composicion elle et ses biens ; et pour ce, Monsr, je vous pry que en entretenant ladicte composicion vous lui faciez rendre sesditz biens et a elle et a touz autres estanz soubz ladicte composicion.

Monsr mon cousin, je pry a Dieu quil vous doint ce que plus desirez.

Escript a Dinan ce lundi matin.

Le tout vostre cousin,

JEHAN DE ROHAN

227 — PRÉGENT DE SAINT-ALOUARN

Lundi 25 aout ?

A MON TRÈS REDOUBTÉ SEIGNEUR MONS^{gr} DE LA TRYMOUILLE, LIEUTENANT GENERAL DU ROY EN BRETAINGNE.

Mons^{gr}, tant et si humblement comme je puis a voustre bonne grace me recomande.

Mons^{gr}, y vous pleut l'autre jour me promeste que me feriés part des biens de Saint Malo. Je vous suplie, Mons^{gr}, que vous plaise ne me oublyer point et vous sceré atenu a tout jamés. Je suys tant malade que je ne puys aler devers vous; Mons^{gr}, je vous suplye que par ce porteur vous me envoyés voustre bon plaisir.

Mons^{gr} je pry a Dieu qui vous doint très bonne vie et longue et tout ce que desirez.

Escript ce lundi matin par

Voustre humble serviteur,

PREGENT DE St ALOUARN

228 — *LE BAILLI DE LA MONTAGNE*

Saint-Malo, lundi 25 aout.

A MON TRÈS REDOUBTÉ SEIGNEUR, MONS^{gr} DE LA TRIMOULHE[1] VIS-CONTE DE THOARS ET CONTE DE BENON, LIEUTENANT GENERAL DU ROY.

[1] Dont il était lieutenant.

Mons^{gr}, j'ay receu les lectres qu'il vous a pleu m'escripre par Guyot des Roches, par lesquelles me mandés que je vous envoye la trompe que j'ay prinse qu'estoit appartenent a mons^r de la Hunaudaye, ce que je faitz et l'ay bailhée audit Guyot : garnye d'or par la seinture, le gros bout de ladite trompe et le menu bout garnis de rubiz, dyamans et perles ainsi que porrés voyr ; et est très belle et ne fault nulle pierrerye en ladicte garniture.

Mons^{gr}, touchant le butin d'este ville il ne tient point a faire diligence ne a soliciter que la chose ne soit despeschée, més il y a beaucoup de meschantes choses qui ne vallent guiere et me semble qu'il vauldroit mieulx prendre et emporter tout le bon. J'ay encore les deux batheaux que m'aviés commandé que je fice tenir prestz, et amenront bien tout.

Touchant le fait de ceulx d'este ville, j'espere que vous en arés bonnes nouvelles demain a matin, car leur fait est presque despesché. Mons^{gr}, si c'est vostre plaisir vous ne me oblierés point de me mander quant vostre plesir sera que je m'en aille. Mons^{gr}, je prie a Dieu et Nostre Dame que vous doint très bonne vie et longue et acomplissement de tous vous bons desirs.

Escript a Saint Malo le xxvme jour d'aoust.

Vostre très humble et très obeissant serviteur,

PIERRE DAUX

229 — MERLIN DE CORDEBEUF

Nantes, mardi 9 septembre.

A MA TRÈS HONNORÉE ET DOUBTÉE DAME MADAME DE LA TREMOILLE, VICONTESSE DE THOUARS, CONTESSE DE BENON.

Madame, il y a environ quinze jours que vous ay escript. Ne say si avez receu mes lectres, et depuis que suis venu en ceste ville [1] n'ay point encores eu des nouvelles de Monseigneur, dont m'esmerveille ; et si luy ay escript deux foiz bien emplement et encores foiz de present. Si c'est vostre plaisir, vous luy envoirez les lectres le plus seurement que faire ce pourra. Je luy en ay envoyé ung double de mesmes par le droit chemin, mais j'ay paeurs qu'elles soint prinses pour ce que nully n'y passe ; et vous asseure, Madame, que si l'on n'est point acompaigné l'on n'entre ne sault de ceste ville que l'on ne soit prins, tant y a de feuillars, et n'y fait nul [profit] tant de cela que pour la grand mise qui y est.

Monsr le mareschal de Rieux, madame de Laval [2] et madame la mareschalle sont a Briort, qui n'est que a quatre lieues d'icy, mais ilz n'enteront jà en ceste ville ; non feront ilz jà a Touffou, si Mons^{gr} ne me mande de ses nouvelles ; et vous asseure, Madame, que depuis qu'ilz sont audit Briort, et y a desjà six jours, il n'y a guere homme qui ait despoueille. Dieu veuille que brief ilz s'en puissent aller devers le Roy ou ailleurs, bien loing d'icy. Si je vous voulloys dire qu'il ne m'ennuyast point icy, je mentiroys par la gorge ; et tout le confort que j'ay, si est que je croy que Mons^{gr} m'escripra de brief que je m'en aille devers luy.

Madame, pour ceste heure ne vous sauroys que rescripre autre chose, car par les lectres de Monseigneur pourrez veoirs tout ce qui est pour ceste heure. Pryant Dieu qui vous doint, Madame, très bonne vie et longue.

Escript a Nantes le ixme jour de septembre.

Vostre très humble et très obeissant serviteur,

MERLIN

[1] Comme lieutenant de M. de la Trémoille.

[2] L'aînée.

230 — *MONS^r DE GUEMENÉ*

Treffaven, commencement d'octobre ?

A JEHAN LEZEN [1].

[1] Olographe.

Jehan Lezen, je me recommande a vous. J'ay entendu que vous et mes autrez hommez de Groye voullez aller hors, o voz navyrez, en marchandie. Je vous prie que vous ne vous metez point en danger et que en avertissez lez autrez, quar je seroie couroussé de voz pertez et davantage n'y aroie point de profit. Et a tant a Dieu, qui vous doint ce que dessirez.

Escript a Treffaven par le vostre,

LOYS DE ROHAN

---

231 — *LE PROCUREUR DE L'ILE DE RÉ*

Dimanche 19 octobre.

A MONSEIGNEUR [2].

[2] M. de la Trémoille.

Mons^{gr}, si humblement que je puys me recommande a vostre bonne grace. Et vous plaise savoir, Mons^{gr}, que quinze jours a et plus tous voz subjectz de ceste ysle sont continuellement, jour et nuyt, en armes pour resister ès navires Flamens et Bretons qui sont continuellement devant vostre ysle, en plusieurs lieux de laquelle ilz se sont efforcez de faire descente, où tous voz subgectz se sont vigoureusement portez, tellement que d'une part et d'autre en y a eu de mors et plusieurs bleciez ; et sont tous vosditz subgectz bien deliberez de garder vostredicte ysle jusques a la mort inclusivement.

Mons^{gr}, hyer y arriverent cincq autres navires de marchans a double equippage, qui, pour la crainte des autres navires de guerre estans en rade de la Palice, se mistrent on port Sainct Martin requerans vostre seurté et de voz subgectz, disans et affermans par serment sollempnel estre des subgectz ès barons de Bretaigne et tenir leur party. Au moyen de quoy je feiz assembler tous voz subgectz et en leur presence mistrent entre mes mains, comme vostre serviteur et officier indigne, a present et troys sepmaines a seul en vostredicte ysle, toutes leurs armes, tant bastons a feu que autres, en requerant leur laisser excercer, vendre et distribuer leurs marchandises; offrans, se mestier estoit, laisser ostages d'entre eulx jusques ad ce qu'ilz eussent apporté certifficacion de leur duc.

Mons^{gr}, vosditz subgectz ne moy n'avons voulu permectre de leur laisser charger aucuns vins jusques ad ce que le vous eusse fait savoir et que sceussons entierement de vostre bon plaisir et entencion. Et ad ce moyen, pour en savoir, envoyent vosditz subgectz leur procureur par devers vous, lequel j'ay prié vous dire aucunes choses que les gens du Roy en la Rochelle et autres grans gens d'icelle m'ont dit affin de vous en advertir, touchant l'office du seneschal de vostre ysle. Si vous supply très humblement, Mons^{gr}, le croire, car il a esté present quant les chouses m'ont esté dictes.

Mons^{gr}, je vous requier et supplie très humblement m'avoir et tenir tousjours en vostre bonne et singuliere recommandacion, et me commander voz bons plaisirs et desirs pour les acomplir entierement de tout mon pouvoir, au plaisir de Nostre Seigneur qui, par sa saincte grace, vous doint entier acomplissement de voz très nobles et haults desirs.

Escript en vostre Ysle de Ré le xixme jour d'octobre.

Vostre très humble et obeissant serviteur,

VOSTRE PROCUREUR DE RÉ

232 — *LE BAILLI DE LA MONTAGNE*

Fougères, vendredi 31 *octobre.*

A MON TRÈS REDOUBTÉ SEIGNEUR MONS^{gr} DE LA TREMOILLE,
VICONTE DE THOUARS ET COMTE DE BENON.

Mons^{gr}, le seneschal de Carcassonne passa lundi par icy, et s'en va par devers mons^r de Roan, et me bailla unes lectres du Roy lesquelles je vous envoye. La creance est que le Roy envoye ledit seneschal pour dire a mons^r de Roan qu'il ne se die plus duc de Bretaigne, més que s'il y a droit il luy sera gardé. Et m'a dit que le Roy pretend droit en la duchié, et a ceste cause fait revenir douze cens Souysses et fait mectre sus deux mille arbalestiers et des gensdarmes le plus qu'ilz en pourront trouver ; et a ce que m'a dit ledit seneschal, sont deliberez d'aler en basse Bretaigne et mener artillerie quant y eulx, et si les estrangiers ne sont vuidez d'assaoier[1] de les faire vuyder par force. Monsr de Champaroux, le seneschal de Carcassonne et le seneschal de Thoulouse ont la charge. Ledit seneschal m'a dit que il avoit grant vouloir que vous l'eussiez, més il y en a qui ne l'ont pas voulu. Vous n'y perdés gueres, car s'ilz y vont mal acompaignés ilz s'en pourroient bien repentir.

Je avoys envoyé une trompete a Vennez, faignant chercher des prisonniers, qui arriva yer et a demoré cinq jours avecques eulx, qui m'a dit qu'il a veu bien deux mille Espaigneux, que de pié que de cheval, qui sont logez tout autour Vannez, et y a des Allemans logez dedans Vannes ; et dit en s'en venant [qu'il passa] a Malestret où il trouva bien mille Allemans, et dit qu'il rencontra leur payement que en leur menoit. Je ne scé comment ilz l'entendent de faire la guere et mener l'artillerie, car si les autres se mectent en troys ou quatre places, ilz feront chauffer la cire tout au long de cest yver et a paine tiendra l'on gensdarmes s'ilz ne sont lougez a couvert. Ilz font leur compte de mener cinq ou

---

[1] Essayer.

six cens hommes d'armes, més d'ycy a deux moys n'en saroyent tirer troys cens au champs. La trompete dit qu'il vit fondre ung gros canon et une grosse coulevrine, et qu'ilz avoyent des moles pour en fondres des autres ; et a ce que je puys entendre ilz ne sont point deliberés de faire riens si ce n'est a leur avantage, s'ilz ne le font par force.

Il arriva yci une poste du Roy qui apourta unes lectres lesquelles je vous envoye. Je mande a dix hommes d'armes de vostre compaignie, qui avoyent heu congié, qui s'en reviengnent, car les autres sont si loing que on ne les porroit recouvrer de grant piece.

Les reparacions de ceste ville sont faictes, pour ceste saison ce qui se povoit faire, et s'en va lundi messire Menaust. Touchant le chasteau, il est bien acoutré et n'y fault plus riens et acheva l'en d'y besoingner yer ce qui estoit a faire ; et y fait l'on bon guet et bonne garde en façon que yconvenient n'y viendra point, au plaisir de Dieu, auquel je prie, Mons^{gr}, qu'il vous doint bonne vie et longue.

Escript a Fougeres ce vendredi derrenier jour d'octobre.

Nous sommes fort persecutez de mortalité, tant au champs que a la ville ; et si Dieu n'y mect remede je fays doubte qu'il y morra beaucoup de gens de bien, car il y en a desjà beaucoup où elle a encommencé. Y n'y a uncores nulz gensdarmes mortz, Dieu mercy, ne malades.

Vostre très humble et très obeissant serviteur,

PIERRE DAUX

233 — LE S^r DE CREULLET

Creullet, vendredi 7 novembre.

A MON TRÈS REDOUBTÉ SEIGNEUR MONS^gr DE LA TRIMOILLE,
LIEUTENANT GENERAL DU ROY.

Mons^gr, je me recommande très humblement a vostre bonne grace. Mons^gr, je vous envoye par ce porteur quelque chose que ay fait faire touchant la conqueste que avez faite en Bretaigne, le grant honneur, glore et loz immortel que y avez acquis ; et se il vous semble chose qui se doibve montrer vous le ferés estre notore, car il n'a point encores esté veu par deçà. Mons^gr, je suys revenu du Liege depuys dix jours en çà, où est la compaignye de mons^r d'Orval, et le capitaine Maunourry son lieutenant, lequel est chief de l'armée pour le Roy et nous ha donné congé, a son frere et a moy, de nous venir reposer cest yver ; et vous certifie, Mons^gr, que oudit pays du Liege et jusques ès Allemaignes estes plus craint et doubté que homme de quoy aye la congnoissance.

Mons^gr, vous sçavez que dernierement, que estoye a Vitré, mons^r l'amiral m'escripvyt pour la charge des nobles que avoyt mons^r de Rouverou, et n'en voulu point lors faire de poursuyte ne lesser l'armée jucques a ce que feussiés retourné en court. Et pour ce, Mons^gr, se c'estoit vostre plaisir m'y aider et que par vostre moyen peusse avoir ladicte charge, je seroye et demourroye plus que devant vostre humble serviteur obligé a jamés, et m'en yroye en court quant je sçauroye que vostre plaisir seroit y estre.

Mons^gr, touchant missire Jehan de Carauzere, il est encores au Mont Saint Michiel ; et s'y est fait des choses que vous direy quant pourrey parler a vous, aidant Nostre Seigneur, auquel je pry qu'il vous doint autant de victore tous les ans de vostre vie comme avez eu en cestuycy, et avecquez ce bonne vie et longue et acomplissement de voz nobles desirs.

Escript a Creullet ce vij^{me} jour de novembre.

Vostre très humble et très obeissant serviteur,

G. DE CREULLET

234 — ALLOCATION DE 17,466 LIVRES TOURNOIS AU SIRE DE LA TRÉMOILLE

Année 1489.

COMPTE DE MAISTRE JEHAN PREVOST, NOTAIRE ET SECRETAIRE DU ROY, TRESORIER ET MAISTRE DE LA CHAMBRE AUX DENIERS DE HAULT ET PUISSANT SEIGNEUR LOYS S^{gr} DE LA TREMOILLE, CONTE DE BENON ET DE GUYNEZ, VICONTE DE THOUARS, SIRE DE CRAON, PRINCE DE THALMONT, SEIGNEUR DE SULLY, DE L'ISLE BOUCHART ET DES YSLES DE RÉ ET DE MARANT, CONSEILLIER ET CHAMBELLAN DU ROY NOSTREDIT SIRE, DES RECEPTES ET DESPENCES FAICTES.... POUR DOUZE MOYS ENTIERS, COMMENSANS LE PREMIER JOUR DE JANVIER MIL CCCC QUATRE VIGNS ET HUIT ET FINISSANS LE DARNIER JOUR DE DECEMBRE ENSUYVANT...

Et premierement faict ycy recepte ledit tresorier de la somme iiij^c lxvj livres tournoys, par une descharge levée sur le receveur de Lodun de l'année escheue le derrenier jour de decembre derrenier passé, pour reste de l'assignacion que mondit seigneur a eue par chascun moys, luy estant en la guerre de Bretaigne, pour l'entretenement de son plat.

Fait ycy recepte ledit tresorier de la somme de v^м livres tournoys pour la pencion de mondit seigneur qu'il a du Roy, et ce pour l'année escheue le derrenier jour de decembre derrenier passé; et combien qu'il s'en charge ycy entierement et fait recepte entiere de ladicte somme, toutesfois entend se descharger cy après en despence de la somme de xij^c l. t. qui a esté retranchée et recullée a mondit seigneur sur le premier quartier d'icelle.

Plus fait cy recepte ledit tresorier de la somme de xij^M livres tournoys, assignées a mondit seigneur par les gens des finances du Roy pour partie de la recompence des fraiz et despences qu'il a convenu faire audit seigneur l'année passée, en l'armée de Bretaigne dont il estoit chef, et dont descharges ont esté levées sur plusieurs receveurs particulliers, c'est assavoir : sur le receveur du Lyonnoys iiij^M l. t.; sur le receveur de Melun iiij^M l. t. et sur les receveurs d'Anjou, Poictou et Touraine iiij^M l. t. Et combien que ledit tresorier face ycy recepte entierement de ladicte somme, toutesfoiz ne se receveront les deniers qui ne soit la fin de ceste presente année, commancée en janvier derrenier passé, et pour ce que mondit seigneur en a fait bailler partie de ladicte assignacion a aucunes parties dont ledit tresorier fait despence cy après. Par quoy lui a convenu et convient faire recepte entiere de ladicte somme, ce qu'il fait o les protestacions et condicions dessusdictes; et entend acompter les fraiz, voyaiges et mises qu'il fera pour amasser et recueillir lesdictes xij^M l. t. ainsi que promis luy est par l'appointcement fait avec mondit seigneur.

Le compte de 1488 n'a pas été retrouvé. D'après celui de 1490, le sire de la Trémoïlle ne reçut du Roi, ladite année, que sa pension de 5,000 livres.

235 — L'HOSPITALIER DE RHODES

Matha, jeudi 1ᵉʳ mai.

A MON TRÈS REDOUBTÉ SEIGNEUR MONSʳ LE COMTE DE TAILLEBOURG [1].

[1] Charles de Coëtivy.

Mon très redoubté seigneur, très humblement je me recommande a vostre bonne grace. Encores que je sçay que par vostre homme estes a plain advisé des nouvelles de court, ne vouldroye me imputassiés paresse de ma par pour non vous donner advis.

Les embassadeurs de Bretaigne furent despeschés jeudi de court et s'en partirent samedi, pour tourner en Bretaigne faire venir autres plus sumptueulx embassade et gens de plus grant autorité pour parler et conclure sur les articles dont par cy devant a esté traité. S'en espere tout bien. Vous avés bien sceu la prise de Chasteaubriend; le cappitaine Odet n'est pas fort eureulx en garde de places. Luy et aucuns autres sont tenus a la delivrance des prisonniers qui furent pris a Vannes. D'autre nouveaulté ne se parle en nulle par de ce royaulme que l'on sache.

Aucuns de monsgʳ le gouverneur de Guyenne [2] m'ont commandé aller devers luy, ce que je foys, pour aucunes matieres où je auray plaisir vous y avoir trouvé. Je croy que de brief soy deliberera aller en cour, qui sera son grant honneur et prouffit; et me sembleroit que le plus brief en seroit le meilleur.

[2] Le comte d'Angoulême, beau-frère de Ch. de Coëtivy.

Mon très redoubté seigneur, commandés moy voz bons plaisirs pour iceulx de bon cueur acomplir au plaisir Nostre Seigneur, qui par sa grace vous doint acomplissement de voz nobles desirs.

Escript a Maistas ce premier jour de may.

Vostre humble serviteur l'ospitalier de Rohdes,

H. DUBOYS

236 — LETTRE DES BARONS DE BRETAIGNE [1]

Saumur, 1ᵉʳ novembre.

A MONSʳ DE MAUPERTUYS [2].

[1] Sic, au dos de l'original.

[2] Jean Le Bouteiller.

Monsʳ de Maupertuys, nous nous recommandons a vous tant que plus pouvons.

Monsʳ de la Muce s'en va par delà, au quel avons baillé des articles pour porter a monsʳ le prince et a vous, touchant nostre matiere qui est pendente en parlement a Paris, afin d'y porvoir; et vous prions que, tout incontinent cestes veues, vous allez a Paris avecq lesditz articles et que nosdictes matieres soient si bien conduictes et communiquées que nous congnoessons que y avez vertueusement besongné, ainsi que en vous en avons nostre parfaicte surté et fiance. Ledit sʳ de la Muce vous porte de l'argent, et lui avons dit certaines choses pour vous communiquer; si vous prions de le croire de ce qu'il vous dira de nostre part et tousjours avoir noz affaires, qui sont les vostres, pour recommandées. Nous en escripvons a monsʳ le prince, ainsi que pourrez veoir; besoignez y en toute dilligence.

Priant Dieu qui vous ait en sa saincte garde.

Escript a Saumur le premier jour de novembre.

Les vostres cousins,

FRANÇOYSE DE DINAN, JEHAN DE RIEUX, FRANÇOYS DE LAVAL, LOYS DE ROHAN, PIERRE DUPONT, DE QUOAITMEN, JEHAN DU PERRIER.

TABLES

TABLE DES LETTRES

PAR NOMS D'AUTEURS

ET PAR NUMÉROS

ARCHEVÊQUE DE BORDEAUX, l', A LA TRÉMOILLE, 191.
        ET *RAOUL DE LANNOY*, AU MÊME, 96, 97, 101, 105, 112.

AUX, Pierre d', bailli de la Montagne, AU MÊME, 228, 232.

BARONS DE BRETAGNE, les, A M. DE MAUPERTUIS, 236.

BEAUJEU, Madame de, A LA TRÉMOILLE, 3, 59, 81, 85, 86.

   —   Monsr de, AU MÊME, 4, 23, 42, 55, 58, 66, 114, 125, 127, 149, 163, 166, 167, 173, 178, 185.

CHARLES VIII, AU MÊME, 1, 9, 10, 25, 37, 39, 43-45, 47, 51, 53, 69, 70, 74, 84, 89, 91, 95, 102, 103, 107, 109, 110, 113, 116, 122-124, 133, 135, 137, 146, 152, 156, 158, 161, 165, 169, 181, 184, 192, 197, 200.

   —   A LA TRÉMOILLE ET A SES CAPITAINES, 5, 8, 12-14, 18, 19, 21, 22, 24, 26-29, 32, 34, 35, 38, 41, 48, 50, 52, 54, 57, 60, 62, 64, 65, 68, 71, 73, 75, 77, 78, 80, 83, 88, 92, 94, 99, 108, 117, 118, 126, 128-131, 134, 136, 138-140, 144, 147, 148, 150, 153, 155, 159, 162, 164, 171, 172, 174-177, 180, 183, 186, 187, 193, 195, 196, 198, 199.

CHAZERAC, Odet de, A LA TRÉMOILLE, 221.

CREULLET, le s^{gr} de, AU MÊME, 233.

DUBOYS, hospitalier de Rhodes, AU COMTE DE TAILLEBOURG, 235.

GRAVILLE, l'amiral Louis de, A LA TRÉMOILLE, 2, 6, 11, 15, 16, 20, 30, 31, 33, 36, 40, 46, 49, 56, 61, 63, 67, 72, 76, 79, 82, 87, 90, 93, 98, 100, 104, 106, 115, 119-121, 132, 141-143, 145, 151, 154, 157, 160, 168, 170, 179, 182, 188-190, 194.

HABITANTS DE TRÉGUIER, GUINGAMP ET LANNION, les, AU VICOMTE DE ROHAN, 222.

HENRI VII, roi d'Angleterre, A CHARLES VIII, 213.

LABBÉ, Nicolas, A LA TRÉMOILLE, 219.

LANNOY, Raoul de, s^{gr} de Morvilliers, V. *Archevêque*.

LA TRÉMOILLE, Louis de, A CHARLES VIII, 207 ; AUX HABITANTS DE RENNES, 218.

— *ET SES CAPITAINES*, A CHARLES VIII, 208, 210.

MERLIN DE CORDEBEUF, A LA TRÉMOILLE, 229.

LAVAL, Madame de, l'aînée, AU MÊME, 205, 206.

— — la jeune, AU MÊME, 209.

ORANGE, le prince d', A MONS^r DU PONT, 202.

PRIMAUDAYE, Jean, A LA TRÉMOILLE, 224.

PROCUREUR DE L'ILE DE RÉ, le, AU MÊME, 231.

ROHAN, Jean, vicomte de, AU MÊME, 226.

— Louis, s^{gr} de Guémené, A JEAN LEZEN, 230.

ROI D'YVETOT, le, A LA TRÉMOILLE, 223.

SALLEIGNAC, Pierre de, s^r de Saint-Martin, A MONS^r DE CHAVAIGNES, 217.

SAINT-ALLOUARN, Prégent de, A LA TRÉMOILLE, 227.

VESC, Etienne de, bailli de Meaux, AU MÊME, 7, 17.

TABLE DES PIÈCES DIVERSES

	Nº
Lettres-patentes qui nomment Louis de la Trémoille lieutenant-général de l'armée du Roi en Bretagne.	201
Ordre du Roi sur les monnaies.	203
Capitulation de Châteaubriant.	204
Sauf-conduit pour les ambassadeurs du Roi.	211
Remise des otages de Châteaubriant et d'Ancenis, en échange de ceux de Vannes.	212
Transport des vivres.	214
Ambassade de Bretagne.	215
Trêve entre le Roi et le Duc.	216
Capitulation de Saint-Malo.	220
Quittance délivrée aux habitants de Saint-Malo.	225
Allocation de 17,466 livres tournois au sire de la Trémoille.	234

TABLE DES FAC-SIMILE

Signatures (une planche), page 2.
> *Anne de France*, Madame de Beaujeu ;
> *Pierre*, Monsr de Beaujeu ;
> *Loys de Graville*, amiral de France ;
> *Katerine*, Madame de Laval la jeune ;
> *Françoise de Dinan*, Madame de Laval l'aînée ;
> *Larcevesque de Bordeaux* et *Raoul de Lannoy* ;
> *Estyene de Vesc*, bailli de Meaux ;
> *Le Roy Divetot*, Jean Baucher ;
> *J. de Chalon*, prince d'Orange.

Lettre olographe de Charles VIII (deux planches), page 48.

Charte concernant l'échange des otages bretons et français (une planche), page 236.

TABLE GÉNÉRALE

DES NOMS DE PERSONNES ET DE LIEUX

Le chiffre indique le N° de la lettre ou de la pièce.

ADRIEN, le capitaine, 6, 56, 62, 63, 111, 117, 130, 134.

AGEN, 17.

AGENAIS, le sénéchal d'. V. *Balsac*.

AGENEZ, héraut, 97.

ALBON, Guichard d', s' de S¹ André, 5, 8, 13, 14, 18, 19, 21, 22, 24, 26-29, 32, 34, 35, 38, 41, 47, 50, 51, 54, 57, 60, 64, 65, 69, 71, 73, 92, 94, 99, 106, 117, 118, 160, 208, 210, 212.

ALBRET, le sire d' (Alain), 41, 62, 63, 69, 76, 82, 96, 175, 215.

ALENÇON, le duc d' (René), 49. — Catherine d'. V. *Laval*.

ALEXANDRE, 63.

ALLEMAGNE, l', 233. L'empereur d', 141.

ALLEMANS, les, 3, 33, 72, 76, 141, 151, 153, 172, 182, 199, 232.

AMIRAL de France. V. *Graville*.

ANCENIS, *Loire-Inf*, 14, 80-82, 84, 85, 88-90, 106, 108, 112, 117, 210-212, 214.

ANGERS, 10, 30-32, 53, 57, 60, 71, 79, 80, 87, 90, 99, 100, 102-104, 106-174, 180-186, 209, 214, 216.

ANGLETERRE, l', 93. Le roi d' (Henri VII), 93, 213.

ANGLAIS, les, 61, 106, 218.

ANGOULÊME, le comte d' (Charles d'Orléans), 93, 201, 235.

ANJOU, l', 53, 76, 92, 119, 156, 159, 234, — Jean d', 48.

ANVERS, 141, 182.

ANNE de France. V. *Beaujeu*.

ARCHAMBAULT, capitaine, 2, 36.

ARONDEL, le comte d', 213.

ARZAC, le s' d', lieutenant du sénéchal de Toulouse, 65.

ARZERAC, le s' d', 208.

ASIGNY, Jean d', otage breton, 212.

ASSE, Christofle, chef de gendarmes, 62, 63.

ASSYS, Janot d', gendarme, 56.

AUBIGNÉ, *Ille-et-Vilaine*, 172, 219.

AUFFEY, Jean d', 5.

AUNAY, le vicomte d' (Eustache de Montberon), 1, 22, 57, 71, 76, 79, 106, 150, 155, 159, 192, 208, 224.

AUROUZE, le s' d', 117, 134.

AUTRICHE, le duc d' (Maximilien), 5, 40, 41, 76, 111, 141, 182, 199, 218.

AUTRY, Pierre d', otage français, 212.

AUVERGNE, l', 81, 157, 162.

AUX, Pierre d', bailli de la Montagne, 182, 184, 185, 210, 228, 232.

AUXY, George d', prisonnier breton, 176.

AVRANCHES, *Manche*, 1, 23, 153.

AYDIE. V. *Odet*.

AYRE, Jean d', otage français, 212.

AZAY (le Rideau), *Indre-et-Loire*, 63.

BACHELERIE, otage français, 212.

BAIN, *Ille-et-Vilaine*, 62, 92.

BAISSEY, Antoine de, bailli de Dijon et capitaine-général des Suisses, 27, 29, 143-145, 162, 212.

BALSAC, Robert de, sénéchal d'Agenais, 5, 6, 12-14, 18, 19, 21, 22, 24, 26-29, 34, 35, 38, 41, 47, 51, 54, 57, 60, 64, 65, 71, 73, 79, 92, 94, 99, 117, 118, 208, 210, 212.

BARBIN, Mathelin, prisonnier breton, 14, 24.

BASTARD, Charlot, pourvoyeur, 30, 32.

BAUDET, huissier du Roi, 48.

BAUDOUIN, le bâtard, capitaine d'Allemans, 3, 72, 141.

BAUGÉ, de, secrétaire du Roi, 193.

BEAUBOUAYS, Jean, bourgeois de Saint-Malo, 220.

BEAUFORT, le sr de, prisonnier breton, 221.

BEAUJEU, Anne de France, sœur de Charles VIII (puis duchesse de Bourbon), 3, 40, 59, 67, 72, 81, 85, 86, 98, 179; — Pierre, sire de (puis duc de Bourbon) son mari, 4, 23, 31, 42, 55, 58, 59, 66, 67, 79, 86, 93, 114, 122, 123, 125, 127, 149, 163, 166, 173, 178, 185, 201.

BEAUPREAU, *Maine-et-Loire*, 97.

BEAUVAIS, *Oise*, 17.

BÉHUARD, Notre Dame-de, *Maine-et-Loire*, 90.

BENON, comté, *Charente-Inférieure*, 201, 212, 228, 232, 234.

BERNE, *Suisse*, 161.

BERTRAND, Gilbert, ambassadeur de Bretagne, 50, 130, 215.

BERZIAU, Jacques, contrôleur général des finances, 9, 10, 107, 108, 117, 134, 152.

BLANCHEFORT, maire de Bordeaux, 82.

BOHIER, officier du Roi, 48, 49.

BOHYER, Guillaume, ambassadeur breton, 215.

BOISÉON, Hervé de, *item*, 222.

BOISVERT, le sr de, otage français, 212.

BONNEBOUCHE, le sr de, *item*, 212.

BONNETOT, le capitaine, 162.

BORDEAUX, 82; — l'archevêque de (André d'Espinay), ambassadeur du Roi, 84, 87, 92, 96, 97, 101, 105, 106, 112, 191-193, 201, 211, 216.

BOURBON, Jean duc de, connétable, 31; — Pierre de. V. *Beaujeu*; — Gabrielle de. V. *La Trémoille*; — le grand bâtard de, 67, 160; — le bâtard de, 48, 49, 54, 162, 212.

BOURBONNAIS, le, 40.

BOURGOGNE, la, 36, 49, 199; — le gouverneur de, 41, 50, 65, 67, 71, 76, 93, 106, 109, 160, 162, 165, 166, 212; — le grand bâtard de, 67; — le bâtard de, 93, 212.

BOURNEF et BOURNEUL, Julien, lieutenant du bâtard de Bourgogne, 30, 212.

BOURRÉ. V. *Du Plessis*.

BOUTET, Jean, ambassadeur breton, 215.

BRANDEBOURG, le marquis de (Jean), 141.

BRAZEUX, le sr de, 130.

BREIL, Rolland de, sénéchal de Rennes, 215.

BRESSE, le comte de (Philippe de Savoie), 67, 201.

BRETAGNE, la, 1, 9, 11, 69, 71, 87, 141, 171, 181, 195, 212, 213, 218, 220, 224, 233-236; — la Basse, 13, 15, 19, 23, 51, 117, 232.

BRETAGNE, le duc de (François II), 50, 60, 92, 96, 101, 123, 128, 130, 136, 156, 171, 201, 211-213, 218, 231, 232; — ses ambassadeurs, 50, 67, 76, 81, 84, 85, 87, 92, 110, 111, 113, 115, 117-119, 134, 140, 144, 153, 160, 164, 188, 189, 215, 235; — son armée, 1, 160, 163; — ses barons, 236; — son grand-écuyer, V. *Le Moyne*; son grand-maître, V. *Coetquen*; — ses otages, 212.

BRETAGNE, les ambassadeurs du Roi en, V. *Bordeaux* et *Lannoy*; — l'armée du Roi en, 9, 17, 95, 103, 107, 108, 109, 123, 124, 126-129, 136, 138-140, 145-147, 150, 156-159, 161, 171, 172, 174-176, 183-185, 193, 195-200, 216, 231, 234; — les otages du Roi en, 212.

BRETONS, les, 113, 130, 134, 147, 153, 154, 159, 163, 174, 175, 180, 199, 219, 231.

BRIÇONNET, Guillaume, conseiller du Roi et général des finances, 9, 10, 162.

BRIORD, près le Port-Saint-Père, *Loire-Inférieure*, 229.
BRIQUET, V. *Marquet*.
BRULLY, le s' de, 91.
BRUGES, *Belgique*, 40, 41.

CADORAC, bourgeois de Saint-Malo, 220.
CALLART, chef de pillards, 156, 160.
CANDALLE, le comte (Gaston de Foix), 41.
CANDÉ, *Maine-et-Loire*, 157, 214.
CARAUZÈRE, Jean de, 233.
CARBONNEL, Henri, capitaine, 160.
CARCASSONNE, sénéchal de. V. *Monfaucon*.
CARDONNE, le bâtard de, 141.
CASTELNAU, le s' de, 65.
CASTILLE, le roi de (Ferdinand le Catholique), 41.
CHABANNES, Antoine de, s' de Charlus, 5, 6, 8, 12-14, 18, 19, 21, 22, 24, 26-29, 32, 34, 35, 38, 41, 47, 51, 54, 57, 60, 64, 65, 71, 73, 92, 94, 124, 135, 208, 210, 212.
CHALONS, J. de, V. *Orange*.
CHAMPEROUX, Jean (de Grassay), s' de, 3, 4, 15, 48, 49, 54, 59, 85, 88, 92, 160, 162, 165, 166, 204, 212, 232.
CHANCHOU de Navarre, lieutenant du duc de Rohan, 2, 29, 36, 48, 49, 212.
CHANTOCÉ, *Maine-et-Loire*, 14, 157, 214.
CHARLER, V. *Steff*.
CHARLES VII, le Roi, 127.
CHARLES VIII, 1, 4-32, 34-95, 97-100, 102, 103, 105-119, 122-124, 126-142, 144-165, 167-172, 174-184, 186, 187, 189, 192-204, 207, 208, 210-214, 216, 218, 220, 224, 225, 229, 232-234.
CHATEAUBRIANT, *Loire-Inférieure*, 5, 13, 21, 28, 41, 42, 46, 54, 55, 59, 61, 63, 71, 72, 76, 77, 81, 88, 91, 106, 127, 135, 204-209, 212, 235 ; — Jean de, 192.
CHATEAU-DU-LOIR, *Sarthe*, 157.
CHATEAUGONTIER, *Mayenne*, 5, 6, 14, 24, 209, 214.
CHATEAUGUYON, le s' de, 30, 212.
CHATEAUNEUF, *Ille-et-Vilaine*, 225.
CHATEAURENAULT, *Indre-et-Loire*, 65.

CHATELLERAUD, *Vienne*, 81.
CHATILLON (en Vendelais), *Ille-et-Vilaine*, 134, 140, 144, 147, 149, 150.
CHAVAIGNES, le s' de, 217.
CHAZERAC, Odet de, maître d'hôtel de La Trémoille, 142, 190, 221.
CHERBOURG, *Manche*, 194.
CHINON, *Indre-et-Loire*, 69-92.
CLERMONT, Philibert de, lieutenant du gouverneur de Bourgogne, 212.
CLISSON. *Loire-Inférieure*, 27, 76, 92.
CLOS DE RAIZ, le, *Ibid.*, 92, 174.
COCHINART, le s', 15.
COETIVY, Prégent de, amiral de France, 194.
COETMEN, le vicomte de, 215, 216, 236.
COETQUEN, le s' de, grand-maître de Bretagne, 101, 110, 198, 215.
COMBOURG, *Ille-et-Vilaine*, 162, 163.
COMMINGE, le comte de (Odet d'Aydie, sire de Lescun), 50, 59, 81, 105, 110, 215.
CONCQ, probablement le Conquet, *Morbihan*, 5.
CONDEMYNE, Charles, otage français, 212.
CONNÉTABLE, le, V. *Bourbon*.
COTENTIN, le, bailliage, 22, 91.
COULOMBIERS, le s' de, 13, 49, 72, 160, 162, 212.
CORBIN, V. *La Croix*.
CORDEBEUF, V. *Merlin*.
COUAQUET, V. *Coëtquen*.
CRAON, *Mayenne*, 45, 98, 116, 119, 120, 156, 212, 214, 225, 234.
CREULLET, *Calvados*, 233. — Le s' de, *Ibid.*
CRIST, capitaine Suisse, 36.
CHRISTOFLACE, V. *Asse*.
CROISIC, le, *Loire-Inférieure*, 117.
CROY, mons' de, 79.
CUNGT, Pietre, capitaine Suisse, 36, 40.
CURTON, le s' de, 198.

DAMONT, secrétaire du Roi, 21, 24, 35, 41, 44, 48, 52, 54, 57, 60, 64, 65, 69-71, 73, 74, 84, 89, 92, 94, 102, 103, 109, 113, 137.

DAMPIERRE, otage français, 212.
DES AGES, le capitaine Perrin, 21, 162,174.
DES BARRES, chef de pillards, 156, 157, 160.
DES GRANGES, Pierre, bourgeois de Saint-Malo, 220.
DES HALLES, le s^r, 86.
DES MONS, Jean, chirurgien, 81.
DES PIERRES, le s^r, 5, 141.
DES QUERDES, le maréchal (Philippe de Crèvecœur), 5, 17, 41, 72, 86, 98, 141, 153, 172.
DES ROCHES, Guyot, maître d'hôtel de La Trémoille, 228.
DIJON, le bailli de, V. *Baissey*.
DINAN, *Côtes-du-Nord*, 101, 106, 134, 172, 187, 220, 223, 226 ; — Françoise de, V. *Laval*.
DOL, *Ille-et-Vilaine*, 1, 22, 71, 76-79, 91, 101, 119, 150, 153-155, 159, 162, 172, 186, 220, 224.
DOUROUSE, V. *Aurouze*.
DU BESSON, Mme, 226.
DU BOUCHAGE, le s^r, 67.
DUBOYS, H., hospitalier de Rodes, 235 ; — Jean, 209.
DU BREUIL, François, 2, 3.
DU FOU, Yvon, grand-veneur de France, 67, 76, 93, 106, 132, 133, 141, 144-146, 150, 153, 155, 174, 201.
DUGAL, Colinet, 22.
DU GLESQUIN, le s^r, 191, 192.
DU HOMMET, le s^r, 181.
DU MAYNE, Jean, 57, 76.
DU MONTEIL, Guérinet, 152.
DU MOULIN, Pierre, 204 ; — le capitaine Philippe, 51, 212.
DUNOIS, le comte de (François d'Orléans), 41, 50, 81, 96, 105, 110, 122, 123, 125, 132, 136, 140, 150, 151, 154, 160, 215.
DU PERRIER, Jean, 236.
DUPIN, maître de l'artillerie, 22, 48, 208.
DU PLESSIS le s^r (Jean Bourré), capitaine du château d'Angers, 57, 60, 82, 88.
DU PONT, le s^r, 202, 236.
DU RÉGNIER, Dimanche, maître d'hôtel du Roi, 5, 19, 48, 212.

ERNÉE, *Mayenne*, 91, 101.
ESPAGNE, l'. 62.
ESPAGNOLS, les, 61, 218, 232.
ESPELUCHE, gendarme, 19.
ESPINAY, André d'. V. *Bordeaux*.
ÉTAMPES, *Seine-et-Oise*, 12.
ETRELLES, *Ille-et-Vilaine*, 140.

FAVIÈRES, gendarme, 101.
FEUGEROLLES, le capitaine, 162.
FILLOT, le, de Payerne, Suisse, 72.
FLAMANDS, les, 5, 93, 111, 231.
FLANDRES, les, 5, 7, 8, 41, 111, 132, 141, 153, 154, 160.
FOIX, le comte de (Jean), 67, 93.
FORSES (Fors ?), le s^r de, 159.
FOUGÈRES, *Ille-et-Vilaine*, 71, 73, 74, 76, 79, 91, 101, 134, 145, 150, 151, 155, 159, 162, 164, 165, 167, 168, 171, 172, 197, 208, 216, 220, 232.
FRANÇAIS, les, au service du duc de Bretagne, 22, 28, 68, 71, 159, 183.
FRANCE, la, 5, 41, 190 ; — Anne de, V. *Beaujeu*.
FRANMEZELES, Robinet de, otage breton, 212.
FRYON, secrétaire du roi d'Angleterre, 213.
FURET, pourvoyeur, 30, 32, 78.

GALLIOT, Jacques, s^r de la Roche, 41, 50, 65, 67, 70, 71, 76, 117, 118, 176, 212.
GAMACHES, le s^r de, 48.
GAND, *Belgique*, 5, 40, 41, 141.
GANDELUS, le bailli de, chef de pillards, 156.
GANTOIS, les, 5, 111.
GIÉ, le maréchal de (Pierre de Rohan), 62, 63, 67, 93, 119, 182 ; — la maréchale de, 119.
GLAUDE, le capitaine. V. *La Châtre*.
GOMEL ou GOMMIERS, Jeannot de, lieutenant de Navarrot, 48, 49.
GOUJAT, Waleran, prisonnier breton, 176.
GOUZOLLES, Jean de, otage français, 212.
GOYON, Roland de, ambassadeur breton, 215.

GRAND ÉCUYER, le, de France (Pierre d'Urfé), 67, 79, 93, 106, 109, 132, 160 ; — de Bretagne, V. *Le Moyne.*

GRANDMONT, capitaine de laquais, 147.

GRASSAY, Jacques de, 5, 19, 204. V. *Champeroux.*

GRAVILLE, Louis Malet sr de, amiral de France, 2, 6, 11, 15, 16, 20, 30, 31, 33, 36, 40, 46, 56, 61, 63, 67, 72, 76, 79, 82, 87, 90, 93, 98, 100, 104, 106, 111, 115, 119-122, 132, 141-143, 145, 151, 154, 157, 160, 168, 170, 179, 182, 188-190, 194, 201.

GREFFIN, V. *Roze.*

GRIMAULT, le sr de, 201.

GROIX, *Morbihan,* 230.

GUÉRIN, Jean, 50, 65, 67.

GUERRE A VACQUE, capitaine de laquais, 147.

GUILLAUME, Alain, bourgeois de Saint-Malo, 220.

GUILMET, Guillaume, ambassadeur breton, 93.

GUINES, comté, *Pas-de-Calais,* 204, 212, 234 ; — Antoine de, 199.

GUINGAMP, *Côtes-du-Nord,* 222.

GUYENNE, le gouverneur de (comte d'Angoulême), 235.

HANCE HOE, capitaine suisse, 15, 31, 60, 155.

HARFLEUR, *Seine-Inférieure,* 104.

HAULTEMER, le capitaine, 131, 134.

HÉDÉ, *Ille-et-Vilaine,* 219.

HELYAS, Pierre, secrétaire des habitants de Guingamp, Lannion et Tréguier, 222.

HEINE POUR, capitaine suisse, 40.

HENRI VII, roi d'Angleterre, 94, 117, 213.

HENRY, huissier de salle du Roi, 29.

ILE-BOUCHARD, l', *Indre-et-Loire,* 85, 90, 217, 234.

ÎLE DE RÉ, *Charente-Inférieure,* 212, 225, 231, 234.

ILE DE WIGHT, *Angleterre,* 213.

ISLE, le sr de l', 156, 201.

JARRETIÈRE, roi d'armes d'Angleterre, 117, 213.

JOSSELIN, *Morbihan,* 2, 3, 5, 13, 21, 22, 76.

KARNAZAY, Antoine de, 119.

LA BAULME, Claude de, 62, 135.

LABBÉ, Nicolas, capitaine, 219.

LA CHAIZE, près Romillé, *Ille-et-Vilaine,* 2, 5, 13, 21.

LA CHAPELLE-BLANCHE, *Indre-et-Loire,* 50.

LA CHATAIGNERAIE, le sr de, gouverneur de Clisson, 27.

LA CHATRE, Claude de, capitaine des archers français de la garde du Roi, 8, 11, 13, 14, 18, 19, 21, 22, 26-29, 34, 38, 50, 54, 57, 60, 64, 65, 71, 73, 92, 94, 212.

LA CLAIRETIÈRE, le sr de, 106.

LA CROIX, N., dit Corbin, 220.

LA FLÈCHE, *Sarthe,* 48.

LA FORÊT, le sr de, gouverneur d'Anjou, 53, 71, 78, 79, 160.

LA GRANGE, Jean de, 21.

LA GROYE, le sr de, 20.

LA GUERCHE, *Ille-et-Vilaine,* 5, 6, 71, 208.

LA HAYE, Louis de, ambassadeur breton, 50, 215.

LA HEUZE, le sr de, maître d'hôtel du Roi, 16, 18, 19, 29.

LA HUNAUDAYE, le sr de, 181, 228.

LA LUZERNE, le sr de, 22.

LA MARCK, Evrard et Robert de, 199.

LA MÉE, archidiaconé du diocèse de Nantes, 157.

LA MÉNITRÉ, *Maine-et-Loire,* 98, 186, 187.

LA MONTAGNE, le bailli de, V. *Aux.*

LA MORICIÈRE, le capitaine, 131, 134.

LA MUCE, le sr de, 236.

LANNION, *Côtes-du-Nord,* 222.

LANNOY, Raoul de, sr de Morvilliers, capitaine et ambassadeur du Roi, 38, 40-42, 54-57, 60, 62-64, 66, 67, 74, 79, 84, 87, 89, 92, 96-98, 101, 105, 106, 112, 176, 178, 179, 184, 193, 198, 211, 214.

LANNYLYAU, le capitaine, otage breton, 212.

LANTREGUER (ancien nom de Tréguier), 222.

LA PALISSE, rade entre La Rochelle et l'Ile de Ré, 231.

LA PALLU, le sire de, conseiller et maître d'hôtel du Roi, 12, 110-112, 130.

LA PELLEQUENANT, le s^r de, conseiller du Roi, 201.

LA REGRIPIÈRE, *Loire-Inférieure*, 97.

LARGUES, gendarme, 191, 192.

LA RIVIÈRE, le s^r de (Adam de Ravenel, maître d'hôtel de la Trémoille), 217.

LA ROCHELLE, 86, 87, 98, 231.

LA ROCHE-TALBOT, près Sablé, *Sarthe*, 193-198.

LA ROCHE-TESSON, le s^r de, conseiller et chambellan du Roi, 102, 103.

LA SALLE, le s^r de, otage français, 60, 212.

LA TRÉMOILLE, Louis de, lieutenant-général du Roi, 1-201, 204-212, 214, 217-221, 223-229, 231-234; — Gabrielle de Bourbon, sa femme, 79, 85, 217, 229; — Jean de, protonotaire, son frère, 17.

LAUNAY, } le même que *Lannoy*.
LAUNOY,

LAVAL, 162, 209, 216; — le comte de (Guy XV), 28, 129, 147-149, 209; — Catherine d'Alençon, sa femme, 209; — François de, sire de Châteaubriant, 236; — Françoise de Dinan, veuve du comte Guy XIV, 204-206, 209, 229, 236; — Pierre de, *V., Reims*.

LEGENDRE, Jean, trésorier des guerres, 53, 108.

LEMÉE, Berthelot, bourgeois de Saint-Malo, 220.

LEMERCIER, Jacotin, 53, 214.

LE MOYNE, Jacques, grand écuyer de Bretagne, 80, 220, 222.

LESCUN, le s^r de, comte de Cominges, 50.

LESTON, Perot de, otage breton, 212.

LEZEN, Jean, maître de navire, 230.

LIÉGE *Belgique*, 13, 15, 199, 233.

LILLE, *Nord*, 141.

LIMOGES, *Haute-Vienne*, 65.

LIMOUSIN, le, 65; — le gouverneur du, 8, 48, 49, 67, 93, 106.

LION-D'ANGERS, le, *Maine-et-Loire*, 30, 32, 53.

LOHÉAC, *Ille-et-Vilaine*, 96.

LOIRE, la, 214.

LONGCHAMP, Raas de, chef de pillards, 160.

LHOPITAL, Adrien de, s^r de Choisy, 212; — Louis de, 221.

LORNAY, otage breton, 212.

LOROUX-BOTTEREAU, le, *Loire-Inférieure*, 87.

LOUDUN, *Vienne*, 234.

LOUIS XI, le Roi, 127.

LOUROUX-BÉCONNAIS, le, *Maine-et-Loire*, 214.

LOUZON, près Vouzon, *Loir-et-Cher*, 81.

LOUZIÈRE, Guynot de, sénéchal de Quercy, 139.

LOYS de Valten, Pierre, maître d'hôtel du Roi, 27, 29-31, 63.

LUGYENNES, gendarme, 19.

LUDE, le, *Sarthe*, 41, 48, 67.

LUXEMBOURG, le pays de, 170, 199; — mons^r François de, 93.

LYON, 145.

LYONNAIS, le, 234.

MACON, *Saône-et-Loire*, 40.

MADAME, V. *Beaujeu*.

MAINE, le, 91, 147, 156, 171.

MAINGART, Jourdan, bourgeois de Saint-Malo, 220.

MALESTROIT, *Morbihan*, 232; — Guillaume de, s^r d'Oudon, 95.

MALINES, *Belgique*, 132.

MANS, le, *Sarthe*, 160, 199.

MARANS, *Charente-Inférieure*, 212, 225, 231, 234.

MARCEL, secrétaire du Roi, 95, 108.

MARCILLÉ, *Ille-et-Vilaine*, 5, 28, 30, 32, 117, 118, 122, 123.

MAREIL, Joachim de, otage breton, et Pierre de, otage français, 212.

MARQUET, Briquet et, 76.

MARTIGNÉ-FERCHAUD, *Ille-et-Vilaine*, 26, 130, 132, 134.

MATHIEU, chevaucheur du Roi, 132.

MATHA, *Charente-Inférieure*, 235.

MAUHUGEON, Robert de, aumônier du Roi, 25, 121.

MAULÉON, Christophe de, chef de pillards. 160.

MAUNOURY, lieutenant de M. d'Orval, 170, 233.

MAUPERTUYS, le s' de, 93, 236.

MAY, Jean, bourgeois de Saint-Malo, 220.

MAYENNE, *Mayenne*, 144, 150.

MEAUX, bailliage, V. *Vesc*.

MELUN, le receveur de, 234.

MÉNART, otage breton, 212.

MENAUST, messire, ingénieur, 232.

MÉNETOU, le s' de, otage français, 212.

MÉRITAIN, capitaine, 67, 71, 74, 76, 78, 79, 106, 150, 154, 155, 208, 219.

MERLIN (de Cordebeuf), maître d'hôtel de La Trémoille, 35, 36, 40, 56, 58, 61, 63-67, 71, 100, 106, 182, 186, 229.

MESSAC, *Ille-et-Vilaine*, 3, 24.

MEZIÈRES, *Ardennes*, 170.

MICHELET, chevaucheur du Roi, 213.

MILAN, *Italie*, 144.

MILLON, Etienne, abbé de S'-Jacut, 220.

MONESTAY, Henri de, capitaine, 160.

MONFAUCON, Claude de, sénéchal de Carcassonne, 36, 38, 44, 52, 54, 57, 60, 64, 65, 71, 73, 79, 92, 94, 99, 110, 117, 118, 160, 208, 210, 212, 232.

MONGRENAULT, lieutenant du s' de Champeroux, 48, 49.

MONPESAT, le s' de, 71, 72.

MONTFORT, *Ille-et-Vilaine*, 130, 148.

MONTILS-LÈS-TOURS, les, *Indre-et-Loire*, 1, 4, 5, 7, 9, 10, 17, 34, 37-39, 43, 47, 50, 51, 53, 201.

MONTJOIE, roi d'armes de France, 211.

MONTMORILLON, le s' de, 45.

MONTMURANT, *Ille-et-Vilaine*, 219.

MONTOISON, le s' de, 76, 78, 79, 157.

MONT-SAINT-MICHEL, le, *Manche*, 153, 155, 233.

MORICE, Dom, historien de la Bretagne, 32, 122, 123, 147, 156, 164, 172, 192, 196, 199, 204, 218.

MORTERAYE, otage breton, 212.

MORTIERCROLLE, près S'-Quentin, *Mayenne*, 19.

MORTILLON, Antoine, 50, 65, 67.

MORVILLIERS. V. *Lannoy*.

MOULINS, *Allier*, 59.

NAMUR, *Belgique*, 79.

NANCY, Jean de, otage français, 212.

NANTES, 20, 21, 33, 41, 46, 50, 68, 83, 84, 96, 97, 101, 105, 115, 123, 130, 132, 193, 205, 206, 211, 212, 216, 229.

NAVARRE, V. *Chauchou*.

NAVARROT, le capitaine, 48.

NEMOURS, le duc de, et son frère (Jean et Louis d'Armagnac), 93.

NORMANDIE, la, 32, 91, 134, 153, 156, 171, 172, 194, 219.

ODET, d'Aydie le jeune, frère du comte de Cominges, 46, 59, 60, 235.

ORANGE, le prince d', Jean de Châlons, 21, 81, 105, 176, 202, 235.

OREILLE, Rigaut d', 157.

ORLÉANS, 47, 53, 207; — le duc d', (depuis Louis XII), 3, 60, 96, 101, 105, 175, 176, 184, 186, 204; — le chancelier d', ambassadeur breton, 215.

ORVAL, mons' d', (Jean d'Albret), 170, 233.

OUDON, *Loire-Inférieure*, 95, 210; — le s' d', 210.

PAGIÈRES, Jeannot de, 97.

PANNEVÈRE, gendarme, 145, 146.

PARENT, secrétaire du Roi, 5, 8-10, 12-14, 18, 19, 22, 26-29, 117, 118, 123, 124, 126-129, 133, 134, 136, 138-140, 144, 146-148, 150, 153, 155, 156, 159, 162, 164, 165, 171, 172, 174-177, 180,

183, 186, 187, 192, 195, 196, 198-201, 216; — Pierre, changeur, 224; — René, capitaine, 27.

PARIS, 71, 236.

PENTHIÈVRE, l'archidiacre de, 50, 56, 112, 215.

PÉRIGORD, le, 65.

PERRIN, le capitaine, V. *Des Ages*.

PETIT-PARIS, le, *Maine-et-Loire*, 214.

PETIT SAINT-AUBIN, le, *Ille-et-Vilaine*, 172.

PHELIPPON, ambassadeur breton, 50.

PICARDIE, la, 61-63.

PIENNES, le s' de, 5, 141, 153, 172.

PIQUE, Guillaume, 224.

PLESSIS-BERTRAND, le, près Dinan, 191, 192.

PLESSIS-DU-PARC, le, près Tours, 2, 3, 6, 8, 11-15, 18-20, 22, 23, 25-30, 32, 33, 35, 36, 40-42, 44-46, 48, 49, 52, 54-58, 60-63.

PLESSIS-LÈS-TOURS, le, 21.

POITIERS, 48, 217.

POITOU, le, 76, 87, 92, 234; — le sénéchal de, 109.

PONTORSON, *Manche*, 153.

PONTREAU, le, près Guichen, *Ille-et-Vilaine*, 21.

PONTS-DE-CÉ, les, *Maine-et-Loire*, 80, 90, 209.

PORT-DE-TRESLE, V. *Etrelles*.

POSTEL, Antoine, prévôt des maréchaux, 34, 36, 48, 65, 68, 109, 147.

POUART, Pierre, official de Nantes, 215.

POUANCÉ, *Maine-et-Loire*, 6, 13, 21, 22, 24, 33, 35, 46, 53, 130.

PRÉVOST, Jean, trésorier de la Trémoille, 234.

PRIE, Aymar de, 68, 176.

PRIMAUDAYE, trésorier, 22, 36, 39, 40, 60, 71, 99, 100, 108, 162; — Jean, secrétaire du Roi, 51, 91, 116, 130, 131, 204, 224.

PRUNELÉ, prévôt des maréchaux, 65.

QUERCY, sénéchal de, V. *Louzière*.

QUIMPER-CORENTIN, *Finistère*, 96.

QUINTIN, le s' de, 34, 36, 48, 134.

RAOUL, le capitaine, V. *Lannoy*.

RATAULT, Jacques, ambassadeur breton, 50.

RAVENEL, V. *La Rivière*.

RAVESTAIN, Philippe de, 111.

REDON, *Ille-et-Vilaine*, 50, 130.

REGNARD, Louis, lieutenant du s' de Chateauguyon, 30, 212; le Vieux (surnom de Dimanche du Régnier), 11.

REILHAC, Jean de, pourvoyeur, 207.

REIMS, l'archevêque de, (Pierre de Laval, aussi évêque de Saint-Malo), 195.

RENNES, 21, 50, 52, 60, 61, 63, 145, 172, 179, 186, 193, 215, 218.

RÉTHELOIS, le pays de, 199.

RHIN, le, 141.

RHODES, l'hospitalier de, 235.

RIÉ, Oudet de, otage breton, 212.

RIEUX, le maréchal de, 21, 62, 90, 117, 215, 229, 236; — la maréchale, 229.

RIVIÈRES, gendarme, 48, 49.

ROANNE, *Loire*, 16, 18, 19.

ROBIN, Jean, chanoine de Saint-Malo, 220.

ROBINEAU, secrétaire du Roi, 1, 34, 37-39, 43, 47, 50, 51, 53, 62, 68, 77, 80, 83, 122, 158, 161, 169, 181, 197; — Jean, maître de l'artillerie, 32, 144, 145, 153.

ROCHEFORT, *Maine-et-Loire*, 90, 116, 120.

ROCHEROLLES, capitaine, 6.

ROHAN, Jean vicomte de, 2-5, 11, 13-15, 19-22, 24, 27, 28, 30, 34, 36, 48, 49, 67, 76, 93, 133-135, 187, 212, 222, 226, 232; — Louis s' de Guémené, 230, 236. — Pierre, V. *Gié*.

ROLLANT (Legras), écuyer de La Trémoille, 36.

ROME, 17.

ROUEN, 200.

ROUVROU, le s' de, 8, 13, 233.

ROZE, Greffin, huissier d'armes du Roi, 16, 18, 19, 29, 29-31, 48, 49.

SABLÉ, *Sarthe*, 131, 192.
SACEY, le s^r de, 22.
SAINT-ALOUARN, Prégent de, 227.
SAINT-ANDRÉ, V. *Albon*.
SAINT-AUBIN, le s^r de, otage français, 212.
SAINT-AUBIN ? 162.
SAINT-AUBIN DE POUANCÉ, *Maine-et-Loire*, 26, 117.
SAINT-AUBIN DU CORMIER, *Ille-et-Vilaine*, 186, 196, 218, 220.
SAINT-BONNET, le s^r de, 48, 57.
SAINT-CHAMAN, Regnault de, ambassadeur de Bretagne, 215.
SAINT-CYR, le s^r de, 159.
SAINT-GEORGES SUR LOIRE, *Maine-et-Loire*, 214.
SAINT-GERMAIN DES PRÉS, *Maine-et-Loire*, 214.
SAINT-HILAIRE DU HARCOUET, *Manche*, 91, 101.
SAINT-JACUT (abbaye de), *Côtes-du-Nord*, 220.
SAINT-JOUAN, le s^r de, otage breton, 212.
SAINT-MALO, *Ille-et-Vilaine*, 96, 106, 142, 172, 188, 193-196, 220, 221, 224-228; — l'évêque de, 194, 195, V. *Reims*; le vicaire de, 50.
SAINT-MARS, le s^r de, otage français, 212.
SAINT-MARTIN, en l'Ile de Ré, 231.
SAINT-MARTIN, secrétaire du Roi, 75, 78, 88, 99, 110; Geoffroi de, ambassadeur breton, 215; — V. *Salleignac*.
SAINT-PIERRE, le s^r de, 8, 13, 14, 16, 19, 21, 22, 62, 137, 162.
SAINT-PIERRE LE MOUTIER, le bailli de, 67.
SAINT-SÉBASTIEN, *Navarre*, 82.
SALLEIGNAC, Pierre de, s^r de Saint-Martin, 217.
SANCHE, V. *Chanchou*.
SAUMUR, *Maine-et-Loire*, 48, 93-95, 160, 208, 236.
SAUVETERRE, le s^r de, 51.
SCALLES, Edouard de Wideville, s^r de, 96, 104, 106, 117, 213, 220.
SEGEUSER, (Schweizer) Jean, de Berne, 161.
SEGRÉ, *Maine-et-Loire*, 53.

SEQUETORF, homme d'armes, et ingénieur suisse, 158.
SILLY, Jacques de, capitaine de la garde du Roi, 5, 6, 8, 11, 13, 14, 18, 19, 21, 22, 24, 26-29, 34, 38, 50, 54, 57, 60, 64, 65, 71, 73, 92, 94, 162, 176, 178, 179, 184, 212.
SORET, le s^r de, 50, 65, 67.
SOUPLAINVILLE, Guillaume de, ambassadeur breton, 33, 50, 215.
STEFF CHARLER, capitaine suisse, 36, 155, 212.
STOUDRE, capitaine suisse, 36.
SUISSE, la, 13, 158.
SUISSES, les, 13, 15, 18-21, 23, 26-32, 36, 43, 53, 103, 108, 144, 145, 155, 162, 177, 212, 232.
SULLY, *Loiret*, 212, 225, 234; — George de, otage breton, 212.

TAILLEBOURG, le comte de, 235.
TALMONT, principauté, *Vendée*, 17, 212, 234; — le prince de, (Louis de La Trémoille) 7.
TERMONDE, *Belgique*, 41.
THOUARS, vicomté, *Deux-Sèvres*, 201, 212, 225, 228, 232, 234; — Jean de, lieutenant de Dimanche du Régnier, 48.
THURYE, Jean de, otage breton, 212.
TITUS LIVIUS, l'historien, 17.
TORCY, le s^r de, 56.
TOUFFOU, près le Bignon, *Loire-Inférieure*, 229.
TOULOUSE, le sénéchal de, 65, 71, 74, 76, 232.
TOURAINE, la, 234.
TOURS, 24, 71, 171.
TREFFAVEN, près Ploemeur, *Morbihan*, 230.
TRÉGUIER, *Côtes-du-Nord*, 222.
TURQUET, capitaine, 5, 6.
TYNTEVILLE, prisonnier breton, 176.

URFÉ, Paillart d', 212; — Pierre, V. *Grand écuyer*.

VAINTRETOUR (Winterthur) Hance de, capitaine suisse, 177.

VALTEN, V. *Loys.*

VANNES, *Morbihan*, 2-6, 11, 13, 15, 19, 28, 36, 40, 49, 54, 56, 59, 65, 76, 106, 180, 204, 212, 232, 235.

VEREY, Ymbert de, maître d'hôtel du Roi, 177.

VAU DE MORTAIN, le, *Manche*, 91.

VAULX, de, gendarme, 49.

VEAU, le, écuyer du Roi, 14, 21, 36, 173.

VEILZ, le prince de, (surnom) 223.

VENDOME, *Loir-et-Cher*, 65 ; le comte de (François de Bourbon) 67, 71, 93.

VERGER, le, près Seiches, *Maine-et-Loire*, 142, 175-179, 188-191.

VESC, Etienne de, bailli de Meaux, 7, 17 ; — Robert de, 48, 49, 53.

VESVRES, Antoine, de, 65.

VILLEBOUCHE, le s^r de, otage français, 212.

VITRÉ, *Ille-et-Vilaine*, 8, 13, 71, 119, 122, 137, 147-149, 216, 220, 233.

VUES, le s^r de, otage breton, 212.

WIDEVILLE, V. *Scalles.*

WINDSOR, *Angleterre*, 213.

WINTERTHUR, V. *Vaintretour.*

YPRES, *Belgique*, 141.

YVETOT, le roi d', (Jean Beaucher) 27, 34, 36, 48, 49, 135, 223.

YVON, messire, V. *Du Fou.*

ERRATA

CORRECTIONS

1° INTRODUCTION

L'avant-dernière page doit avoir pour chiffre *XI*, au lieu de *IX*.

2° TEXTE

Page	ligne	au lieu de	lisez
6	3 et 4	de Pierres	des Pierres
174	5 et 6	Gandelas	Gandelus
237	3	Saint Marx la Salle	Saint Marx, la Salle

OMISSION

Page 44, lettre 41, ajoutez au bas du nom de Charles VIII :

Le Plessis du Parc, samedi 12 avril.

OBSERVATION

Page 225, ligne 29, le nom de *Pellequenant* paraît inexact.

TABLE DES MATIÈRES

Dédicace.. page	v
Introduction...	vii
Correspondance de Charles VIII et de ses Conseillers.............	1
Lettres et Pièces diverses...................................	223
Appendice	265
Table des Lettres par noms d'auteurs.........................	269
Table des Pièces diverses....................................	271
Table des Fac-simile	273
Table générale des noms de personnes et de lieux..............	275
Errata	285

Nantes, impr. Vincent Forest et Émile Grimaud, place du Commerce, 4.